Lourdes Ros-El Hosni | Olga Swerlowa | Dr. Sylvia Klötzer | Dr. Sabine Jentges |
Kathrin Sokolowski | Prof. Dr. Kerstin Reinke (Phonetik) | Jørn Precht (Hörspiel)

Aussichten B1

Kursbuch
mit 2 Audio-CDs

Ernst Klett Sprachen
Stuttgart

Die Symbole bedeuten:

Sie arbeiten mit Ihrer Lernpartnerin / Ihrem Lernpartner zusammen.

Sie arbeiten in der Gruppe.

Sie gestalten etwas (schreiben, zeichnen, …).

Sie hören mit der Audio-CD.

Sie lernen eine Strategie kennen.

Die Aufgabe ist für Ihr Portfolio.

AB 1 Das sind passende Aufgaben im Arbeitsbuch und

IS 2/1 in Integration Spezial.

1. Auflage   1 5 4 3 | 2019 18 17

Autorinnen / Autor: Lourdes Ros-El Hosni, Olga Swerlowa, Dr. Sylvia Klötzer, Dr. Sabine Jentges, Kathrin Sokolowski, Prof. Dr. Kerstin Reinke (Phonetik), Jørn Precht (Hörspiel)
Beratung: Prof. Dr. Britta Hufeisen (TU Darmstadt), Alexandra von Rohr (Sprachinstitut Treffpunkt, Bamberg), Andrea Witt (VHS Bonn), Bianca Stein-Steffan (VHS Rosenheim)

Projektteam: Renate Weber, Enikő Rabl, Annette Kuppler
Redaktion: Renate Weber, Enikő Rabl
Layoutkonzeption: Beate Franck-Gabay, Claudia Stumpfe
Herstellung: Claudia Stumpfe
Gestaltung und Satz: Eva Mokhlis, Stuttgart
Illustrationen: Vera Brüggemann, Bielefeld
Umschlaggestaltung: Silke Wewoda
Reproduktion: Meyle + Müller GmbH + Co. KG, Pforzheim
Druck und Bindung: CPI books GmbH, Leck
Printed in Germany

ISBN: 978-3-12-676220-5

Wie arbeiten Sie mit Aussichten?

Kursbuch

Die Einstiegsdoppelseite stellt Schauplätze und Themen der Lektion vor.

Jede Lektion besteht aus drei thematischen Einheiten, die in den Handlungsfeldern privat – beruflich – öffentlich spielen.

Zu jedem wichtigen sprachlichen Phänomen (Wortschatz, Grammatik, Phonetik) gibt es eine Infobox.

Die Ausklang-Doppelseite bietet Projekte, Spiele, Lieder und Gedichte an.

Im Strategietraining werden die Fertigkeiten noch einmal Schritt für Schritt trainiert. In den Strategierezepten sind Redemittel und Tipps für die alltägliche Kommunikation übersichtlich zusammengestellt.

Im Anhang gibt es eine Grammatik zum Nachschlagen und eine komplette alphabetische Wortliste.

Arbeitsbuch

Jede Lektion beginnt mit einer Übersicht über den Basiswortschatz.

Viele Übungen, Fokus-Kästen mit wichtigen Informationen zu Grammatik, Landeskunde und Strategien sowie ein Überblick über das neue Sprachmaterial unterstützen beim Lernen.

In Lust auf mehr gibt es weiterführende Themen, Texte und Bilder zur Lektion.

Das kann ich schon! – Eine Wiederholung nach jeder zweiten Lektion und ein Wiederholungsspiel nach jeder fünften Lektion bringen Sicherheit.

DVD

Die DVD zeigt Filmporträts realer Personen in den deutschsprachigen Ländern. Zu jedem Porträt gibt es eine Doppelseite mit passenden Aufgaben im Arbeitsbuch.

Audio-CDs

Die CDs enthalten alle Texte zum Kurs- und Arbeitsbuch: Hörspiel, Übungsdialoge, Ausspracheübungen, Lieder und Gedichte.

Integration Spezial

Jedes Modul greift passend zu den Lektionen Themen des öffentlichen Lebens in Deutschland auf und vertieft diese.

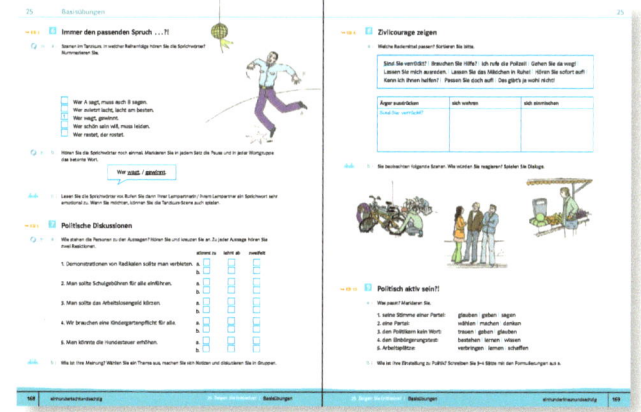

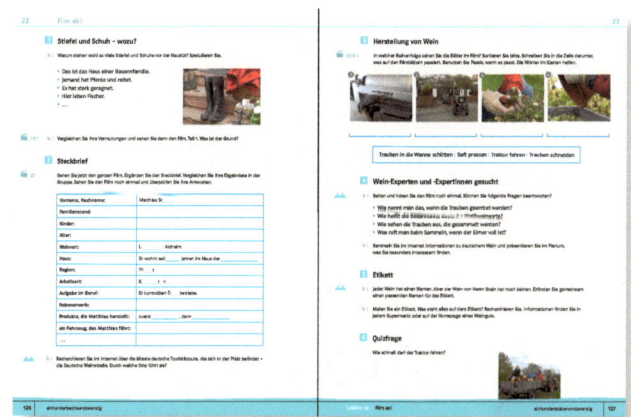

Inhaltsverzeichnis

	Handlungsfelder	Kommunikation

- emotionale Reaktionen auf Veränderungen
- Umgang mit Lernzielen und Lerntechniken
- Organisation der Kinderbetreuung
- Auskünfte auf dem Amt

- Gefühle ausdrücken
- Veränderungen beschreiben
- einem längeren Interview folgen
- Lerntagebücher lesen
- Lernziele festlegen und das eigene Lernen reflektieren
- wichtige Regelungen einem Text entnehmen
- telefonisch Informationen einholen

- Essenseinladung
- Planung einer Hotelreise
- dringende Aufträge am Arbeitsplatz

- sich bei einer Essenseinladung angemessen verhalten
- Inhaltsstoffe von Lebensmitteln verstehen
- Allergien angeben
- sich über Reisemöglichkeiten informieren
- ein Hotelzimmer buchen
- Arbeitsaufträge verstehen
- auf Dringlichkeit angemessen reagieren

- Wohnen im Alter
- Umgang mit Haustürgeschäften und ähnlichen Verkaufsangeboten
- Präsentationen im beruflichen Kontext

- über Lebensabschnitte sprechen
- Vor- und Nachteile vergleichen, argumentieren
- ein Gespräch beenden oder abwehren
- einen Vertrag widerrufen, kündigen
- einen Ratgeber lesen
- eine Präsentation vorbereiten
- etwas überzeugend vorstellen
- ein Gedicht ausdrucksvoll vortragen

- Organisation und Kommunikation am Arbeitsplatz
- Verhalten in Kontrollsituationen
- persönlicher (Kultur-)Geschmack

- an einer Arbeitsbesprechung teilnehmen
- ein Protokoll verstehen / verfassen
- ein Firmen-Organigramm lesen
- mit Beamten angemessen sprechen
- formelle und informelle Sprache bei Ärger
- verschiedene Sprachregister beherrschen
- Kulturtipps geben
- ein Bild beschreiben

- Interessen- und Hobbygemeinschaften
- gesellschaftspolitisches Engagement
- schriftliche Bewerbung

- über Anzeigen Kontakte knüpfen
- Plakate lesen und über Möglichkeiten des politischen Engagements sprechen
- sich wehren und Hilfe anbieten
- sich über Parteien und Politik äußern
- Ausreden formulieren
- eine Statistik verstehen
- Stellenanzeigen analysieren
- eigene Kompetenzen angeben
- Gründe in einer Bewerbung angeben

Wortschatz und Strukturen	Strategien	Phonetik

- wichtige persönliche Ereignisse
- *zu* + Infinitiv
- Verben mit Infinitiv
- zweiteilige Konnektoren: *entweder ... oder, nicht nur ..., sondern auch, weder ... noch, sowohl ... als auch*
- Wortbildung: Adjektive aus Nomen und Verben

- als Merkhilfe mentale Bilder für Informationen finden
- das eigene Lernen reflektieren
- vor einem Telefongespräch Fragen notieren

- emotionale Sprechweise
- phonetisch ähnliche Wörter unterscheiden
- Aussprache Ich- und Ach-Laute (Wiederholung)
- Pausen und Satzakzente in Texten

- Redemittel beim Essen und Trinken
- Nahrungsmittel und Inhaltsstoffe
- Reihenfolge der Ergänzungen im Satz (Akkusativ, Dativ)
- *brauchen nicht / nur zu* + Infinitiv
- Passiv (Präsens)
- Passiv mit Modalverb

- Annahmen in einem Text überprüfen
- Verstehenslücken durch den Kontext oder grammatisches Wissen schließen
- Redemittel der Absage kennen

- nachdrückliche Sprechweise
- deutliche Aussprache von Konsonantenhäufungen
- Sprechweise in sozialen Rollen

- Stationen in der Biografie
- Präteritum (Wiederholung)
- temporaler Nebensatz mit *als, während* und *bevor*
- *um zu* + Infinitiv
- Wendungen in Kündigungen
- Redemittel für Diskussionen
- Redemittel für Präsentationen

- einen längeren Text in Abschnitte einteilen und dazu Stichworte notieren
- Pro- und Contra-Argumente sammeln
- das Wichtigste eines Textes in Stichwörtern notieren
- Körpersprache bewusst einsetzen

- Sprechweise der Überzeugung
- reduzierte Aussprache von Wörtern im Vortrag
- nachdrückliche Sprechweise der Ablehnung

- Funktionen und Bereiche in einem Unternehmen
- Verkehrssünden
- Kunst und Kultur
- Relativsätze mit Präpositionen
- Höfliche Sprache: Konjunktiv II
- Sätze mit *obwohl* und *trotzdem*
- Komparativ / Superlativ vor Nomen

- beim Hören die wichtigsten Punkte notieren
- unterschiedliche Sprachregister nutzen
- sich vor dem Sprechen Gedanken machen

- phonetische Mittel für höfliche Sprechweise
- Differenzierung Ö- und Ü-Laute

- Freizeitaktivitäten
- Parteien und Organisationen
- stilistische Varianten in Bewerbungen
- Relativsatz mit *wer / was / wo*
- irreale Bedingungen: Konjunktiv II
- Bedingungssatz mit und ohne *wenn*
- Sätze mit *denn*

- Geräusche zur Orientierung nutzen
- Redemittel in bedrohlichen Situationen kennen
- das Wichtigste in einem Satz zusammenfassen
- einer Statistik einen Titel geben
- spezifische Merkmale und übliche Wendungen einer Textsorte kennen

- Wortgruppen zwischen Pausen
- ärgerliche Sprechweise
- Akzentuierung, Pausen und Sprechrhythmus

Inhaltsverzeichnis

	Handlungsfelder	Kommunikation

- Kleidung als Ausdruck der Persönlichkeit
- Volksfeste
- Versicherungsschutz
- interkulturelle Kommunikation am Arbeitsplatz

- Kleidung/Kleidungsstile beschreiben
- Besitz und Zugehörigkeit ausdrücken
- über Volksfeste und Bräuche sprechen
- dialektale Färbung erkennen
- eine Statistik zu Versicherungen auswerten
- einen Schadensfall melden
- sprachliche/kulturelle Missverständnisse klären
- über interkulturelle Kompetenz sprechen

- berufliche Orientierung durch ein freiwilliges Jahr oder ein Praktikum
- Bewerbungsgespräch
- Nachrichten in den Medien
- persönliche Leseinteressen

- Arbeitsaufgaben verstehen
- in einem Bewerbungsgespräch Fragen verstehen und selbst stellen
- Begeisterung und Wut ausdrücken
- den Weg beschreiben
- Schlagzeilen und Kurznachrichten verstehen
- Klappentexte lesen
- die Handlung einer Geschichte erfassen
- einen literarischen Text spannend vorlesen
- ein Kurzreferat über ein Buch halten

- Fernsehgewohnheiten
- Formen von Diskriminierung
- Diskussionsverhalten
- Umgang mit Kritik am Arbeitsplatz

- über das Fernsehprogramm diskutieren
- Smalltalk über Fernsehsendungen führen
- sich über Erfahrungen mit Medien austauschen
- respektvoll diskutieren
- über Gründe für Diskriminierung sprechen
- ein Problem ansprechen, auf Kritik reagieren
- Tipps für den Umgang mit Kritik geben

- deutsche Grenzstädte
- Stadtführungen
- Sprachmittlung und Übersetzung
- Berufsabschlüsse und Zeugnissprache

- über Erfahrungen mit Grenzen sprechen
- eine Stadtführung verstehen
- Dialekt und Hochsprache unterscheiden
- Zukunftsabsichten äußern/etwas versprechen
- zwischen Sprachen vermitteln, übersetzen
- Beurteilungen im Arbeitszeugnis verstehen
- Abschlüsse und Zeugnisse unterscheiden
- Informationen über berufliche Chancen und Anerkennung sammeln

- Zukunftsaussichten
- literarische Beschreibungen von Aussichten
- eigene Textproduktionen zu den persönlichen Aussichten

- über Zukunftsperspektiven und Lebenswege sprechen
- literarische Texte lesen und verstehen
- Schreiberfahrungen sammeln und kreative Texte erstellen
- Zukunftsideen äußern und überprüfen
- einen persönlichen Brief schreiben

Wortschatz und Strukturen	Strategien	Phonetik

- Kleidungsstücke und Accessoires
- Wortschatz rund um Versicherungen
- Nomen im Genitiv
- *derselbe, dasselbe, dieselbe*
- Partizipien vor Nomen
- Mengenangaben
- Präpositionen mit Genitiv: *trotz, während, wegen*

- Erwartungen zu Überschriften formulieren
- Geräusche zum Verständnis nutzen
- Textsortenmerkmale beim Schreiben berücksichtigen
- einen längeren Text abschnittsweise lesen und die Kernaussagen herausziehen

- Aussprache komplizierter Wörter

- Arbeitsaufgaben
- Ausdrücke für Begeisterung und Wut
- lokale Präpositionen: *durch, gegen, über, um, ...*
- Nomen: n-Deklination
- Passiv Präteritum
- Vermutung ausdrücken: Modalverb *können*

- mögliche Fragen vor einem Bewerbungsgespräch überlegen
- sich auf ein Referat vorbereiten

- Differenzierung von sachlicher und sehr ärgerlicher Sprechweise

---

- Fernsehsendungen
- Redemittel für Diskussionen / Kritik
- Partikeln der gesprochenen Sprache
- Behauptungen wiedergeben: *sollen*
- Sätze mit *zwar ... aber, je ... desto / umso ...* und *statt / ohne ... zu* + Infinitiv

- einen Text selektiv lesen und Angaben entnehmen
- typische Redemittel beim Diskutieren anwenden

- phonetische Merkmale der Umgangssprache
- Wirkung von fremdem Akzent

- Nachbarländer von Deutschland
- Sehenswürdigkeiten
- temporaler Nebensatz mit *bis, seit / seitdem, nachdem*
- Plusquamperfekt
- Vergleichssatz mit *als* und *wie*
- Versprechen / Absichten und Vermutungen äußern mit Futur I

- beim Hören gezielt auf bestimmte Informationen achten
- einen Text in einem Satz zusammenfassen
- typische Redemittel bei der Sprachmittlung anwenden

- Dialektmerkmale erkennen

- Positionen im Satz: temporale, lokale, kausale, modale Angaben

- Chronologie von Ereignissen in einem Flussdiagramm abbilden
- anhand von Stichpunkten einen Brief schreiben

- Bedeutungsunterschiede durch Satzakzente vermitteln

21 Plötzlich alles anders

1 Anfänge und Wendepunkte

a | Sehen Sie die Fotos an. Zu welchen Situationen finden Sie passende Wörter? Wählen Sie bitte aus.

> die Geburt | der Einzug | das Examen | die Heirat | die Krankheit |
> die Scheidung | die Immatrikulation | die Rente | der erste Arbeitstag |
> der Gewinn | der Tod | die Gesundheit | der Verlust | der Auszug

b | Welche Begriffe bilden Gegensätze? Finden Sie Paare.

c | Wählen Sie eine Situation. Sammeln Sie Wörter und Wendungen.
Vergleichen und ergänzen Sie dann.

die Geburt

ein Kind bekommen

bestehen

das Examen

d | Wie fühlen Sie sich in den Situationen? Sprechen Sie darüber.

- Wenn ich …, fühle ich mich bestimmt glücklich | nervös | …
- Bei … geht es mir bestimmt gut | schlecht | …
- Ich glaube, ich bin | habe dann …
- Ich kann mir vorstellen, dass ich mich … fühle.

e | Welche Wendepunkte gab es in Ihrem Leben? Gestalten Sie das leere Feld.

↪ AB 1

Kommunikative Lernziele:

- Gefühle ausdrücken
- Veränderungen beschreiben
- einem längeren Interview folgen
- Lerntipps geben
- Lerntagebücher lesen
- Lernziele festlegen und das eigene Lernen reflektieren
- wichtige Regelungen einem Text entnehmen
- telefonisch Informationen einholen

Wortschatz und Strukturen:

- wichtige persönliche Ereignisse
- *zu* + Infinitiv
- Verben mit Infinitiv
- zweiteilige Konnektoren: *entweder … oder, nicht nur …, sondern auch, weder … noch, sowohl … als auch*
- Wortbildung: Adjektive aus Nomen und Verben
- emotionale Sprechweise
- phonetisch ähnliche Wörter unterscheiden

Mia ist endlich da!

Seit dem 01.03.2011 rauben uns 2950 Gramm und 50 cm
den Schlaf, aber nicht die Träume! Wir freuen uns riesig
über die Geburt unserer Tochter und Schwester Mia!

Lisa, Lukas und Max

2   Ich bin da!

Lesen Sie die Geburtsmitteilung.
Was hat sich im Leben der Familie Vogel verändert?

➥ AB 2

➥ IS 21/1

3   Ach, ist die süß!

a | Sehen Sie das Bild an. Was glauben Sie, was sagen
die Frauen? Was denkt Max? Spekulieren Sie.
Vergleichen Sie dann mit Ihrer Lernpartnerin /
Ihrem Lernpartner.

b | Welche Gefühle passen zu den Personen?
Sammeln Sie weitere Adjektive und ordnen Sie zu.

freundlich | verärgert | besorgt | desinteressiert | glücklich | freudig | genervt |
ängstlich | begeistert | überrascht | erstaunt | stolz | eifersüchtig | neugierig | …

Lisa

Max

Frau Montes

c | Lesen Sie den Gesprächsanfang. Was vermuten Sie, welche Gefühle haben Lisa, Frau Montes und Max? Wählen Sie zu jeder Aussage ein passendes Adjektiv.

Lisa: **Kommm Sie ruhig rein.**

freundlich

Frau Montes: **Hallo Max.**

Max: **Hallo, Frau Montes.**

Lisa: **Das ist sie. Das ist die kleine Mia.**

Frau Montes: **Ist die süß!**

Max: **… und laut!**

Lisa: **Dein Film auch. Mach das jetzt mal aus. Der Fernseher ist nicht gut für das Baby.**

Max: **Menno.**

1 🔵_1 d | Hören Sie den Gesprächsanfang. Achten Sie darauf, wie die Aussagen von Frau Montes, Lisa und Max wirken. Vergleichen Sie mit Ihren Vermutungen.

> **Gefühle ausdrücken mit Adjektiven**
>
> Ich bin glück**lich**, aber auch eifersücht**ig**.
> Ich bin begeister**t** und manchmal generv**t**.

1 🔵_2 e | Hören Sie das ganze Gespräch. Warum ist Lisa am Schluss besorgt?

➥ AB 3 – 6

4 Ein Brief und viele Gefühle

1 🔵_3 a | Hören Sie, wie die Personen sprechen, und ordnen Sie die Gefühle zu.

1 ○   ○ begeistert
2 ○   ○ erstaunt
3 ○   ○ desinteressiert
4 ○   ○ besorgt
5 ○   ○ liebevoll

> Hier, guck mal!
> Ein Brief …

1 🔵_4 b | Hören Sie nun, was die Personen noch sagen. Haben Sie die Gefühle richtig erkannt?

c | Hören Sie noch einmal und diskutieren Sie, woran Sie die Gefühle erkannt haben. Sprechen Sie besonders über betonte Wörter, Melodie, Sprechtempo, Lautstärke und Stimme.

d | Sagen Sie *Ein Brief!* mit verschiedenen Emotionen: in Ihrer Sprache und auf Deutsch. Was ist anders? Was ist gleich? Diskutieren Sie.

5 Plötzliche Veränderungen

a | Lesen Sie bitte. In welchen neuen Lebenssituationen befinden sich Kai Poschmann und Maria Groß?

Kai Poschmann, 23 Jahre

Ich bin gerade für ein Auslandsjahr in Chengdu in China. Und da habe ich Li kennen gelernt. Wir haben in derselben Abteilung gearbeitet. Ich fand sie gleich toll. Anfangs fiel es mir schwer, ihren Dialekt zu verstehen. Aber mittlerweile macht es Spaß, mich mit ihr auf Chinesisch zu unterhalten. Zuerst hatte ich Angst, Li einzuladen. Ich wusste ja nicht, wie man das in China macht. Zu Hause habe ich kein Problem, Frauen anzusprechen. Aber in einem fremden Land ist plötzlich alles anders. Ich finde, dass die Menschen hier sehr freundlich und nicht so distanziert sind. Was die Zukunft angeht: Es lohnt sich nicht, zu überlegen, was noch alles passieren kann. Wir müssen einfach ausprobieren, ob wir zusammenpassen. Ich habe jedenfalls beschlossen, jetzt hier zu bleiben.

Maria Groß, 37 Jahre

Sechs Richtige, und was jetzt? Diese Frage stellte sich mir, als ich vor zwei Jahren im Lotto gewonnen habe. Natürlich war meine Freude riesengroß. Aber es war auch schwierig, plötzlich so viel Geld zu haben. Ich bin ja nicht gewohnt, mir alles leisten zu können. Im ersten Moment habe ich überlegt, das ganze Geld zu spenden oder einfach meinen Job zu kündigen. Schließlich habe ich entschieden, ganz  normal weiterzuleben. Ich wollte nicht anfangen, das Geld zum Fenster rauszuwerfen. Einen Teil des Geldes habe ich tatsächlich gespendet, einen anderen Teil habe ich angelegt, als Altersvorsorge. Aber einen Traum habe ich mir verwirklicht: Ich spiele seit meiner Kindheit Geige und habe mir von dem Gewinn eine echte Stradivari geleistet. Das war für mich einfach wichtiger, als einen Sportwagen oder eine große Villa zu kaufen.

b | Wie erleben Maria und Kai die Veränderungen? Verbinden Sie bitte.

Maria hat sich riesig gefreut, ○   ○ in China zu bleiben.

Kai fiel es schwer, ○   ○ normal weiterzuleben.

Für Maria war es schwierig, ○   ○ plötzlich so viel Geld zu haben.

Maria hat entschieden, ○   ○ Lis Dialekt zu verstehen.

Kai hat beschlossen, ○   ○ im Lotto zu gewinnen.

c | Was fällt Ihnen an den Sätzen auf? Achten Sie auf die Infinitive.

d | Suchen Sie alle Wendungen in den beiden Texten, nach denen *zu* + Infinitiv folgt. Erstellen Sie eine Liste.

➡ AB 7

> **zu + Infinitiv**
>
> Es war schwer, den Dialekt **zu verstehen**.
> Ich finde es anstrengend, Chinesisch **zu schreiben**.
> Es macht Spaß, mit ihr zusammen **zu sein**.
> Ich habe Lust, mit ihr **auszugehen**.
> Ich habe beschlossen, in China **zu bleiben**.
> Ich fange an, mich an das Land **zu gewöhnen**.

6 Ihre Erlebnisse und Erfahrungen

a | Welche Veränderungen haben Sie in letzter Zeit erlebt? Wählen Sie einen Titel.

Plötzlich erwachsen! | Plötzlich in Deutschland! | Plötzlich Chef/in! | Plötzlich arbeitslos! |
Plötzlich Vater / Mutter / Bruder / Oma / ...! | Plötzlich allein! | Plötzlich verliebt! | ...

b | Wie haben Sie sich dabei gefühlt? Wählen Sie passende Satzanfänge und ergänzen Sie sie. Schreiben Sie dann einen kurzen Text.

Am Anfang war es schwer | nicht möglich, ...
Ich hatte Angst, ...
Mir macht es jetzt Freude, ...
Es macht mir Spaß, ...
Ich war erstaunt, ...
Ich bin | war es (nicht) gewohnt, ...
Ich habe dann angefangen, ...
Ich habe beschlossen, ...
Es ist mir wichtig, ...

➡ AB 8–9

7 Liebeserklärung an meine Stadt

1 🔘_5   a | Hören Sie das Gedicht und markieren Sie in jeder schräg gedruckten Wortgruppe das betonte Wort.

Ich mag es sehr, vom Lärm der Straße aufzuwachen.
Dann hab ich Lust, mein Fenster aufzumachen
und draußen die Autos und Menschen zu sehen,
wie sie zur Arbeit fahren und gehen.

Es ist so schön, dem Verkehr zu lauschen.
Viel besser als Stille und Meeresrauschen!
Ich freu mich darauf, den Tag zu beginnen
und auf einen Plausch mit den Nachbarinnen.

Ich liebe es, hier in der Stadt zu sein.
Mitten im Leben und niemals allein.

(K. Reinke)

b | Markieren Sie selbst Pausen und betonte Wörter in allen anderen Wortgruppen und lesen Sie zeilenweise vor. Experimentieren Sie mit Betonungen und Pausen.

c | Haben Sie Lust, das Gedicht vorzutragen? Oder schreiben Sie selbst eine Liebeserklärung an eine Person / ein Land / ... und tragen Sie sie vor. (Sie muss sich nicht reimen.)

8 **Ich halte es nicht mehr aus!**

a | Was sehen Sie auf dem Bild? Was macht Jan?
Was stört ihn dabei?

 b | Hören Sie und vergleichen Sie mit Ihren Vermutungen.
Welche Details erfahren Sie noch?

 c | Jan sagt, dass er am effektivsten lernt, wenn er erst zwei Tage vor der
Prüfung beginnt. Wie ist das bei Ihnen? Wann und wie lernen Sie?
Notieren Sie in Stichpunkten.

Wie lerne ich am besten?	**Was stört mich beim Lernen?**

 d | Tauschen Sie sich über Ihre Lerngewohnheiten und mögliche Störfaktoren aus.

> Ich lerne am besten in einer Arbeitsgruppe. Alleine macht es keinen Spaß.

> Ich brauche öfter eine Pause. Dann belohne ich mich mit einem Stückchen Schokolade.

> Wenn ich lerne, mache ich das Handy aus. Ich bin sonst zu abgelenkt und kann mich nicht konzentrieren.

9 Mit Salamitechnik lernen

a | Lesen Sie die Ankündigung eines Interviews mit einer Lernberaterin. Was glauben Sie: Was ist die Salamitechnik? Zeichnen Sie Ihre Ideen in das leere Feld.

Lernberaterin empfiehlt Salamitechnik beim Lernen

Beim Lernen ist Abwechslung wichtig

Jutta Hennig ist Sprachlernberaterin. Circa 500 Schüler und Studenten kommen jährlich zu ihr, um sich beraten zu lassen, wie sie das Lernen optimieren können. Sie hat für jeden ganz individuelle Tipps. [mehr]

Unser Reporter Martin Weiß im Gespräch mit Jutta Hennig

1 ⊙_7 **b** | Hören Sie den Anfang des Gesprächs: Was ist die Salamitechnik wirklich?

1 ⊙_8 **c** | Hören Sie das ganze Gespräch. Zu welchen Kategorien gibt die Lernberaterin Tipps? Sortieren Sie bitte.

Motivation | Lerntyp | Lernziel | Lernort | Lernstoff

d | Hören Sie noch einmal. Welche Lerntipps passen zu den Bildern? Notieren Sie Stichworte.

➡ AB 10

10 Fangen Sie rechtzeitig an!

Geben Sie sich gegenseitig Tipps zum Lernen. Nutzen Sie Ihre Notizen aus den Aufgaben 8 und 9.

- Versuchen Sie / Versuche, … zu …
- Planen Sie / Plane, …zu …
- Vergessen Sie / Vergiss nicht, … zu …
- Bleiben Sie / Bleib …
- Gehen Sie / Geh …
- Lassen Sie / Lass …   ➡ AB 11–12

Verben mit Infinitiv

Bleiben Sie nicht die ganze Zeit sitzen.
Gehen Sie zwischendurch schwimmen.
Lassen Sie sich nicht ablenken.

11 Deutschlernen: Was kann ich? Was will ich?

a | Was möchten Sie mit der deutschen Sprache erreichen? Wo liegen Ihre persönlichen Schwerpunkte? Sehen Sie die Bilder an und tauschen Sie sich mit Ihrer Lernpartnerin / Ihrem Lernpartner aus.

- Ich brauche Deutsch vor allem im Beruf: Ich möchte …
- Ich bin mit einer deutschen Frau verheiratet. Wir leben …
- Ich möchte deutsche Literatur lesen. Mich interessiert …

b | Was verstehen Sie schon auf Deutsch? Was können Sie sagen und schreiben? Sammeln Sie in Stichpunkten, was für Ihre Ziele besonders wichtig ist.

Hören
- Verkehrsmeldung
  im Radio
-

Sprechen
- Smalltalk mit
  Kollegen
-

Lesen
- Einträge auf
  Facebook
-

Schreiben
- eine Postkarte
  an …
-

c | Was können Sie noch nicht so gut? Fassen Sie Ihre wichtigsten Lernziele zusammen. Formulieren Sie drei Aspekte, die Sie beim Deutschlernen in Zukunft verbessern wollen.

1. _____
2. _____
3. _____

↪ IS 21/2

Die Lehrveranstaltung „Medientheorie" habe ich ausgewählt, weil es etwas ganz anderes war als das, was wir in Finnland an der Uni bekommen. Das Niveau war hoch, die deutschen Studenten waren sehr gut vorbereitet. Neu für mich war, dass wir in der Vorlesung keine Fragen stellen sollten. Der Dozent sprach kompliziertes Deutsch und auch noch ganz schnell. Die ersten paar Wochen war es sehr schwer, ihn sprachlich zu verstehen. Ich hatte Panik: Wie soll ich die Prüfung ablegen? Ich habe dann die Fachliteratur besorgt, damit ich mich zu Hause etwas vorbereiten kann. Nach einigen Wochen hatte ich fast keine Probleme mehr, zuzuhören und Notizen zu machen.

Meine Ausbildung zum Krankenpfleger
Ich bin im ersten Lehrjahr und hatte jetzt drei Monate Berufsschule. Bin nun seit Montag das erste Mal in der Praxis in der ambulanten Pflege. Wir sollen zu jedem Praxiseinsatz ein Lerntagebuch mit drei Lernzielen anfertigen. Das kommt dann ins Ausbildungsportfolio. Ich habe mir schon mal zwei Ziele überlegt: Essen und Trinken reichen und Körperpflege lernen. Mal sehen, was mir noch als Drittes einfällt.

Erster Eintrag

Liebes Tagebuch,
das ist mein erster Tagebucheintrag über „Das Marsmädchen" von Tamara Bach. Ich muss zuerst sagen, dass ich das Buch zu spät angefangen habe. Obwohl wir schon 10 Tage Zeit hatten, schreibe ich erst heute. Dabei liest es sich ganz einfach: „Name, Adresse, Geburtstag, Geburtsort, Größe, Gewicht, …" – es beginnt mit einem Steckbrief. Auch danach sind die Sätze klar und gut zu verstehen. Ich habe mir vorgenommen, in den nächsten Tagen mehr zu lesen.

Lernen im Förderunterricht

Dies ist dein persönliches Lerntagebuch. Es soll dir helfen, herauszufinden, wie du am besten lernst. Denn jeder Mensch lernt auf seine eigene Weise am besten.
Nachmittags im Förderunterricht hast du die Gelegenheit, hier einzutragen, was du neu gelernt hast.
In dieses Tagebuch kannst du auch deine persönlichen Wünsche und Ziele für die nächsten Wochen aufschreiben.
Deine Förderlehrerin oder dein Förderlehrer hilft dir gern, wenn du Fragen dazu hast.

Ich besuche den Förderunterricht, weil ich Lust habe und in Deutschunterricht eine gute Note haben will.

Was ich im Förderunterricht lernen möchte: alles über Deutsch und Erdkunde und Mathe.

Für den ersten Monat (November) nehme ich mir vor, das ich viel lese gute Noten schreiben und besser Deutsch sprechen.

Mein Lerntagebuch, Seite 1

© 2009 Kathrin Plautz, Kai Martiny

12 Lerntagebücher

a | Wählen Sie ein Lerntagebuch aus. Was glauben Sie, wer hat dieses Tagebuch geschrieben? Worüber?

b | Finden Sie im Text etwas zu den Punkten Lernziele, positive Erlebnisse beim Lernen oder Probleme und Lösungen? Markieren Sie bitte und sammeln Sie dann im Kurs.

c | Was denken Sie, in welchen Lernsituationen kann / muss man Lerntagebücher schreiben? Schreiben Sie eine kurze Reflexion über einen Lernbereich für sich selbst, z.B. *Die Deutschstunde heute, Mein erster Ausbildungstag, Mein Lauftraining, …*

➥ AB 13

13 Wählen Sie eine Aufgabe.

- Zeichenwettbewerb: Wie sieht für Sie der ideale Lerner aus? Zeichnen Sie und beschreiben Sie ihn.

- So viel können Sie schon auf Deutsch: Schlagen Sie auf den Seiten *Das kann ich schon!* in Aussichten A1 und A2 nach oder füllen Sie die Checklisten im Portfolio auf www.klett.de/aussichten aus.

14   **Entweder gehen wir jetzt oder . . .**

a | Sehen Sie die Bilder an. Beschreiben Sie die Situationen.

1 🔘_9   b | Hören Sie. Welches Bild passt?

c | Welche Wörter hören Sie? Hören Sie noch einmal und verbinden Sie bitte. Was bedeuten die Wörter?

Baby ○	○ platz
Götter ○	○ baby
Kita ○	○ fon
Giraffen ○	○ gatte
Warte ○	○ mutter
Tages ○	○ liste

d | Wie haben die Personen den Nachmittag erlebt? Wählen Sie eine Person und berichten Sie aus ihrer
Perspektive. Benutzen Sie möglichst viele emotionale Adjektive.

> wunderbar | niedlich | großartig | fantastisch | aufregend |
> todlangweilig | anstrengend | . . .

- Es war wunderbar! Die Kleine ist so . . . | Es war todlangweilig! Die Kleine hat nur . . .
- Es war so toll! Die Giraffenbabys sind . . .
- Es war ein schöner Nachmittag. Endlich hatte ich mal wieder . . . Max war richtig . . .

15 Auf der Suche nach . . .

a | Lesen Sie den Zeitungsartikel. Welche Betreuungsmöglichkeiten für Kinder gibt es? Markieren Sie bitte.

Willkommen in der Wirklichkeit

Weder Oma und Opa können einspringen noch ist ein öffentlicher Betreuungsplatz zu bekommen. Was dann? Eltern, die eine Betreuungsmöglichkeit für ihre Kinder brauchen, sind bei der Suche auf sich selbst gestellt. Am glücklichsten sind wohl diejenigen, die entweder über Empfehlungen von Freunden oder durch monate-/jahrelange Wartelisten rechtzeitig eine Tagesmutter oder Kita finden.

Allen anderen Eltern kann zunächst eine kleine Odyssee bevorstehen. Wer, wann, wo und wie?

Eltern fragen sich nicht nur, wie man einen Betreuungsplatz findet, sondern auch, welche Betreuungsform die richtige ist. Die Möglichkeiten sind vielfältig: Soll man eine Tagesmutter oder ein Au-pair engagieren? Oder ist eine Kita die bessere Wahl?

Darüber hinaus muss man überlegen, wann der beste Zeitpunkt für die Rückkehr in den Job ist und wie man die Betreuung finanziert. Da Regelungen, wie das einjährige Elterngeld, immer mehr Eltern „auffordern", früh in ihren Beruf zurückzugehen, ist die Situation momentan schwierig. Gerade für Kleinkinder stehen weder genügend Ganztags- noch Halbtagsplätze zur Verfügung.

Leider bieten bisher nur wenige Unternehmen Betriebskindergärten an. Für viele Eltern wären gerade solche Betriebskindergärten wichtig, um die Rückkehr in den Beruf und die Organisation des Familienalltags zu erleichtern. Daher werden vorerst sowohl die Wartelisten länger werden als auch Oma und Opa weiter eine wichtige Rolle in der Kinderbetreuung übernehmen.

b | Finden Sie passende Sätze.

1. Kinderbetreuung ist sowohl bei einer Tagesmutter ○ ○ sondern auch privat, z.B. durch die Großeltern.

2. Entweder findet man eine Betreuungsmöglichkeit ○ ○ noch stehen genügend Betreuungsplätze zur Verfügung.

3. Kinderbetreuung wird nicht nur öffentlich organisiert, ○ ○ als auch in einer Kita möglich.

4. Eltern bekommen weder Hilfe bei der Suche nach ○ einem Betreuungsplatz ○ oder ein Elternteil muss zu Hause bleiben.

> **Satzteile und Sätze verbinden**
>
> **Entweder** finden wir eine Tagesmutter **oder** wir engagieren ein Au-pair.
> **Sowohl** die Tagesmutter **als auch** ein Au-pair kosten mehr Geld als die Kita.
> **Weder** die Schwiegereltern **noch** die eigenen Eltern wohnen in der Nähe.
> Wir suchen **nicht nur** einen Betreuungsplatz, **sondern** wir möchten **auch** eine liebevolle Betreuung.

 c | Haben Sie oder jemand in Ihrem Familien- oder Freundeskreis kleine Kinder? Wählen Sie eine Frage und diskutieren Sie:

- Wie organisieren Sie/sie die Betreuung?

- Wie ist die Kinderbetreuung in Ihrem Land geregelt?

- Welche Vor- und Nachteile haben öffentliche Kinderbetreuungseinrichtungen?  AB 14 – 17
IS 21/3

16 Viele Informationen

a | Wählen Sie eine Internetseite. Lesen Sie sie und markieren Sie die wichtigsten Informationen.

Kontakt | Newsroom | Stadtplan | Fahrplan | Tourismus

» Politik & Verwaltung
» Wirtschaft & Arbeit
» Sicherheit & Ordnung
» Kultur& Sport
» Gesundheit & Soziales
» Bildung & Wissenschaft
» Bauen & Wohnen
» Umwelt & Entsorgung
» Stadtportrait & Bezirke

Anmeldung der Eheschließung

Beim Standesamt können Sie die Eheschließung anmelden. Grundsätzlich müssen beide Partner die Eheschließung gemeinsam anmelden. Sollte eine Person verhindert sein, kontaktieren Sie uns bitte telefonisch für weitere Informationen.
Alle Dokumente für die Anmeldung müssen vollständig und im Original vorliegen.
Bitte bringen Sie zur Anmeldung folgende Unterlagen mit:
- gültige Personalausweise oder Reisepässe
- Aufenthaltsbescheinigungen der Meldebehörden
- ein beglaubigter Ausdruck aus dem Geburtenregister
Darüber hinaus sind im Einzelfall noch weitere Unterlagen nötig.
Bitte vereinbaren Sie telefonisch einen Termin zur Anmeldung der Eheschließung:
0781-457 56.

Bürger | Wirtschaft | Tourismus

Bürger

Aktuelles & Service
Stadtverwaltung
Kommunalpolitik
Die Stadt
Kultur, Sport, Freizeit
Jugend und Bildung
Familienportal
Soziales, Ehrenamt

Startseite > Bürger > Stadtverwaltung

Einwohnermeldeamt ist Pflicht

Wenn Sie neu in der Stadt oder umgezogen sind, müssen Sie innerhalb von einer Woche Ihren neuen Wohnsitz anmelden!

Anschrift	Einwohnermeldeamt Babelstadt Mitte, Rathaus
	Mathilde-Jacob-Platz 1
	10156 Babelstadt
Telefon	Zu den Sprechzeiten: 204 / 901 843 210
Fax	204 / 901 843 111
Öffnungszeiten	Mo, Di, Do 8:00-15:00

Home / Über uns / Führerschein / Termine / Anmeldung

Fahrschule Kolb

Sie haben sich entschlossen, Ihren Führerschein bei uns zu machen? Prima!
Wir kümmern uns um alle Formalitäten für Sie. Dafür benötigen wir:
→ Zwei aktuelle Passbilder
→ Teilnahmebescheinigung über einen Erste-Hilfe-Kurs
→ Aktueller Sehtest
→ Personalausweis
→ Gebühren für das Ordnungsamt
Sobald Sie sich angemeldet haben, dürfen Sie am Theorie-Unterricht teilnehmen.
Für weitere Fragen können Sie sich gern an uns wenden. Hier erfahren Sie auch die neuen Kurstermine: 039774-328 97.

b | Überlegen Sie, welche Informationen Ihnen noch fehlen. Formulieren Sie Fragen.

- Wann öffnet …? | Wie sind die Öffnungszeiten?

- Wann findet/n … statt?

- Wie viel kostet …?

17 Ich habe noch ein paar Fragen.

1 🔘_10 a | Lesen Sie die Redemittel zum Erfragen von Informationen. Hören Sie dann das Gespräch. Welche Redemittel hören Sie? Kreuzen Sie bitte an.

Einstieg:

☐ Ich habe die Broschüre | den Prospekt gelesen und habe noch ein paar Fragen.

☐ Ich habe auf Ihrer Internetseite gelesen, dass …

☐ Können Sie mir bitte sagen, …?

☐ Ich möchte | hätte gern Informationen zu …

☐ Können Sie mir da bitte helfen?

☐ Bin ich da bei Ihnen richtig?

Gezielt nach Informationen fragen:

☐ Ich möchte gern wissen, wann | wo | wer …

☐ Muss ich Mitglied bei Ihnen sein?

☐ Wo kann ich mich anmelden?

Nachfragen:

☐ Entschuldigung, so schnell habe ich das nicht verstanden. Um wie viel Uhr?

☐ Wie bitte, können Sie das wiederholen? Wie war die Telefonnummer?

☐ Was haben Sie gesagt, wo findet das statt?

☐ Sagen Sie mir bitte Ihren Namen noch einmal?

Abschluss:

☐ Okay, jetzt habe ich es. Danke schön.

☐ Gut, jetzt ist es klar. Ich melde mich noch einmal.

☐ Auf Wiederhören.

b | Spielen Sie ein Telefongespräch zu einem der Informationstexte in Aufgabe 16: Rufen Sie die Einrichtung an und klären Sie alle wichtigen Fragen. Verwenden Sie Ihre Notizen aus Aufgabe 16 und die Redemittel oben.

➡ AB 18

18 Ein Gespräch mit Missverständnissen

1 🔘_11 a | Hören Sie das Gespräch mehrmals. Notieren Sie die Wortpaare, die die Personen missverstehen.

hier – Tier,

b | Überlegen Sie und sprechen Sie darüber, warum man diese Wörter verwechseln kann.

c | Schreiben Sie mindestens drei Wortpaare mit ähnlichen Wörtern auf, die man leicht verwechseln kann.

d | Haben Sie schon einmal ein Wort falsch verstanden? Berichten Sie darüber.

Traditionen zur Geburt

Sehen Sie die Fotos an. Welche Tradition zur Geburt kennen Sie?
Kennen Sie noch weitere? Tauschen Sie sich über die verschiedenen
Traditionen aus.

Was kann ich? Was will ich?

1 _12   **a** | Was lernen die Personen? Hören Sie und notieren Sie Ihre Vermutungen.
Vergleichen Sie dann.

1. _____   2. _____

3. _____   4. _____

5. _____

b | Was lernen Sie zurzeit? Was möchten Sie gern noch lernen? Tauschen Sie sich
mit Ihren Lernpartnerinnen / Lernpartnern aus.

■ Bürgerservice in meiner Stadt

Welche Fragen mussten Sie schon einmal oder müssen Sie demnächst auf dem Amt klären? Und wo bekommen Sie Antworten? Sammeln und recherchieren Sie. Erstellen Sie eine Liste mit allen wichtigen Kontaktstellen und Telefonnummern.

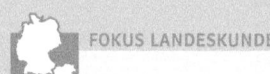
FOKUS LANDESKUNDE

Ob die Anmeldung des neuen Wohnsitzes, der Führerschein oder das Wohngeld – der Bürgerservice einer Stadt bietet eine Vielzahl an Dienstleistungen. Man erhält dort Informationen, Beratung, Formulare, Dokumente, Urkunden, Beglaubigungen. Das Dienstleistungsangebot findet sich auch im Internet und vieles lässt sich schon online von zu Hause erledigen.

■ Die Sehnsucht nach dem Neuanfang

a | Lesen Sie den Auszug aus einem Zeitungsartikel. Welche Gründe nennt der Text für und gegen einen Neuanfang?

Aussteigen, ein neues Leben beginnen, von vorn anfangen. Laut einer Forsa-Umfrage spielt jeder fünfte Bundesbürger mit dem Gedanken, das Alte hinter sich zu lassen.

Doch für die meisten bleibt der Wunsch nach dem großen Wandel eine Illusion. Zu groß sind die Beharrungskräfte, zu mächtig die Angst vor dem Scheitern. „Viele träumen von einer Veränderung, aber nur wenige wagen diesen Schritt", sagt der Persönlichkeitspsychologe Peter Borkenau von der Universität Halle. „Wir sind es gewohnt, ein sicheres Einkommen zu haben und unseren Verpflichtungen nachzukommen", betont er.

„Wenn man all das aufgibt, ist man sehr gefährdet und geht ein großes Risiko ein, weil niemand weiß, was die Zukunft bringen wird."
Dabei gibt es oft gute Gründe, sich neu zu orientieren: Verlust des Jobs, Ende der Partnerschaft, Unzufriedenheit mit dem bisherigen Leben. Psychologen sprechen vom Wendepunkt, an dem man – gewollt oder aufgrund äußerer Umstände – sein Leben in eine andere Richtung lenkt.

aus: Stuttgarter Nachrichten

b | Kennen Sie Menschen, die einen radikalen Neuanfang gewagt haben? Was glauben Sie, was hat sie zu diesem Schritt bewegt? Berichten Sie.

c | Recherchieren Sie nach Beispielen für radikale Neuanfänge im Internet. Stellen Sie Ihre Ergebnisse vor.

22 Erst mal entspannen

1 Entspannungsmomente

1 __13 **a** | Hören Sie bitte die Geräusche. Was verbinden Sie damit? Sprechen Sie im Kurs darüber.

- Bei diesem Geräusch denke ich an …
- Das bedeutet für mich Arbeit | Freizeit | Entspannung | Wochenende | …
- Das verbinde ich mit …

am Computer   in der Sauna   im Konzert

am See

beim Abendessen

b | Sehen Sie die Fotos an. Haben Sie sich zu den Geräuschen ähnliche Situationen vorgestellt? Was empfinden Sie in den abgebildeten Situationen? Tauschen Sie sich mit Ihrer Lernpartnerin / Ihrem Lernpartner aus.

- … fühle ich mich wohl | nicht wohl | langweile ich mich | …
- … finde ich zu laut | zu voll | …
- … genieße ich die Atmosphäre | die Ruhe | die Landschaft | …

c | Was bedeutet für Sie Entspannung? Wie und wo entspannen Sie sich? Gestalten Sie das leere Feld und erzählen Sie.

➡ AB 1

in der Disco   auf dem Balkon   im Wald   im Fitnessstudio

Kommunikative Lernziele:

- sich bei einer Essenseinladung angemessen verhalten
- Inhaltsstoffe von Lebensmitteln verstehen
- Allergien angeben
- sich über Reisemöglichkeiten informieren
- Reiseangebote verstehen
- ein Hotelzimmer buchen
- Arbeitsaufträge verstehen
- auf Dringlichkeit angemessen reagieren

Wortschatz und Strukturen:

- Redemittel beim Essen und Trinken
- Nahrungsmittel und Inhaltsstoffe
- Reihenfolge der Ergänzungen im Satz (Akkusativ, Dativ)
- *brauchen nicht / nur zu* + Infinitiv
- Passiv (Präsens)
- Passiv mit Modalverb
- nachdrückliche Sprechweise

2   Eine Einladung zum Essen

Liebe Umzugshelfer,

unsere Wohnung ist fertig, die Schränke sind eingeräumt. Nun möchten wir uns gern mit einem leckeren Essen für eure Hilfe bedanken. Wir machen eine Einweihungsfeier und möchten dabei unsere neue Küche testen.

Wir kochen – und ihr genießt!

Freut euch also auf ein 4-Gänge-Menü am Freitag, den 4.2., 19.30 Uhr.

Herzlich grüßen

Laura & Karim

P.S. Die Adresse kennt ihr ja … Bitte sagt uns Bescheid, ob ihr kommen könnt.

a | Lesen Sie die Einladung und sprechen Sie über folgende Fragen: An wen richtet sich die Einladung? Was ist der Anlass? Muss man darauf reagieren? Wann kommt man frühestens / spätestens? Was bringt man mit?

b | Wie ist es in Ihrem Land? Wozu lädt man ein? Wie lädt man ein? Wie sagt man ab? Wann kommt man? Wie lange bleibt man? Was bringt man mit? Wie bedankt man sich? Tauschen Sie sich über diese Fragen aus.

- ▪ Bei uns ist es üblich, … mitzubringen.
- ▪ Zu einer Essenseinladung würde ich …

➥ AB 2

3   Die Nachbarn haben Besuch.

1 🔘_14   **a** | Ihre Nachbarn haben Gäste und es ist ziemlich laut. Verstehen Sie, was sie sprechen? Hören Sie und nummerieren Sie bitte.

- ☐ Willkommen!
- ☐ Schön, dass ihr da seid!
- ☐ Danke für die Einladung!
- ☐ Guten Appetit!
- ☐ Prost!
- ☐ Zum Wohl!
- ☐ Kommt gut nach Hause!
- ☐ Gute Nacht!

1 🔘_15   **b** | Alles richtig verstanden? Hören Sie die Szenen und vergleichen Sie bitte.

c | Sortieren Sie die Wendungen und sammeln Sie weitere.

Prost!

⬡ Ankunft   ⬡ Essen   ⬡ Trinken   ⬡ Abschied

d | Flüstern Sie ein Beispiel aus a und bewegen Sie die Lippen deutlich. Erkennen die anderen, was Sie gesagt haben?

➥ AB 3

4 **Geben Sie mir mal bitte . . .**

der Korkenzieher   die Pfeffermühle   die Klöße   die Schüssel   der Brotkorb

die Nudeln   die Soße   der Braten   der Salzstreuer   die Serviette

a | Frage auf Frage – finden Sie zu den Fragen links die Anschlussfragen.

Geben Sie mir mal bitte den Brotkorb? ○   ○ Ja. Möchten Sie sie probieren?

Könnte ich nachher das Rezept haben? ○   ○ Kann ich ihn dann auch haben?

Ist das Wasser da ohne Kohlensäure? ○   ○ Noch nicht. Können Sie sie empfehlen?

Ist das die Soße ohne Mehl? ○   ○ Ja, können Sie ihn mir bitte geben?

Haben Sie die Klöße schon probiert? ○   ○ Natürlich. Soll ich es Ihnen per Mail schicken?

Braucht jemand den Korkenzieher? ○   ○ Ja, soll ich es Ihnen reichen?

b | Was hat Ihnen bei der Zuordnung geholfen? Markieren Sie Wörter, die zusammengehören.

c | Spielen Sie kleine Dialoge.

▪ Ich hätte gern ...

▪ Könnten Sie / Kannst du mir bitte mal ...

→ AB 4 – 5

> **Akkusativ- und Dativ-Ergänzung im Satz**
>
> Geben Sie mir den Wein bitte.
> Geben Sie ihn mir bitte.
>
> Soll ich dir das Rezept geben?
> Soll ich es dir geben?

5 **Wählen Sie eine Aufgabe.**

▪ Bekannte haben Sie zu einem Abendessen eingeladen. Bedanken Sie sich am nächsten Tag mit einer SMS.

▪ Wählen Sie eine Szene bei einer Einladung und spielen Sie sie.

▪ *Willkommen! Guten Appetit! Prost!* ... Wie sagt man die wichtigsten Redemittel in anderen Sprachen? Sammeln Sie und machen Sie eine Kursliste.

6 **Tischsitten**

a | Lesen Sie die Regeln für Tischsitten. Welche gelten für den deutschsprachigen Raum, welche nicht? Diskutieren Sie, wählen Sie aus.

> **Die Regeln für „gutes Benehmen" bei Tisch können von Land zu Land ganz unterschiedlich sein. Hier haben wir für Sie einige Regeln zusammengestellt. Was gilt in den deutschsprachigen Ländern? Stellen Sie fest, wie gut Sie sich auskennen.**
>
> - Man beginnt nicht einfach zu essen, sondern wünscht sich erst „Guten Appetit!".
> - Die linke Hand darf keine Speisen berühren.
> - Laute Geräusche am Tisch wie Schlürfen und Schmatzen sind ein Zeichen dafür, dass das Essen besonders gut schmeckt.
> - Beide Hände gehören beim Essen auf den Tisch.
> - Es ist erlaubt, mit vollem Mund zu reden oder beim Essen zu rauchen.
> - Suppe darf man auch trinken.
> - Der Gast sollte das Weinglas nicht als Erster heben oder den Wein antrinken.
> - Man wartet, bis alle etwas auf dem Teller haben. Alle fangen gleichzeitig an zu essen.
>
> - Man kann erst die gesamte Mahlzeit in Stücke schneiden, dann das Messer beiseite legen und nur noch mit der Gabel weiteressen.
> - Das Überkreuzen von Messer und Gabel signalisiert, dass man noch nicht fertig ist.
> - Die Gäste sitzen immer am weitesten von der Tür entfernt.
> - Die Gastgeber essen jeweils am wenigsten und immer als Letzte.
> - Wer fertig ist, legt das Besteck parallel nebeneinander rechts auf den Teller.
> - Der Gast sollte alle Gerichte probieren. Wer das Essen aber nicht mag, der muss es auch nicht essen.

b | Wissen Sie, aus welchen Ländern die Tischregeln stammen, die für den deutschsprachigen Raum nicht gelten? Kennen Sie noch andere?

c | Muss man heute überhaupt noch Tischsitten kennen? Wann und wo muss man sie anwenden? Was ist Ihre Meinung? Diskutieren Sie.

- Tischsitten sind nicht (mehr) wichtig. Hauptsache, man ist freundlich | es schmeckt | …
- Das finde ich nicht. In eleganten Restaurants | Bei offiziellen Einladungen | … muss man …
- Bei guten Freunden | In der Familie | In der Kantine | … darf man auch …

d | Wählen Sie Länder aus, in denen sich die Tischsitten von den deutschen unterscheiden. Bilden Sie Ländergruppen mit mindestens einem Länderexperten und verfassen Sie einen kleinen Ratgeber. Die Fragen helfen.

- Woraus besteht eine Mahlzeit? Was trinkt man dazu?
- Wo und womit isst man?
- Welche Geräusche sind beim Essen erlaubt?
- Wohin mit den Händen / mit dem Besteck / mit den Stäbchen / …?

↪ IS 22 / 1

7 Du siehst ja aus wie eine Pizza!

a | Warum ist Markus ganz rot im Gesicht? Spekulieren Sie.

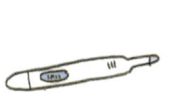  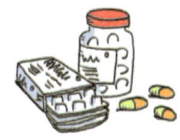

Fieber haben | Sonnenbrand haben | eine Allergie haben | aufgeregt sein | …

- Ich vermute, …
- Meiner Meinung nach ist / hat Markus …, weil …
- Keine Ahnung, was … Vielleicht …

1 ⊚_16 b | Welches Problem hat Markus? Hören Sie und vergleichen Sie mit Ihren Ideen.

c | Hören Sie noch einmal. Fassen Sie mit Ihrer Lernpartnerin / Ihrem Lernpartner die Situation zusammen: Wer sind die Personen? Wo sind sie? Was machen sie? Warum?

d | Wie geht die Geschichte weiter? Schreiben Sie oder erzählen Sie die Fortsetzung der Geschichte.

Claudia klingelt pünktlich um … an der Tür.

8 Nicht für jeden ein Genuss

a | Wie heißen die Lebensmittel? Lösen Sie das Rätsel, ersetzen Sie die fehlenden Vokale.

die ♦rdb♦♦r♦   die K❖hm★lch   das ♦★   der W♦★z♦n

die H◇s♦ln❖ss   der S♦ll♦r★♦   die ♦rdn❖ss   die S❖j◇b❖hn♦

der ◇pf♦l   die K★w★   die K◇r❖tt♦   die T❖m◇t♦   die M❖sch♦l

b | Was ist allen Lebensmitteln gemeinsam? Raten Sie.

➥ AB 6

9 Kuhmilch & Co.

a | Lesen Sie die Aussagen. Überprüfen Sie dann im Text, welche Aussage richtig ist.

1. a. Allergien gegen Nahrungsmittel kommen in Deutschland sehr selten vor.
   b. Von 100 Personen leiden mindestens fünf unter einer Nahrungsmittelallergie.
2. a. Allergien gegen Grundnahrungsmittel kommen bei Jugendlichen besonders oft vor.
   b. Vor allem Kleinkinder sind allergisch gegen Basis-Nahrungsmittel wie Weizen, Milch und Ei.
3. a. Jedes Lebensmittel kann eine Allergie auslösen.
   b. Nur Soja, Nüsse, Ei und Milch lösen bei einigen Leuten Allergien aus.

---

www.allergiehilfe.com/Genuss/0.1518.75369400.html

Genuss oder Qual?

Was für die einen Genuss bedeutet, wird für andere zur Qual: Etwa fünf bis sieben Prozent der Bevölkerung in Deutschland reagiert auf Nahrungsmittel allergisch. Säuglinge leiden eher unter Allergien gegen Grundnahrungsmittel; bei Jugendlichen und Erwachsenen sind es meist Obst, Gemüse oder Nüsse. Etwa drei Viertel der betroffenen Kleinkinder verlieren ihre Nahrungsmittelallergie bald wieder. Im Grunde können alle Lebensmittel eine allergische Reaktion auslösen. Am häufigsten sind jedoch Allergien gegen folgende Nahrungsmittel:

→ Kuhmilch: Die Betroffenen reagieren allergisch auf Eiweiße in Milch und in Milchprodukten. Diese sind in Pudding oder Nougatcreme und häufig in Wurstwaren, Fertiggerichten und Backwaren enthalten. Achten Sie auf Zutaten wie Molke, Molkeprotein und Casein.

→ Hühnerei: Allergieauslösende Hühnereiweiße gibt es z.B. in Eier- und Süßspeisen, Fertiggerichten, Teig- und Backwaren sowie in Mehl- und Kartoffelklößchen. Suchen Sie im Zutatenverzeichnis nach Begriffen mit Ei oder nach Zusätzen wie „Ovo".

→ Soja und Erdnüsse: Sie sind häufig in Fertiggerichten enthalten und können starke allergische Reaktionen provozieren. Auf den Verpackungen findet man oft den Hinweis „kann Spuren von Soja und Erdnüssen enthalten" oder aber „frei von Soja und Nüssen".

---

b | Auf welche Hinweise auf Produkten muss man als Allergiker achten? Unterstreichen Sie die Informationen.

c | Machen Sie eine Umfrage in Gruppen: Welche Allergien gibt es in Ihrem Kurs?

- Haben Sie / Hast du eine Lebensmittelallergie?
- Ich habe eine Nussallergie. | Ich vertrage kein/e/n … |
  Ich leide unter einer Sojaallergie. | …
- Worauf reagieren Sie / reagierst du allergisch?
- Ich reagiere allergisch auf Tierhaare | Staub | meinen Chef | einige Politiker | …
- Ich bekomme dann Schnupfen | Husten | Hautausschlag | …

 AB 7

10 Die Belohnung

a | Sehen Sie die Bilder an. Spekulieren Sie: Wer bekommt eine Belohnung? Warum gibt es eine Belohnung? Was ist die Belohnung?

1 💿_17 **b |** Hören Sie und vergleichen Sie mit Ihren Ideen.

11 Rauchen erlaubt?

Wo darf man noch rauchen?

Die Nichtraucherschutzgesetze greifen weiter um sich und Raucher werden immer mehr aus dem öffentlichen Leben verdrängt. Sogar das Rauchen in Bars, Kneipen und anderen Gaststätten ist inzwischen in allen Bundesländern verboten bzw. nur noch mit starken Einschränkungen gestattet.

a | Sind Sie Raucher oder Nichtraucher? Wo ist Rauchen erlaubt, wo ist es verboten? Wie ist Ihre Einstellung zu diesem Thema? Nehmen Sie Stellung.

- Als Raucher / Nichtraucher …
- Mich stört es (nicht), wenn jemand …
- Ich fühle mich …
- … schränkt die persönliche Freiheit zu sehr ein.
- Ich finde es (nicht) fair | richtig | …, dass …

b | Wie sind die aktuellen Regelungen in Ihrem Bundesland? Informieren Sie sich auf www.wo-darf-man-noch-rauchen.de.

↪ AB 8 ↪ IS 22/2

12 Eine kleine, aber feine Pension

www.walfischhaus.de

WALFISCHHAUS
Café · Restaurant · Pension

WILLKOMMEN   CAFE & RESTAURANT   PENSION   ANGEBOTE   BORN AUF DEM DARSS

Born a. Darß, Nationalpark Vorpommersche Boddenlandschaft

Familiäres BIO-Hotel mit Restaurant

Herzlich ………. im Walfischhaus in Born

In unserem mit viel Liebe zum Detail restaurierten Kapitänshaus werden Sie mit familiärer und gepflegter Gastlichkeit verwöhnt. Der Duft von Blumen und Kräutern, die Farben der Natur und der Blick auf den Hafen mit seinen Booten lassen Sie zur ………. kommen. Leckeres und gesundes ………. ist uns wichtig, und ein Haus, ….. nachhaltig und ökologisch wirtschaftet.

Freuen Sie sich auf einen besonderen Aufenthalt!

WILLKOMMEN   CAFE & RESTAURANT   PENSION   ANGEBOTE   BORN AUF DEM DARSS

Die Pension

Lassen Sie sich von nordisch natürlicher Wohnlichkeit begeistern.
In ………. komfortabel eingerichteten Zimmern sind Sie von frischen Farben und dekorativen Mustern umgeben.
Die fünf Doppelzimmer sind sehr geräumig und haben ein Bad ………. Dusche und WC, eine gemütliche Couchecke, Fernseher und ein Radio mit CD-Spieler.
Vier von den ………. verfügen über eine Terrasse oder einen Balkon mit ………. auf den Borner Hafen. Zusätzlich stehen für Sie zwei Einzelzimmer sowie ein Doppelzimmer mit gleicher Innenausstattung im Haupthaus zur Verfügung.

Hier geht es zu den Preisen

WILLKOMMEN   CAFE & RESTAURANT   PENSION   ANGEBOTE   BORN AUF DEM DARSS

Das Restaurant

Erleben Sie unsere feine Bioküche. Unsere Speisen werden ausschließlich mit Produkten aus biologischem Anbau zubereitet, die größtenteils aus der Region stammen.

………. werden Sie von unseren freundlichen Mitarbeitern bei einem leckeren und gesunden Frühstücksbuffet erwartet. ………. Sie aus einem reichhaltigen Angebot von Obst und Müsli, duftenden Brötchen und Brot, leckeren Käse- und Wurstsorten, Säften und vielem mehr. Bei schönem Wetter wird das Frühstück auch auf der Terrasse serviert.

………. dann am Nachmittag der frische Kaffeeduft lockt, können Sie von unseren hausgemachten ………. und Torten probieren. Je nach Jahreszeit mit viel Obst oder auch mal ganz sahnig.

Auf unserer kleinen Speisekarte finden Sie viele Köstlichkeiten, die alle ………. zubereitet werden. Knackige

Salate, cremige Suppen und eine Auswahl von verschiedenen Hauptgerichten.

Genießen Sie die große Vielfalt der Bioküche!

Auf Wunsch werden für Allergiker auch tiereiweißfreie, fettarme oder glutenfreie Gerichte gekocht.

Das rauchfreie Café & Restaurant hat täglich von 12 Uhr – 22 Uhr für Sie ………. – außer am Mittwoch (Ruhetag).

---

a | Lesen Sie die Texte. Welche Wörter fehlen? Überlegen Sie: Was passt inhaltlich? Was passt grammatisch? Untersuchen Sie die Textstellen genau und ergänzen Sie das passende Wort.

b | Was für eine Pension ist das? Wo liegt sie? Was ist das Besondere? Sammeln Sie Stichworte.

 AB 9

13 Einmal verwöhnt werden!

a | Was wird im Hotel alles für Sie gemacht? Ordnen Sie die Tätigkeiten den Bildern zu.

das Bett machen | putzen | kochen | das Essen servieren |
den Koffer tragen | massieren | wecken

b | Was bedeutet „verwöhnen" für Sie? Kreuzen Sie an und ergänzen Sie, was für Sie zutrifft. Tauschen Sie sich dann mit Ihrer Lernpartnerin / Ihrem Lernpartner aus.

☐ Das Gepäck wird auf das Zimmer gebracht.
☐ Das Auto wird geparkt.
☐ Das Frühstück wird auf das Zimmer gebracht.
☐ Die Handtücher werden gewaschen.
☐ Die Betten werden jeden Tag gemacht.
☐ Der Anzug wird gereinigt.
☐ Die Schuhe werden geputzt.
☐ Abends wird ein 3-Gänge-Menü serviert.

☐ _____
☐ _____

Die Handlung betonen: Passiv

Wir **werden** hier sehr **verwöhnt**.
Das Gepäck **wird** auf das Zimmer **gebracht**.
Jeden Tag **werden** die Betten **gemacht**.
Wann **wird** das Essen **serviert**?

c | Wie viele Passivstrukturen finden Sie auf der Internetseite in Aufgabe 12? Suchen Sie und markieren Sie bitte.

➥ AB 10 – 12

14 Vielen Dank für Ihre Anfrage!

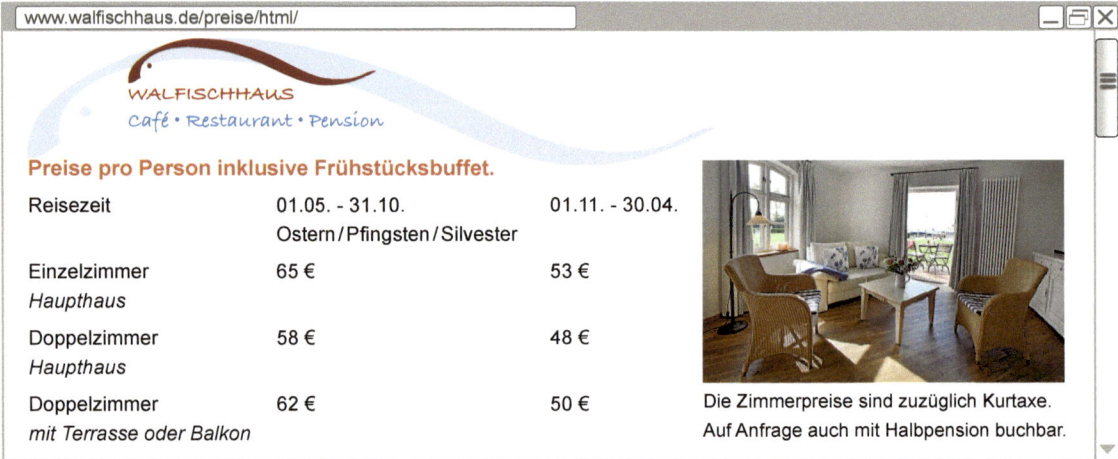

www.walfischhaus.de/preise/html/

WALFISCHHAUS
Café · Restaurant · Pension

Preise pro Person inklusive Frühstücksbuffet.

Reisezeit	01.05. - 31.10. Ostern / Pfingsten / Silvester	01.11. - 30.04.
Einzelzimmer *Haupthaus*	65 €	53 €
Doppelzimmer *Haupthaus*	58 €	48 €
Doppelzimmer *mit Terrasse oder Balkon*	62 €	50 €

Die Zimmerpreise sind zuzüglich Kurtaxe.
Auf Anfrage auch mit Halbpension buchbar.

a | Lesen Sie die E-Mail der Pension. Überlegen Sie: Welche Fragen hat der Gast zuvor in seiner Buchungs-anfrage gestellt?

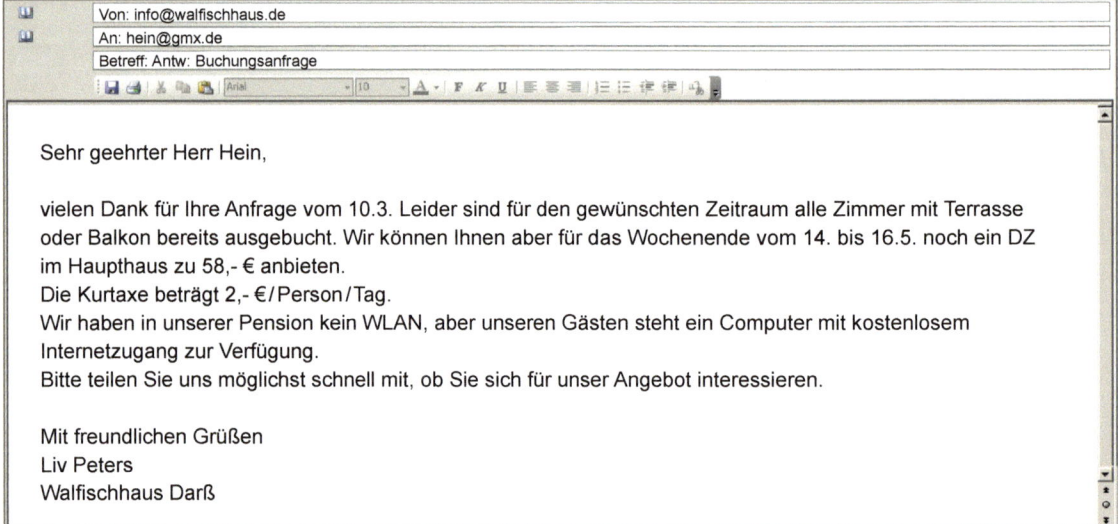

Von: info@walfischhaus.de
An: hein@gmx.de
Betreff: Antw: Buchungsanfrage

Sehr geehrter Herr Hein,

vielen Dank für Ihre Anfrage vom 10.3. Leider sind für den gewünschten Zeitraum alle Zimmer mit Terrasse oder Balkon bereits ausgebucht. Wir können Ihnen aber für das Wochenende vom 14. bis 16.5. noch ein DZ im Haupthaus zu 58,- € anbieten.
Die Kurtaxe beträgt 2,- € / Person / Tag.
Wir haben in unserer Pension kein WLAN, aber unseren Gästen steht ein Computer mit kostenlosem Internetzugang zur Verfügung.
Bitte teilen Sie uns möglichst schnell mit, ob Sie sich für unser Angebot interessieren.

Mit freundlichen Grüßen
Liv Peters
Walfischhaus Darß

b | Rekonstruieren Sie bitte die erste E-Mail des Gastes.

➡ AB 13

15 Ein Anruf im Hotel

1 🔊 _18 **a |** Hören Sie das Telefongespräch. Was bucht die Anruferin? Kreuzen Sie bitte an.

☐ 2 Übernachtungen	☐ Einzelzimmer	☐ Halbpension	☐ Garagenstellplatz
☐ 3 Übernachtungen	☐ Doppelzimmer	☐ Vollpension	☐ Hotelparkplatz

👥 **b |** Bereiten Sie ein Telefongespräch mit dem Hotel vor: Schreiben Sie die Stichwörter auf Kärtchen. Formulieren Sie Fragen und Antworten. Spielen Sie dann das Gespräch.

Fragen an das Hotel:

- Freies Doppelzimmer von … bis …?
- mit Frühstück?
- Kosten für Vollpension pro Person?
- Anzahlung leisten?
- Parkmöglichkeiten?
- Sportangebote?
- …

Antworten:

- DZ mit Seeblick ausgebucht, noch 1 DZ zum Hof
- reiches Frühstücksbuffet im Preis inbegriffen
- Vollpension für 25 € p. P.
- Anzahlung nicht nötig, Kreditkartennummer angeben
- einige Parkplätze vor dem Gebäude, Parkhaus in 3 Min. Laufentfernung
- Fitnessraum und Sauna für Hotelgäste von 6–23 Uhr
- …

➡ AB 14

16 Fragen an der Rezeption

1 🔊 _19 **a |** Hören Sie die Dialoge und ergänzen Sie die fehlenden Wörter.

- Ich möchte ins _____. Muss ich dafür extra zahlen?
- Nein, dafür brauchen Sie nicht extra zu zahlen. Die Benutzung ist im Preis _____.

- Ich würde gern an dem morgigen _____ teilnehmen. Wie kann ich mich anmelden?
- Ganz einfach. Sie brauchen sich nur in diese _____ einzutragen.

- Bekommen wir noch einen _____ für das Zimmer?
- Nein, Sie kommen mit dieser Magnetkarte rein. Sie brauchen sie nur an das Schloss zu halten, dann _____ sich die Tür und das _____ geht automatisch an.

b | Markieren Sie die Struktur *brauchen zu* in den Sätzen. Was bedeutet sie?

☐ können ☐ müssen ☐ sollen

➡ AB 15

> **brauchen nicht / nur … zu + Infinitiv**
>
> Sie **brauchen nicht** extra **zu** zahlen.
> Sie **brauchen nur zu** klingeln.

17 Kurz vor Feierabend

Denken Sie an die
Buchbestellung?
Bis zum 30. wäre super.
Danke, Bk

iCal-Erinnerung

Heute um 16:50

Herrn Acimi an der Pforte abholen

Darf ich Sie noch heute um einen Gefallen bitten?
Wir brauchen unbedingt ein Hotelzimmer für
Fr. Dr. Reichert (20. bis 22.9.). Und sagen Sie ihr
bitte auch noch die Hoteladresse? (unter Tel. priv.)
Danke und schönen Feierabend, JPL

Guten Abend, liebe Mitarbeiterinnen und
Mitarbeiter, ich habe gerade den 20-Uhr-Termin
für alle aufgehoben. Danke noch mal für Ihre
Bereitschaft! Sie können jetzt ganz entspannt ins
Wochenende gehen!
Bis Montag, BCG

Für morgen 8 Uhr
Kurierdienst bestellen —
bitte sofort,
allerspätestens bis 17 Uhr!
Danke!

a | Worum geht es in den Arbeitsaufträgen? Verbinden Sie bitte.

Ein Hotelzimmer ○
Der Kurierdienst ○   ○ bestellt werden.
Ein Buch ○   ○ muss ○   ○ gebucht werden.
Herr Acimi ○   ○ kann ○   ○ aufgehoben werden.
Der Termin ○   ○ an der Pforte abgeholt werden.

b | Welche dringenden Aufgaben haben Sie gerade?

- Mein Computer muss dringend repariert werden.
- Ich muss spätestens bis Freitag zwei Bücher in die
  Bibliothek zurückbringen.

➥ AB 16
➥ IS 22/3

> **Passiv mit Modalverb**
>
> Der Termin **muss** auf nächste Woche
> **verschoben werden**.
> Die Kollegen **müssen** unbedingt
> **benachrichtigt werden**.
> Die Besprechung **kann** nicht
> **abgesagt werden**.

18 Wie sieht's denn hier aus?

1 ○_20 **a |** Hören Sie, wie zwei Mitarbeiterinnen auf das Chaos reagieren.
Welche spricht nachdrücklicher? Woran erkennen Sie das?

b | Hören Sie noch einmal beide Varianten. Welche Variante gefällt
Ihnen besser?

c | Was muss im Büro gemacht werden? Sehen Sie das Bild
an und sprechen Sie sehr nachdrücklich.

- Wie sieht's denn hier aus? Das darf doch
  nicht wahr sein. Hier muss …

➥ AB 17

19 Heute kommt nichts dazwischen!

a | Sehen Sie das Bild an.
Was glauben Sie, was hat Jan,
was hat Markus vor? Wer ruft an?
Beschreiben Sie die Situation.

1 🔘_21   b | Hören Sie und achten Sie auf Markus' Laune.
Wie verändern sich seine Gefühle? Wählen Sie passende
Adjektive aus und bringen Sie sie in eine Reihenfolge.

verliebt | gut / schlecht gelaunt | überrascht | nervös | eifersüchtig | frustriert | fröhlich |
aufgeregt | stolz | besorgt | …

c | Wie reagiert Markus auf den Anruf seiner Chefin? Hören Sie noch einmal und ergänzen Sie bitte die Sätze.

Eigentlich …   Verstehe, …   Ich bin …

d | Wie finden Sie seine Reaktion?

- Ich finde, Markus lässt sich zu schnell überreden | willigt zu schnell ein.

- Ich denke, er macht es genau richtig | er muss so handeln.

 e | Wie könnte Markus den Abend retten? Was könnte er sagen? Schreiben Sie das Gespräch zwischen
Dr. Serasinghe und Markus. Die Bausteine helfen.

- Es ist mir sehr unangenehm, dass …
- … zu Hause anrufe …
- … zum Feierabend störe …
- Sie sind der Einzige, den ich …
- Nur Sie …
- Wäre es möglich, dass …?
- Könnten Sie vielleicht …?
- Das kann ich versuchen.

- Entschuldigen Sie bitte, aber …
- … habe einen ganz wichtigen Termin.
- … kann ich auf keinen Fall absagen.
- … bin gar nicht in der Stadt.
- … heute geht es wirklich nicht.
- Es tut mir leid, dass …
- Das nächste Mal gern, aber dieses Mal …
- Haben Sie es schon bei … versucht?

➥ AB 18   ➥ IS 22/4

Umweltsiegel

a | Die Pension *Walfischhaus* ist mit dem Umweltsiegel *Blaue Schwalbe* ausgezeichnet. Recherchieren Sie im Internet: Wofür bekommt man dieses Siegel? Wie viele Hotels haben es in Deutschland?

b | Welche anderen Umweltsiegel kennen Sie? Wo findet man sie?

Die Nudel

Kennen Sie Loriot? Sehen Sie die Bilder aus einem seiner berühmten Sketche an.
Was könnte man in dieser Situation sagen?

 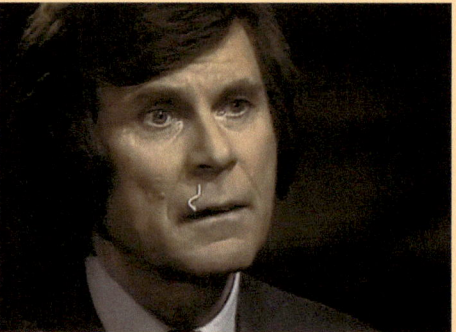 

Kurzurlaub in Ihrer Region

Wählen Sie ein Reiseziel für ein Wochenende in Ihrer Region.
Recherchieren Sie und stellen Sie das Reiseziel vor:

- Wo liegt es?
- Wie kommt man dorthin?
- Was kann man dort machen?
- Wo kann man essen und übernachten?
- …

Post von Lukas

a | Lesen Sie die Postkarte. Wo ist Lukas gerade und
was macht er dort?

Hallo, ihr Vögelchen,
ich vermisse euch, ihr mich auch? Ich tröste
mich mit der thailändischen Küche, die nicht
nur gut schmeckt, sondern auch sooo gesund
ist. Und essen kann man hier überall, auch
auf der Straße in kleinen Buden oder
Campingküchen auf Fahrrädern. Da gibt's
die tollsten Reis- und Nudelgerichte ganz
günstig, frisch und unwiderstehlich
lecker. Aber leider nur mit Stäbchen ;-)
Und ganz scharf !!!
Wenn ich wieder da bin, koche ich
euch was Tolles im Wok!
Ich drücke euch ganz fest, Lukas

b | Wie ist es in Ihrem Land: Was kann man wo essen? Wird auch auf der Straße gegessen?
Was wird angeboten? Tauschen Sie sich darüber aus.

1 Was wird hier präsentiert?

a | Sehen Sie die Fotos an. Wo finden häufig Präsentationen statt? Sammeln Sie, ergänzen Sie.

auf einer Modenschau | auf einer Lesung | im Parlament | auf einer Messe | ...

1 🔘_22   b | Welche Präsentation hören Sie? Nummerieren Sie bitte.

c | Hören Sie noch einmal. Welche Dinge und Ideen werden präsentiert?

▪ … wird die neue Mode | ein neues Konzept | ein neues Modell | …
präsentiert | gezeigt | vorgestellt | …

d | Haben Sie schon einmal etwas präsentiert oder an einer Präsentation teilgenommen?
Gestalten Sie das leere Feld.

Kommunikative Lernziele:

▪ über Lebensabschnitte sprechen
▪ Vor- und Nachteile vergleichen, argumentieren
▪ ein Gespräch beenden oder abwehren
▪ einen Vertrag widerrufen, kündigen
▪ einen Ratgeber lesen
▪ Ziele angeben
▪ eine Präsentation vorbereiten
▪ etwas überzeugend vorstellen
▪ ein Gedicht ausdrucksvoll vortragen

Wortschatz und Strukturen:

▪ Stationen in der Biografie
▪ Präteritum (Wiederholung)
▪ temporaler Nebensatz mit *als*, *während* und *bevor*
▪ *um zu* + Infinitiv
▪ Wendungen in einem Kündigungsschreiben
▪ Redemittel für Diskussionen
▪ Redemittel für Präsentationen
▪ Sprechweise der Überzeugung

2 | Grau ist bunt – Was im Alter möglich ist

a | Henning Scherf, ehemaliger Bürgermeister von Bremen, stellt sein neues Buch vor. Was assoziieren Sie mit dem Titel des Buches?

viel Freizeit

Grau ist bunt

b | Was erfahren Sie aus dem folgenden Zeitungsartikel über das „neue" Leben von Henning Scherf?

Der Privatier

Von Verena Mayer

Frisch pensioniert, hat der am längsten regierende Politiker Deutschlands erst einmal das gemacht, was vermutlich alle Rentner tun: Er hat bei sich zu Hause umgeräumt.

5 So weit, so normal. Die Lebensumstände unterscheiden sich allerdings von denen anderer Polit-Pensionäre. Der Bürgermeister a. D.[1] lebt in einer Wohngemeinschaft.

Acht Leute unter einem Dach: Scherfs Frau
10 spricht von einer „Hausgemeinschaft", Scherf selbst nennt sie „WG". Die meisten von ihnen wohnen seit fast zwei Jahrzehnten unter einem Dach, sie sind über 60 Jahre alt und aus ihren Berufen „schon raus", wie Henning Scherf
15 sagt. Räumlich sieht das so aus, dass alle Bewohner ihren abgetrennten Bereich haben, kleine Wohnungen, die separat begehbar sind. Ansonsten ist man einander ausgesetzt wie in jeder anderen WG auch. Es werden Rituale
20 praktiziert, jedes Wochenende etwa trifft man

sich zum gemeinsamen Frühstück, die Verantwortung dafür geht reihum. Und es gibt einen strengen Plan, wer wofür zuständig ist. Henning Scherf hat den Garten übernommen.

25 Und warum tut man sich so etwas mit Mitte 60 an?

Scherf ist in einer kleinbürgerlichen Familie in Bremen groß geworden, mit fünf Geschwistern und einem in der Bekennenden Kirche[2]
30 engagierten Vater, der während der NS[3]-Zeit jüdischen Freunden Unterschlupf bot. Die Großmutter hat ebenfalls bei ihnen gelebt, er sei es gewohnt gewesen, Leute um sich zu haben, sagt Henning Scherf.

35 Mit 25, nach einem Jura-Studium, begann sein schneller Aufstieg bei der SPD[4]. 1978 wurde Scherf als Finanzsenator erstmals Regierungsmitglied – und blieb seitdem ununterbro-

---

1 außer Dienst
2 1934 gegen nationalsozialistische Tendenzen in der Kirche entstandene Bewegung

3 Nationalsozialismus
4 Sozialdemokratische Partei Deutschlands

c | Teilen Sie den Zeitungsartikel in Abschnitte. Geben Sie jedem Abschnitt einen Titel.

d | Wählen Sie eine Frage und suchen Sie nach Antworten im Text. Notieren Sie Stichworte und stellen Sie Ihre Ergebnisse in der Gruppe vor.

- Was erfahren Sie über die Person Henning Scherf?
- Warum hat er sich entschieden, in einer WG zu leben?
- Wie haben sich die WG-Bewohner darauf vorbereitet?
- Wie organisieren sie das Zusammenleben?

e | Was hat Sie überrascht / beeindruckt? Berichten Sie im Kurs.

↪ AB 1–3

↪ IS 23 / 1

> **Präteritum**
>
> Er **heiratete** und **gründete** eine Familie.
> Mit 25 **begann** sein Aufstieg.
> Es **gab** sehr schlechte Zeiten.
> Die WG-Mitglieder **mussten** miteinander **auskommen**.

chen am Ball. In allen möglichen Funktionen,
40 seit 1995 schließlich als Präsident des Senats,
also Bürgermeister. Scherf heiratete, gründete
eine Familie, und dann kam der Tag, an dem
die Kinder aus dem Haus waren, obwohl Scherf
am liebsten mit ihnen zusammengelebt hätte,
45 so wie er es von zu Hause kannte. Er und seine Frau fragten sich, wie es weitergehen soll.
Im Freundeskreis kam man schließlich auf die
Idee, dass man doch zusammenziehen könne.
[…] Es fand sich eine alte Villa im Bahnhofsvier-
50 tel, eigentlich ein Spekulationsobjekt. Scherf
und seine Mitbewohner kauften sie und bau-
ten sie um.

Bevor die Bewohner zusammenzogen, ver-
wendeten sie erst einmal sehr viel Zeit darauf,
55 sich richtig kennen zu lernen. Man ging wandern und verbrachte ausgedehnte Urlaube in
Ferienwohnungen, wo man miteinander auskommen musste.

Es gab lange Diskussionen, wie viel Nähe
60 sein sollte, dann kam die Phase der Planung,
in der alle Mitbewohner einem Architekten
ihre Wünsche mitteilen konnten. Das Haus
wurde rollstuhlgerecht geplant und eine Fahr-
stuhlvorrichtung wurde eingebaut, für das
65 Alter. Es gibt sehr gute Zeiten, die Bewohner
unternehmen viel gemeinsam, gehen ins Kino
oder in die Kirche, machen Ausflüge, „das füllt
uns inhaltlich, wir denken nicht nur, wie krie-
gen wir unsere Tage rum". Und es gab sehr
70 schlechte Zeiten. Zwei Bewohner sind gestor-
ben, eine Mitbewohnerin hatte Knochenkrebs,
die Wohngemeinschaft hat sie bis zum Schluss
gepflegt.

Und was ist sein Patentrezept für eine gute
75 WG? „Arbeit, Arbeit und nochmals Arbeit",
sagt Scherf. „Und die richtigen Leute zu finden.
Das ist fast so schwierig, wie den richtigen Partner zu finden."

aus: Tagesspiegel

3 Ein Politikerleben

a | Lesen Sie die Kurzbiografie von Henning Scherf. Was sind die wichtigsten Stationen seines Lebens? Markieren Sie die Schlüsselwörter.

> Henning Scherf wurde am 31. Oktober 1938 in Bremen geboren. Nach dem Abitur nahm Scherf 1958 ein Studium der Rechtswissenschaft und Soziologie an der Universität Freiburg auf. Er studierte auch an den Universitäten Hamburg und Berlin. Bereits während des Studiums engagierte sich Scherf politisch. 1963 trat er in die SPD ein. Er zog nach Bremen und begann dort seine Tätigkeit als Rechtsanwalt. Für die SPD arbeitete er in verschiedenen Funktionen: Von 1972 bis 1978 war er Landesvorsitzender der SPD in Bremen. 1984 trat er außerdem in den Bundesvorstand der SPD ein. Von 1990 bis 1995 war Scherf dann Senator für Bildung und Wissenschaft sowie von 1991 bis 1995 Senator für Justiz in Bremen. Danach wurde er Regierungschef des Landes Bremen. Von 1995 bis 2005 war er Bürgermeister und Präsident des Senats der Freien Hansestadt Bremen. Mit 67 Jahren zog er sich aus der Politik zurück.

b | Ergänzen Sie bitte die Fakten aus der Biografie von Henning Scherf. Benutzen Sie das Präteritum.

> in die SPD eintreten | mit dem Studium beginnen | sich aus der Politik zurückziehen | verschiedene Funktionen haben | sich politisch engagieren

_____, als er 20 Jahre alt war.

Schon während er studierte, _____.

Als er 25 Jahre alt war, _____.

Während er in der Bremer SPD aktiv war, _____.

Als er 67 Jahre alt wurde, _____.

c | Welche biografischen Aspekte seines privaten Lebens können Sie aus dem Zeitungsartikel in Aufgabe 2 ergänzen?

d | Was war in Ihrem bisherigen Leben wichtig? Notieren Sie bitte biografische Stationen.

> **Temporaler Nebensatz mit _als_ und _während_**
>
> **Als** er 25 war, trat er in die SPD ein.
> **Während** er studierte, engagierte er sich politisch.

- Während ich studierte, lernte ich meinen Mann kennen.
- Als ich nach Deutschland kam, begann für mich ein neues Leben.

➥ AB 4–7
➥ IS 23/3

4 Mehrere Generationen unter einem Dach

a | Was halten Sie davon, wenn Alt und Jung zusammenleben? Sammeln Sie Argumente pro und contra.

pro

contra

1 🔆_23 **b |** Hören Sie die Radiodiskussion. Wie finden die Personen das gemeinsame Leben von mehreren Generationen? Wer ist eher dafür, wer ist eher dagegen?

Frau Andres

Frau Büttner

Herr Kienzle

c | Hören Sie bitte noch einmal. Notieren Sie die Argumente pro und contra.

pro	contra
– es ist immer viel los	– man ist nie allein

➡ AB 8

d | Mit welchen Aussagen sind Sie einverstanden? Mit welchen nicht? Warum? Vergleichen Sie die Argumente.

e | Wählen Sie ein Thema, sammeln Sie Vor- und Nachteile, bringen Sie Beispiele aus Ihrem Land. Vergleichen Sie dann in Gruppen und diskutieren Sie.

- Jung und Alt unter einem Dach – geht das gut?
- Seniorenheime – die optimale Lösung fürs Alter?
- Alters-WGs – das Wohnmodell der Zukunft?

➡ IS 23 / 2

> **Vor- und Nachteile vergleichen**
>
> Ich finde es besser / schlechter, … zu …
> Ich denke, dass … besser / nicht so gut ist, weil …
> Besonders gut bei / an … ist, dass …
> Ein großer Vorteil / Nachteil ist, dass …
> Ich bin für / gegen …, weil …

5 Wählen Sie eine Aufgabe.

- Kennen Sie eine interessante Person? Wo und wann ist sie geboren? Wie verlief ihr Leben? Was war besonders spannend daran? Machen Sie Notizen und schreiben Sie die Lebensgeschichte der Person auf.

- Machen Sie im Kurs eine Umfrage: Wie stellen Sie sich das Leben im Alter vor? Wo und wie möchten Sie wohnen?

- Formulieren Sie *als*- oder *während*-Sätze und schreiben Sie sie auf. Schneiden Sie die Sätze auseinander und lassen Sie Ihre Lernpartnerin / Ihren Lernpartner die Sätze wieder zusammenlegen.

als | ich | nach Deutschland | kam | hatte | ich | schreckliches | Heimweh

mein Freund | ging | nach Italien | als | er | mit der Schule | fertig | war

6 Wollt ihr wirklich umziehen?

1 🔴_24   **a |** Hören Sie das Telefongespräch. Wer ruft wen an?
Welche Themen werden angesprochen?
Markieren Sie bitte.

Lisas Arbeit im Krankenhaus
Max und seine Hausaufgaben
Lukas' Präsentation
Probleme mit den Nachbarn wegen Mia
Planung einer altersgerechten Wohnanlage
gesundheitliche Probleme von Lisas Eltern

b | Hören Sie noch einmal. Was ist richtig? Kreuzen Sie bitte an.

1. Wohin möchten Lisas Eltern umziehen?
   ☐ in ein Seniorenheim   ☐ in eine betreute Wohnanlage   ☐ zu Lisa und Lukas

2. Wann möchten sie umziehen?
   ☐ jetzt sofort   ☐ später, wenn sie älter sind   ☐ wenn Mia älter ist

3. Warum möchten sie umziehen?
   ☐ Lisas Mutter hat Probleme mit dem Knie   ☐ Lisas Mutter hat Probleme mit der Treppe

7 **Das ist die Zukunft!**

a | Sehen Sie das Bild an und spekulieren Sie:
Wer ist das? Was will die Person?
Wie ist die Situation?

1  _25   **b |** Hören Sie und vergleichen Sie mit Ihren Vermutungen.

8 **Vertreter vor der Tür**

a | Haben Sie schon Erfahrungen mit Vertretern an der
Haustür gemacht? Gute oder schlechte? Welche Produkte
haben Sie gekauft bzw. wurden Ihnen angeboten?
Erzählen Sie bitte.

b | Lesen Sie die Statistik über Reaktionen an der Haustür. Wie verhalten sich die meisten?

51 %	Ich sage höflich, dass ich kein Interesse habe, und schließe die Tür.
30	Ich mache fremden Menschen gar nicht erst auf.
12	Ich frage, was er / sie verkauft, und sage ihm / ihr dann, dass ich mir so etwas gerade erst letzte Woche angeschafft habe … Dann ein nettes „Tschüss!" und Tür zu.
6	Wenn ich das, was der Herr mir anbietet, gerade brauche, höre ich es mir an und lasse mir nur seine Nummer oder einen Prospekt geben, aber ich unterschreibe nichts.
2	Ich kaufe ab und zu mal etwas bei Vertretern, es ist meistens günstiger und spart Zeit.

c | Wie kann man reagieren, wenn man an dem Kauf nicht interessiert ist? Was ist höflich, was ist unhöflich?
Diskutieren Sie.

- Oh nee. Sie haben mir gerade noch gefehlt.
- Der Zeitpunkt ist leider ganz unpassend. Ich muss gleich weg.
- Vielen Dank. Ich brauche nichts.
- Keine Zeit. Wiedersehen.
- Tut mir leid, ich kaufe nie etwas an der Haustür.
- Ich habe schon ein/e/n …
- Ich habe kein Interesse. Danke.
- Lassen Sie mich in Ruhe.
- Ich habe mir erst … gekauft und bin an Ihrem Angebot nicht interessiert.

↪ AB 9

9 Zum Umgang mit Haustürgeschäften

a | Überfliegen Sie den Text. Was für eine Textsorte ist das?

☐ ein Rezept   ☐ ein Ratgeber   ☐ eine Gebrauchsanleitung

Jeder kennt die Situation: Es klingelt an der Tür und jemand möchte das neueste Reinigungsgerät oder ein Zeitschriftenabonnement verkaufen, etwas reparieren oder prüfen.
Zu diesen unangemeldeten Besuchen einige Tipps:

→ Verlangen Sie von Amtspersonen grundsätzlich den Dienstausweis und prüfen Sie ihn sorgfältig auf Druck, Foto und Stempel.

→ Lassen Sie nur Handwerker in Ihre Wohnung, die Sie selbst bestellt haben oder die von der Hausverwaltung angekündigt worden sind.

→ Unterschreiben Sie nichts unter Zeitdruck und lassen Sie sich weder beeindrucken noch verwirren.

→ Lesen Sie Vertragsbedingungen gründlich durch und lassen Sie sie sich bei Bedarf erklären.

→ Achten Sie bei der Unterschrift immer auch auf die Datumsangabe.

→ Der Hinweis auf das Widerrufsrecht muss stets extra unterschrieben sein. Achten Sie auch auf ein korrektes Datum.

→ Verlangen Sie immer eine Kopie des Vertrags mit deutlich lesbarer Adresse und ebenso gut erkennbarem Namen des Vertragspartners.

→ Prüfen und vergleichen Sie Angebote genau. Lassen Sie sich nicht durch „Hinweise", wie *Dieses Angebot gilt nur noch heute!* unter Druck setzen.

b | Lesen Sie die Tipps jetzt genau. Notieren Sie wichtige Stichworte.

    - Dienstausweis verlangen und prüfen

c | Ergänzen Sie bitte die Sätze. Finden Sie so viele Variationen wie möglich.

Bevor Sie jemanden in die Wohnung lassen, sollten Sie

Bevor Sie einen Vertrag unterschreiben, sollten Sie

> **Temporaler Nebensatz mit *bevor***
>
> **Bevor** man ein Angebot annimmt, sollte man es genau prüfen.
> Man sollte auf das Datum achten, **bevor** man etwas unterschreibt.

d | Gibt es in Ihrem Land auch Haustürgeschäfte? Was machen Sie, wenn sie den Kauf rückgängig machen möchten?

➡ AB 10

10 Einen Widerruf schreiben

a | Kann man einen Kaufvertrag rückgängig machen?
Lesen Sie den Paragrafen Wort für Wort und versuchen
Sie, den Inhalt mit Ihren Worten wiederzugeben.

§ 1 Widerrufsrecht
(1) Sie haben das Recht, den Kaufvertrag innerhalb von einem Monat ab Erhalt der Ware zu
widerrufen. Der Widerruf muss keine Begründung
enthalten. Zur Wahrung dieser Frist genügt die
rechtzeitige Absendung des Widerrufs.

b | Lesen Sie den Widerruf. Was möchte die Briefschreiberin
erreichen? Warum?

Inge Fredman, Geröderweg 22, 34130 Kassel

Kundenservice
Elektrohaus
Zentgrafenstr. 104
34137 Kassel

18.01.2011

Sehr geehrte Damen und Herren,

am 12. Januar habe ich bei Ihnen die Espressomaschine
Typ Xenia 248 gekauft. Leider muss ich jetzt feststellen,
dass die Maschine stark von den Beschreibungen ab-
weicht und nicht meinen Erwartungen entspricht.
Deshalb mache ich hiermit von meinem Widerrufs- und
Rückgaberecht Gebrauch. Die Espressomaschine habe
ich am 16.1. an Sie zurückgeschickt. Ich bitte Sie, den
Kaufpreis in Höhe von 299,00 Euro bis zum 01.02.2011
auf das u. g. Konto zu überweisen.

Mit freundlichen Grüßen

Inge Fredman

Kontoinhaber: Inge Fredman
Name der Bank: Commerzbank
Kontonummer: 2 345 774 321
Bankleitzahl: 200 769 90

c | Mit welchen Redemitteln kann man etwas widerrufen oder kündigen? Mit welchen Redemitteln kann man
seine Forderungen beschreiben? Markieren Sie bitte mit zwei Farben.

Hiermit mache ich von meinem Widerrufsrecht Gebrauch.
Bitte überweisen Sie den Rechnungsbetrag von … EUR bis zum … auf mein Konto.
Hiermit widerrufe ich meine Bestellung vom … mit sofortiger Wirkung.
Bitte senden Sie mir in den nächsten Tagen eine schriftliche Bestätigung.
Die bisherigen Zahlungen erstatten Sie mir bitte umgehend zurück.
Ich möchte den Vertrag vom … widerrufen.
Eine Bestätigung erwarte ich von Ihnen in den nächsten 14 Tagen.

d | Wählen Sie eine Situation und schreiben Sie einen Widerruf: Schreiben Sie, welchen Kauf Sie widerrufen
und warum. Formulieren Sie kurz und klar Ihre Forderungen. Überprüfen Sie alle Angaben.

- Sie haben einen Staubsauger bestellt. Doch als die Ware geliefert wurde, stellten Sie fest,
  dass die Saugleistung nicht gut genug ist. Widerrufen Sie Ihren Kaufvertrag.
- Ihr Partner und Sie haben aus Versehen das gleiche Produkt im Katalog bestellt. Widerrufen Sie Ihre Bestellung und verlangen Sie Ihr Geld zurück.

➥ AB 11

11 Ich bereite eine Präsentation vor.

1 ○_26   **a** | Sehen Sie die Bilder an und hören Sie. Was passiert wann? Ordnen Sie bitte die Bilder.

b | Hören Sie noch einmal. Verbinden Sie bitte.

Herr Glock ○   ○ bereitet eine Präsentation vor.

Lisa ○   ○ lernt ein Gedicht auswendig.

Lukas ○   ○ fragt das Gedicht ab.

Max ○   ○ schläft.

Mia ○   ○ saugt.

12 Ein Frühlingsgedicht

a | Was assoziieren Sie mit Frühling? Sammeln Sie.

1 ○_27   **b** | Hören Sie das Gedicht und lesen Sie mit. Wie gefällt Ihnen das Gedicht?

Er ists

Frühling läßt sein blaues Band
Wieder flattern durch die Lüfte;
Süße, wohlbekannte Düfte
Streifen ahnungsvoll das Land.

Veilchen träumen schon,
Wollen balde kommen.
– Horch, von fern ein leiser Harfenton!
Frühling, ja du bist's!
Dich hab ich vernommen!

Eduard Mörike

c | Lernen Sie das Gedicht auswendig. Experimentieren Sie mit Betonung, Pausen und Melodie und tragen Sie
es dann sehr ausdrucksvoll vor. Diskutieren Sie über die Wirkung.

13 Produkte präsentieren, Kunden beraten

a | Lesen Sie den Artikel über Präsentationserfahrungen in verschiedenen Berufen. Markieren Sie: Wo und was müssen die Personen präsentieren?

Ann-Kristin Hötte, 29, ist seit anderthalb Jahren für den Ernst Klett Verlag unterwegs.

[...] Um in meinem neuen Job arbeiten zu können, musste ich nach Schleswig-Holstein ziehen. Dort betreue ich alle weiterführenden Schulen. Das heißt, nachmittags präsentiere ich unsere Lehrwerke und Begleitmaterialien in Fachkonferenzen. Und am Wochenende auch auf Messen oder Landesfachtagen. Vormittags besuche ich einzelne Schulen, durchschnittlich drei pro Tag.

Um meinen Beruf auszuüben, muss ich viel reisen. Dadurch komme ich aber auch viel rum: Neulich habe ich zum Beispiel die Schulen auf Fehmarn besucht. Außerdem bin ich natürlich Ansprechpartnerin vor Ort für alle Lehrer, egal, ob sie Fragen zum Inhalt der Bücher haben, Hilfe bei der Software brauchen oder Anregungen haben.

Sandra Conrads, 30, ist seit anderthalb Jahren für die Kundengruppe VW / Audi bei Pierburg Pump Technology GmbH zuständig. Sie verkauft Kühlmittelpumpen, Vakuumpumpen und Ölpumpen.

Im Industrievertrieb ist technisches Wissen unerlässlich, denn bei meinen Kunden habe ich es mit Fachleuten zu tun. Um mit ihnen reden zu können, muss ich meine Produkte in- und auswendig kennen. Deshalb stehe ich intern in engem Kontakt zur Entwicklung sowie zu Einkauf, Fertigung und Logistik. So bin ich immer auf dem neuesten

Stand. Sobald wir Produktideen und Innovationen haben, stelle ich die unseren Ansprechpartnern bei den Kunden in Präsentationen vor. [...]

Kristian Koch, 30, ist seit Anfang 2008 im Außendienst für Novartis Pharma tätig.

Ich bin Klinikreferent in Hamburg, das heißt, meine Kunden sind hauptsächlich Krankenhäuser. In der Klinik entscheidet eine Arzneimittelkommission darüber, welche Präparate eingesetzt werden können. Ich muss also nicht jeden einzelnen Arzt überzeugen. [...] Das Beste an meinem Job ist die gute Mischung aus Wissenschaft und Verkaufen. Als Pharmareferent verkaufe ich natürlich nicht im engeren Sinne – ich berate. Um die Ärzte von der Wirksamkeit unserer neuen Produkte zu überzeugen, muss ich sie so fundiert wie möglich mit Studien und Infobroschüren informieren. [...]

aus: Hochschulanzeiger

b | Suchen Sie und ergänzen Sie bitte die Sätze.

Frau Hötte musste nach Schleswig-Holstein ziehen, um ...
Und sie muss viel reisen, um ...
Um ..., muss Herr Koch sehr kompetent über Präparate informieren.
Frau Conrads muss ihre Produkte in- und auswendig kennen, um ...

c | Welche Anforderungen stellt der Beruf im Außendienst? Lesen Sie noch einmal und notieren Sie Stichworte.

↪ AB 12–13

> **Ziel angeben: *um zu* + Infinitiv**
>
> **Um** den Kunden **zu** überzeugen, muss man ihn gut beraten.
> Man muss seine Produkte sehr gut kennen, **um** sie überzeugend **zu** präsentieren.
> **Um** den Job machen **zu** können, muss man manchmal umziehen.

14 Was sagt die Körpersprache?

Sehen Sie die Fotos an. Welche „Fehler" machen die Personen beim Präsentieren? Wer macht es gut?

➡ AB 14
➡ IS 23/4

15 Vielen Dank für Ihre Aufmerksamkeit!

1 💿 _28   a | Hören Sie Auszüge aus einer Präsentation. In welcher Reihenfolge hören Sie sie? Nummerieren Sie bitte.

☐ Begrüßung
☐ Einleitung in das Thema
☐ eine Grafik erläutern
☐ Übergang zum nächsten Thema

☐ Zwischenfragen abwehren
☐ Zusammenfassung
☐ Schluss

b | Zu welchem Teil gehören folgende Sätze? Ordnen Sie bitte zu.

An dieser Stelle möchte ich meine Präsentation abschließen.
Ich komme jetzt zur nächsten Frage.
Alle wichtigen Informationen finden Sie auch in Ihren Handouts.
Vielen Dank für Ihre Frage. Ich würde darauf gern später zurückkommen.
Die folgende Grafik informiert über die aktuelle Entwicklung.
Guten Tag, mein Name ist … und ich freue mich, Ihnen … vorstellen zu dürfen.
Vielen Dank für Ihre Aufmerksamkeit. Ich bin gern bereit, Ihre Fragen zu beantworten.

➡ AB 15

16 Praktisch!?

1 _29 **a** | Zwei Verkäufer präsentieren das gleiche Produkt – welcher klingt überzeugender und warum? Hören Sie bitte.

Meine sehr verehrten Damen und Herren,
wer von Ihnen läuft denn zu Hause mit schmutzigen Straßenschuhen übers Parkett? Das tut sicher niemand, denn keiner möchte den Schmutz von der Straße im Haus haben. Man schlüpft in weiche und bequeme Pantoffeln. Das schont den Fußboden! Aber gerade haben Sie gemütlich in Ihrem Fernsehsessel Platz genommen – da sehen Sie eine dicke Staubschicht auf Ihrem Parkett. Jetzt müssen Sie wieder aufstehen, ein Staubtuch holen, sich auf den Boden knien und putzen. Tag für Tag! Macht Ihnen das Spaß? Ich denke, nein.

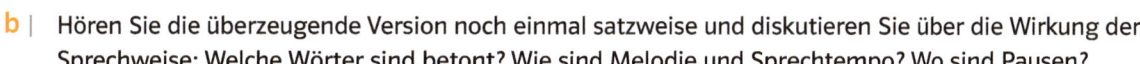

Aber hier habe ich etwas, das Ihnen ganz bestimmt Spaß macht: Es ist bequem und warm und nimmt Ihnen außerdem noch die Arbeit ab. Hier sehen Sie unser Produkt im fröhlichen Karomuster: kuschelige und praktische Putzpantoffeln. Es sind eigentlich ganz normale Pantoffeln, aber sie haben eine dicke Sohle aus Mikrofaser. Und damit entfernen Sie nun Schritt für Schritt den Staub von Ihrem Fußboden. Sie brauchen weder Eimer noch Schrubber, Besen oder Lappen. Ihr Fußboden wird ganz von allein sauber.

Die Pantoffeln gibt es in acht verschiedenen Farben und Designs. Und für 10 Euro sind sie auch noch sehr preiswert. Also, worauf warten Sie noch?

b | Hören Sie die überzeugende Version noch einmal satzweise und diskutieren Sie über die Wirkung der Sprechweise: Welche Wörter sind betont? Wie sind Melodie und Sprechtempo? Wo sind Pausen?

c | Imitieren Sie die Sprechweise satzweise und schauen Sie die anderen dabei an. Variieren Sie dann auch Ihre Sprechweise und diskutieren Sie über die Wirkung.

17 Das muss jeder haben!

a | Was ist für Sie ein wichtiger Gegenstand, den jeder haben sollte? Bereiten Sie eine Präsentation vor:

- Überlegen Sie die Vorteile und den Nutzen des Gegenstandes.
- Machen Sie Notizen. Fertigen Sie 1–2 Folien an.
- Präsentieren Sie Ihren Gegenstand in der Gruppe.

➡ AB 16

b | Machen Sie im Anschluss an die Präsentationen eine Umfrage: Welchen Gegenstand finden die meisten besonders wichtig / nützlich / originell?

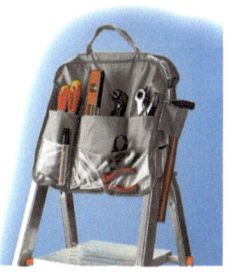  

■ Damals, als ich . . .

1 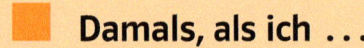 30 **a |** Hören Sie das Gedicht von Ernst Jandl. Wie alt war er, als er das Gedicht schrieb?

b | Schreiben Sie ein eigenes Gedicht. Ergänzen Sie wichtige Ereignisse aus Ihrem Leben.

Als ich ... war, ...

Jetzt bin ich gespannt.

■ Deutschland wird alt

a | Wie verändert sich die demografische Situation? Warum? Lesen Sie und beschreiben Sie die Statistik.

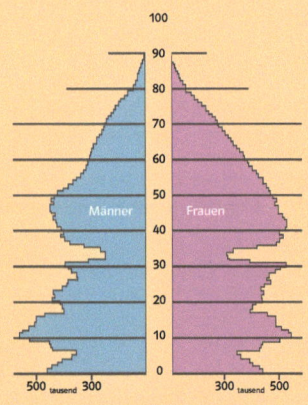

Altersbaum 1950; Quelle: 10. koordinierte
Bevölkerungsvorausberechnung

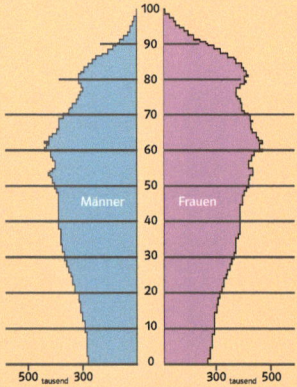

Altersbaum 2050; Quelle: 10. koordinierte
Bevölkerungsvorausberechnung

b | Welche Konsequenzen aus dieser Entwicklung sind denkbar? Sammeln und diskutieren Sie. Vergleichen Sie mit anderen Ländern.

 FOKUS LANDESKUNDE

In den D-A-CH-Ländern bieten Verbraucherschutzorganisationen (in Österreich und der Schweiz Konsumentenschutz) Beratung und Information zu den Themen Bauen und Wohnen, Geld und Versicherungen, Gesundheit und Ernährung, Handel und Wettbewerb, Produktsicherheit und Normung, Reise und Verkehr, Telekommunikation und Medien Umwelt und Energie. Die Verbraucherzentralen helfen auch bei Rechts problemen und vertreten die Interessen der Verbraucher.

Jahreszeitengedichte

a | Wählen Sie ein Gedicht. Mit welchen Wörtern, Bildern, Klängen wird die Jahreszeit beschrieben? Wie ist die Stimmung? Sammeln Sie.

Erster Frühlingstag

Die kürzeste Verbindung zwischen
zwei Hustenanfällen: ein Lungenzug
auf dem Balkon. Es ist so still
an diesem Morgen, die Antennen funkeln,
die Satellitenschüsseln leuchten,
der Nachbar lauscht seinen Geranien.
Ich schwanke noch zwischen Sehnsucht
und Schlaf. Über dem Dachfirst kreist
eine Krähe. „Aasfresser" ruf ich zum
Himmel hinauf. Heute ist Frühling,
und mich kriegst du nicht.

(von Hans-Ulrich Treichel)

Herbst

Der Herbst färbt die toten Blätter
Und legt den Finger auf den Mund –
Stirbt es sich leichter bunt?
Im Fluß die Fische werden fetter
Der Winter kommt, die Zeit ist wund.

(von Inge Müller)

Sommerlich

Die Welt ist grün. Bäume stützen sie.
Milder kühler Wind liebkost alles Lebende.
Ein Feld winkt mit langen Maisblättern.
Heimliches Leuchten der Königskerzen
                    zur Sonne.
Die Zeit duftet nach Walderdbeeren und Heu.
Und der Wegwartenhimmel blaut und blaut.

(von Marian Nakitsch)

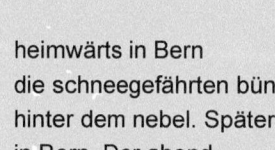

heimwärts in Bern
die schneegefährten bündeln ihr weiß
hinter dem nebel. Später november
in Bern. Der abend
stellt sätze ins fenster. „Die
Berge", sagt Elisabeth,
bereiten sich auf Weihnachten vor".

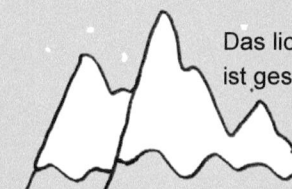

Das licht schnürt uns den kinderschuh & bald
ist gestern. Ein schneedocht & brennt

(von José F. A. Oliver)

b | Wählen Sie einen Dichter. Recherchieren Sie die Biografie und die wichtigsten Werke. Machen Sie eine Präsentation im Kurs.

c | Bringen Sie Jahreszeitengedichte aus Ihrem Land mit. Tragen Sie die Gedichte vor. Mit welchen Wörtern, Bildern, Klängen wird die Jahreszeit dort beschrieben? Wie ist die Stimmung? Vergleichen Sie.

24 Der Ton macht die Musik

1 Der richtige Ton

a | Sehen Sie bitte die Fotos an. Welche Sätze sind in den Situationen passend? Wählen Sie aus und ergänzen Sie weitere.

> Könnte ich mich bitte setzen? | Still! Ruhe jetzt! | Darf ich Sie unterbrechen? | Steh auf! |
> Platz da! Ich hab's eilig! | Jetzt rede ich. | Wie peinlich! Das tut mir jetzt aber leid. |
> Könnten Sie Ihre Unterhaltung woanders fortsetzen? | Jetzt bin ich dran. | Entschuldigung,
> ich habe reserviert. | Stellen Sie sich nicht so an. | Entschuldigen Sie bitte, ich muss durch.

b | Welche Wendungen sind freundlich / höflich und welche sind unfreundlich / frech? Markieren Sie bitte in zwei Farben.

c | Welche Wendungen haben Sie schon einmal gehört? In welcher Situation? Tauschen Sie sich aus.

d | Haben Sie schon einmal erlebt, dass jemand mit Ihnen oder einer anderen Person nicht angemessen gesprochen hat? Gestalten Sie das leere Feld.

➡ AB 1

Kommunikative Lernziele:

- an einer Arbeitsbesprechung teilnehmen
- ein Protokoll verstehen / verfassen
- ein Firmen-Organigramm lesen
- sich in einer neuen Firma zurechtfinden
- mit Beamten angemessen sprechen
- formelle und informelle Sprache bei Ärger
- verschiedene Sprachregister beherrschen
- Kulturtipps geben
- ein Bild beschreiben

Zusatzmaterial: Kulturprogramm (Ausklang)

Wortschatz und Strukturen:

- Funktionen und Bereiche in einem Unternehmen
- Verkehrssünden
- Kunst und Kultur
- Relativsätze mit Präpositionen
- Höfliche Sprache: Konjunktiv II
- Sätze mit *obwohl* und *trotzdem*
- Komparativ und Superlativ vor Nomen
- phonetische Mittel für höfliche Sprechweise

2 **In der Teamsitzung**

a | Sehen Sie das Bild an. Was glauben Sie: Welche Begriffe fallen in der Teamsitzung? Wählen Sie aus.

die Lärmbelastung | der Dienstplan | der Parkplatz | die Baustelle | der Staub | der Husten |
die Beschwerden | die Klimaanlage | die Verabredung | die Bauarbeiten | das Protokoll

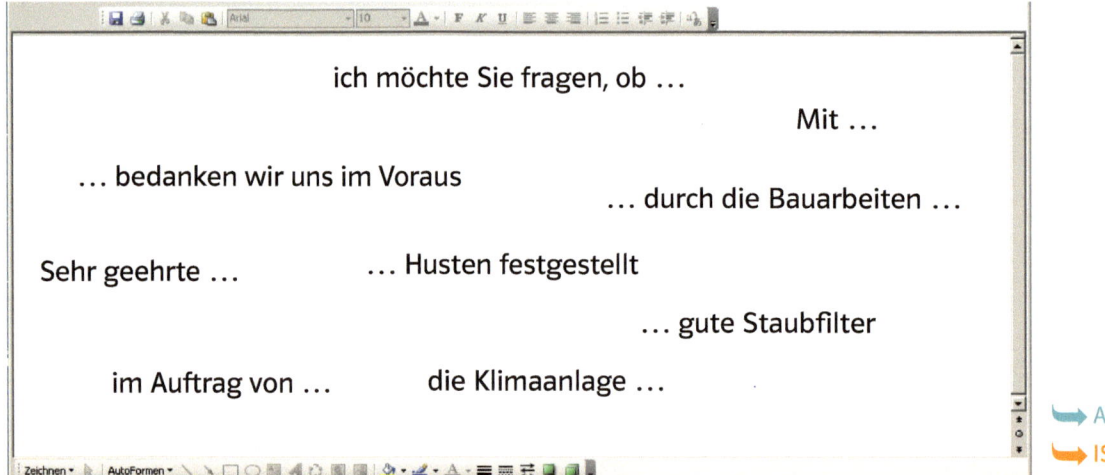

1 _31 b | Hören Sie die Teamsitzung und vergleichen Sie mit Ihren Vermutungen.

c | Welche Aussagen treffen auf Markus zu? Hören Sie noch einmal und kreuzen Sie bitte an.

☐ Markus findet den Lärm unerträglich.
☐ Er hat fast eine halbe Stunde lang einen Parkplatz gesucht.
☐ Er kommt morgen mit dem Fahrrad zur Arbeit.
☐ Er soll an die Klinikleitung schreiben.
☐ Er will auf eine Ausstellungseröffnung gehen.
☐ Er bringt Sekt und Häppchen mit.

d | Schreiben Sie die E-Mail für Markus an die Klinikleitung. Die Formulierungen helfen.

ich möchte Sie fragen, ob …

Mit …

… bedanken wir uns im Voraus

… durch die Bauarbeiten …

Sehr geehrte …   … Husten festgestellt

… gute Staubfilter

im Auftrag von …   die Klimaanlage …

→ AB 2
→ IS 24/1

3 Eine Unternehmensversammlung

a | Haben Sie schon einmal an einer Unternehmens-
versammlung teilgenommen? Wer lädt dazu ein?
Wer nimmt daran teil? Wann findet sie statt?
Was wird dort besprochen? Tauschen Sie sich aus.

1 _32   **b |** Hören Sie den Beitrag des Geschäftsführers. Welche Zusammenfassung ist richtig? Kreuzen Sie an.

☐ Der Betrieb hat eine neue Abteilung in Asien eröffnet und sucht zehn Mitarbeiter, die
dort arbeiten. Die Mitarbeiter müssen dort Nachtschichten machen und sollten keinen
Urlaub nehmen.

☐ Der Betrieb hat mehr Aufträge aus Asien und muss deshalb umstrukturieren. Es gibt eine
neue Abteilung. Die Mitarbeiter müssen mehr arbeiten und sollten keinen Urlaub
nehmen.

☐ Weil die Konjunktur schlecht ist, gibt es einen neuen Abteilungsleiter. Er sucht qualifizier-
tes Personal, das in den ersten acht Wochen keinen Urlaub nehmen soll.

1 _33   **c |** Hören Sie die Redebeiträge des Abteilungsleiters, der Betriebsrätin und eines Mitarbeiters. Wer sagt was?
Verbinden Sie bitte.

                           ○ Mehr Geld für mehr Arbeit.

                           ○ Ich danke der Geschäftsleitung für das Vertrauen.

Abteilungsleiter ○   ○ Liebe Kolleginnen und Kollegen,

Betriebsrätin ○   ○ Ich freue mich, dass unsere Arbeitsplätze gesichert sind.

Mitarbeiter ○   ○ Ich freue mich auf die Zusammenarbeit.

                           ○ Wendet euch vertrauensvoll an mich.

                           ○ Liebe Mitarbeiterinnen und Mitarbeiter,

                           ○ Ich brauche nächsten Monat Urlaub.

4 Wäre es möglich?

a | Sie können keine Überstunden machen, weil Sie neben der Arbeit einen Deutschkurs besuchen. Sie möchten
aber auch Engagement im Job zeigen. Planen Sie einen Redebeitrag, machen Sie sich Notizen.

- ▪ Es tut mir leid, dass …
- ▪ Ich bin dafür / dagegen, dass …
- ▪ Könnte ich vielleicht …?
- ▪ Wäre es möglich, dass …?

- ▪ Ich bitte um Ihr Verständnis …
- ▪ … einen Kompromiss finden.
- ▪ Es ist verständlich, dass …
- ▪ Ich verstehe nicht, warum …

   b | Tragen Sie Ihren Beitrag vor. Die Gruppe entscheidet: Wer vertritt seine Interessen am besten, ohne seinen
Arbeitsplatz zu gefährden? Warum?

➡ AB 3

5 TOPs und To do's

a | Was glauben Sie: Was ist ein TOP? Überfliegen Sie das Protokoll und kreuzen Sie bitte an.

☐ Tagesordnungspunkt   ☐ Tagungsorganisationsprotokoll   ☐ Teamordnungsphilosophie

b | Lesen Sie jetzt die TOPs genau. Welche Aufgaben müssen erledigt werden? Ergänzen Sie sie im Protokoll.

> Lieferung annehmen | Freizeitausgleich beantragen | ~~Probleme auflisten~~ |
> Teilnahmepflicht besteht | neuen Dienstplan schreiben | Kundendienst begleiten |
> Termin vereinbaren

Ergebnisprotokoll

Anlass: Teamsitzung Abteilung Hartkäse 2

Datum, Zeit: 26.09.2011, 9–11 Uhr

anwesend: Schneider, Demirkol, Jankovic, Merz; entschuldigt: Hansen

Protokollant: Merz

Thema	Inhalte / Entscheidungen	To-do-Liste: Verantwortliche, Termine
TOP 1: Probleme Käsepresse	• Probleme mit der neuen Käsepresse • Lieferung Ersatzteile 5.10. • Reparatur durch Kundendienst 7.10.	• Merz listet Probleme auf • Demirkol _____ • Schneider und Demirkol _____
TOP 2: Abbau Überstunden	• Überstunden in KW 39 und 40 abbauen • Nachtschichten entfallen	• alle Mitarbeiter _____ • Jankovic _____
TOP 3: Sicherheitsunterweisung	• Begehung mit Sicherheitsbeauftragtem • Sicherheitsunterweisung im Oktober	• Merz _____ • für alle Mitarbeiter _____
TOP 4:	• _____ • _____	• _____

Nächste Teambesprechung: 24.10.2011

B. Merz, 27.09.2011

 1 _34

c | Hören Sie TOP 4 und notieren Sie beim Hören Stichwörter. Was ist wichtig? Fassen Sie die Informationen im Protokoll zusammen.

➥ AB 4–5

6 Ein Firmen-Organigramm

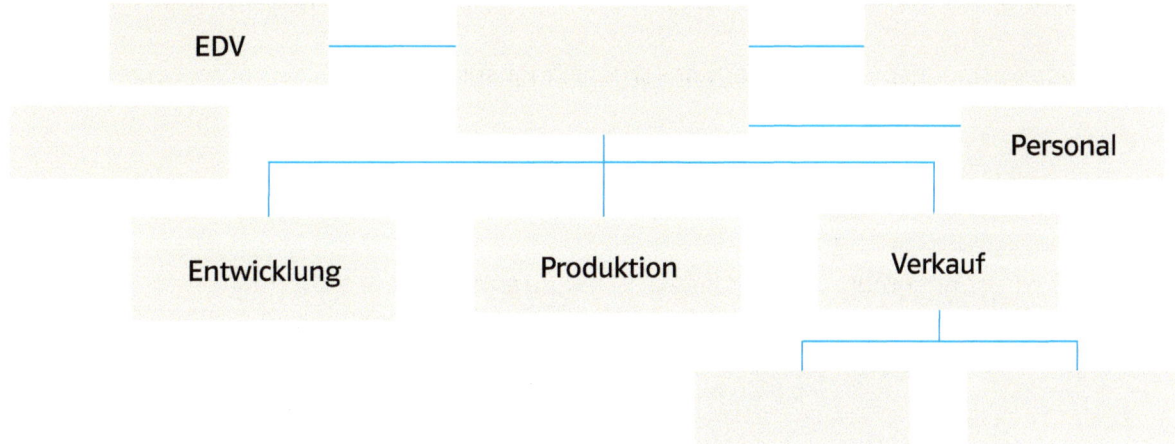

a | Wer hat welche Funktion in einem Produktionsunternehmen? Lesen Sie bitte die Aussagen und ergänzen Sie das Organigramm.

Die Geschäftsleitung ist die höchste Ebene im Unternehmen, auf der alle wichtigen Entscheidungen getroffen werden.
Der Verkauf ist ein wichtiger Bereich in jedem Betrieb, zu dem Marketing und Vertrieb zählen.
Das Controlling unterstützt die Geschäftsleitung, mit der sie bei der Planung und Überwachung der Finanzen eng zusammenarbeitet.
Der Betriebsrat wird von den Mitarbeitern gewählt, für die er sich einsetzt.

b | Markieren Sie die Relativpronomen und Bezugsnomen in den Sätzen. Was stellen Sie fest?

c | Kennen Sie Unternehmen mit anderen Funktionen und Abteilungen? Wie ist es in anderen Ländern? Berichten Sie bitte.

➡ AB 6 – 8
➡ IS 24 / 2

> **Relativsätze mit Präpositionen**
>
> ein Mensch, **zu dem** man Vertrauen hat
> ein Ziel, **für das** man alles tut
> eine Person, **mit der** man spricht
> Leute, **an die** man sich wendet

7 Fragen zum Unternehmen

1  _35   **a |** Hören Sie Situationen mit Personen an ihrem ersten Arbeitstag. Welche Fragen haben sie? Notieren Sie Stichwörter.

   b | Was muss man noch wissen, wenn man neu in einer Firma ist? Sammeln Sie zu den Punkten Fragen.

Gebäude: Lager, Aufenthaltsraum, Personaltoilette, …
Ansprechpartner: Bestellungen, Telefonanlage, …
regelmäßige Termine: Mitarbeiterversammlungen, Sprechstunden Betriebsrat, …
Arbeitszeiten: Arbeitszeiterfassung, Gleitzeit, Urlaubsregelungen, …

8 Führerschein und Fahrzeugpapiere bitte!

a | Sehen Sie das Bild an. Was glauben Sie: Warum hält der Polizist Markus an? Spekulieren Sie.

betrunken sein | eine Führerscheinkontrolle | zu schnell fahren | über eine rote Ampel fahren |
den Polizisten beleidigen | einen Autofahrer beschimpfen | falsch parken | …

1 🔘_36   b | Hören Sie bitte. Waren Ihre Vermutungen richtig? Rekonstruieren Sie die Szene, ergänzen Sie die Sätze.

Markus hat einen Strafzettel bekommen, weil …
Er ärgert sich und muss sich beeilen, damit …
Er versteht das Navigationsgerät falsch und …
Die Ampel ist grün, aber …
Er wird von der Polizei angehalten, weil …
Er muss seine Autopapiere vorzeigen und wahrscheinlich …

c | Wie spricht Markus mit sich selbst allein im Auto? Wie spricht er mit dem Polizisten? Hören Sie noch einmal
und wählen Sie aus.

aggressiv | schüchtern | höflich | wütend | ängstlich | ungeduldig | vorsichtig | aufgeregt |
unsicher | …

d | Markus nennt den Autofahrer *Trottel*. Darf man das zu jemandem sagen? Wie ist Ihre Meinung dazu?

9 Beamtenbeleidigung

a | Was passiert, wenn man einen Beamten beleidigt? Lesen Sie die Aussagen und überprüfen Sie sie im Text.

	richtig	falsch
1. Für Beamtenbeleidigung kann es Geld- oder Haftstrafen geben.	☐	☐
2. Je nach Beleidigung gibt es eine bestimmte Strafe.	☐	☐
3. Wenn man wenig verdient, bezahlt man für eine Beleidigung eher weniger.	☐	☐
4. Außer der Strafe muss man auch Kosten für das Gerichtsverfahren bezahlen.	☐	☐

In der Regel muss man bei Beamtenbeleidigungen mit Geldstrafen rechnen. Bei Wiederholungstätern kann es sogar zu kurzen Haftstrafen von circa drei Monaten kommen. In jedem Fall muss man für die Beleidigung mehr oder weniger stark in die Tasche greifen. Allerdings gibt es keinen festen Betrag für bestimmte Beleidigungen. Die Richter entscheiden immer nach dem Einzelfall und dem Einkommen des Täters. So kann die Geldstrafe zwischen 150 und bis zu 6.000 Euro betragen. Zudem muss der Verurteilte auch noch die Kosten des Verfahrens tragen.

b | Lesen Sie die Beispiele für Beleidigungen. Was schätzen Sie, wie viel muss man bezahlen, wenn man einen Polizisten beleidigt? Diskutieren Sie. Vergleichen Sie dann mit der Lösung unten.

Zunge rausstrecken   150,- €

„Zu dumm zum Schreiben."

„Was willst du, du Vogel?"

„Dir hat wohl die Sonne das Gehirn verbrannt!"

 Duzen eines Polizisten

Vogel zeigen

Hand vor dem Gesicht wedeln (Scheibenwischer)

„Trottel in Uniform"

Mittelfinger zeigen

Beschimpfung und Ohrfeige

c | Was passiert in Ihrem Land, wenn Sie einen Polizisten beleidigen? Tauschen Sie sich aus.

➡ AB 9
➡ IS 24 / 3

 FOKUS LANDESKUNDE

Beleidigungen sind in D-A-CH immer strafbar und können auch von Privatpersonen, im öffentlichen Raum und am Arbeitsplatz zu einer Anzeige und Strafe führen.

450,- €, 500,- €, 600,- €, 600,- €, 750,- €, 1000,- €, 1500,- €, 4000,- €, 6000,- €

10 Das wäre wirklich sehr freundlich von Ihnen!

a | Herr Mayer hat vergessen, seine Monatsfahrkarte rechtzeitig zu kaufen, und wird in der U-Bahn kontrolliert. Hören Sie, wie er mit dem Kontrolleur, mit einem anderen Fahrgast und mit seiner Frau spricht. In welcher Reihenfolge spricht er mit den Personen? Nummerieren Sie bitte.

☐ mit dem Fahrkarten-Kontrolleur
☐ mit einem anderen Fahrgast
☐ mit seiner Frau

b | Welche Redemittel benutzt er bei welcher Person? Hören Sie noch einmal. Schreiben Sie „K" für Kontrolleur, „G" für Fahrgast und „F" für Frau.

☐ Ich bin total sauer!
☐ Das ist wirklich sehr ärgerlich.
☐ Das tut mir furchtbar leid.
☐ Ich kann ja nichts dafür.
☐ Das lass ich mir nicht gefallen!

☐ Könnten Sie nicht eine Ausnahme machen?
☐ So ein Idiot!
☐ Das ist wirklich ungerecht.
☐ Das wäre wirklich sehr freundlich von Ihnen.
☐ Das ist ihm piepegal.

c | Wie finden Sie den Ton von Herrn Mayer zu seinen unterschiedlichen Gesprächspartnern? Angemessen, übertrieben oder neutral? Was könnte er noch in den Situationen sagen? Diskutieren Sie.

d | Spielen Sie die Situation in wechselnden Rollen. Die anderen beurteilen, ob die Reaktionen angemessen sind.

> **Höfliches Sprechen mit Konjunktiv II**
>
> **Würden** Sie mir das erklären?
> **Wäre** das in Ordnung?
> **Hätten** Sie Zeit für mich?
> **Könnten** Sie mir helfen?
> **Dürfte** ich Sie etwas fragen?

➥ AB 10 – 12

11 Höflichkeit auf Reisen – sehr witzig!

_38 **a |** Hören Sie die Dialoge mehrmals und markieren Sie in den schräg gedruckten Sätzen jeweils den Satzakzent und die Melodie (↘ oder ↗).

1. Am Ticketschalter

Reisender: *Ich hätte gerne eine Fahrkarte.*

Ticketverkäufer: Wo wollen Sie denn hinfahren?

Reisender: *Könnten Sie mir bitte erst mal alle Fahrkarten zeigen?* Ich suche mir dann eine aus.

2. Im Zugabteil

Reisende: *Würden Sie bitte mal das Fenster schließen?* Es ist so kalt draußen.

Reisender: Ja glauben Sie denn, dadurch wird es draußen wärmer?

3. Ticketkontrolle im Zug

Schaffner: *Dürfte ich bitte mal Ihr Ticket haben?*

Reisender: Nein, kaufen Sie sich doch selber eins.

> **Höfliche Sprechweise**
>
> Sätze mit Konjunktiv können mehr oder weniger höflich klingen.
> weniger höflich = fallende Melodie ↘
> sehr höflich = steigende Melodie ↗

4. Im Hotel

Urlauberin: *Hätten Sie noch ein Zimmer frei?*

Hotelmitarbeiter: Leider nein.

Urlauberin: *Hätten Sie ein Zimmer für die Bundeskanzlerin?*

Hotelmitarbeiter: Aber natürlich!

Urlauberin: *Würden Sie mir dann bitte ihr Zimmer geben?* Sie kommt heute nicht!

_39 **b |** Wählen Sie einen Dialog und spielen Sie ihn vor. Achten Sie auf Betonung und Melodie sowie auf *ö* und *ü* in *könnte, dürfte, würde.* Ziehen Sie ein Kärtchen und sprechen Sie neutral, höflich oder übertrieben höflich wie im Muster.

> Würden Sie bitte mal das Fenster schließen?

neutral   höflich   übertrieben höflich

➡ AB 13

12 Wählen Sie eine Aufgabe.

- Für welche Verkehrssünden – als Autofahrer, Fahrradfahrer, Fußgänger – bekommt man in Deutschland welche Strafen: Geldstrafen, Punkte in Flensburg, Führerscheinentzug? Recherchieren Sie und berichten Sie im Kurs.

- Schreiben Sie eine Szene mit dem Titel *Bei Ihnen piept's wohl, Herr Polizist!* Tragen Sie sie vor.

- Welche sprachlichen Mittel für Höflichkeit kennen Sie? Sammeln Sie und schreiben Sie Beispielsätze. Kennzeichnen Sie die Sätze: ☺☺ = sehr höflich, ☺ = höflich.

13 Auf der Ausstellungseröffnung

a | Sehen Sie das Bild genau an und beschreiben Sie es.

- Das Bild zeigt …
- Rechts | Links … | In der Mitte | Im Vordergrund | Im Hintergrund sieht man …
- Die Leute sind … An ihrer Kleidung | ihrem Gesichtsausdruck | … erkennt man, dass …
- … sieht … aus. Vermutlich …

b | Was sagen die Personen? Ordnen Sie die Sprechblasen zu.

c | Suchen Sie im Bild die interessanteste Person / das eleganteste Kleid / das schönste Bild / den jüngsten Gast / das leckerste Häppchen … und vergleichen Sie mit Ihrer Lernpartnerin / Ihrem Lernpartner.

- Die Frau hier vorne hat das schönste Kleid.
- Findest du? Für mich hat die Frau ganz rechts das schönere Kleid an.

➥ AB 14–16

Komparativ und Superlativ vor Nomen

ein jüngerer Gast
der jüngste Gast
ein schöneres Kleid
das schönste Kleid
eine interessantere Person
die interessanteste Person

leckerere Häppchen
die leckersten Häppchen

14 Alles übertrieben!

1 ◉_40 **a |** Hören Sie und achten Sie auf die Aussprache von *st*, besonders in den schräg gedruckten Adjektiven. Was fällt Ihnen auf?

A Ach weißt du noch, damals … Das war wirklich die *wundervollste* und *interessanteste* Aus**st**ellungseröffnung. Und wir zwei unter den *berühmtesten* Gä**st**en …

B … und den *originellsten* Kün**st**lern. Überall *teuerste* Gemälde, *wertvollste* Pla**st**iken, …

A … *leckerste* Häppchen, *feinster* Sekt!

B Ja! Und du hatte**st** das *schönste* und *eleganteste* Kleid an. Aus *feinstem* **St**off, in **St**ahlblau!

A **St**ahlblau? Na hör mal, es war ro**st**rot. Frau Schmidt hatte ein Kleid in **St**ahlblau an …

b | Was ist richtig? Kreuzen Sie bitte an.

st in Superlativen wird ☐ wie *st* gesprochen ☐ wie [ʃ] in *Stoff* und *schön* gesprochen

c | Hören Sie noch einmal und achten Sie auf die betonten Wörter. Überlegen Sie: Sind viele oder wenige Wörter betont?

d | Spielen Sie den Dialog. Sprechen Sie die Sätze sehr übertrieben und ergänzen Sie auch eigene Beispiele. Beschreiben Sie dann *das tollste Haus, das gemütlichste Restaurant, die größte Stadt, …*

15 Voll schön!

1 ◉_41 **a |** Hören Sie bitte. In welchem Moment kommt Markus zur Ausstellungseröffnung?

b | Was trifft auf Markus, Jan, Claudia, Kerstin zu? Hören Sie noch einmal und verbinden Sie bitte.

		○	flirtet.
Claudia	○	○	eröffnet das Buffet.
Kerstin	○	○	hat die Fotos gemacht.
Markus	○	○	möchte Markus die Toskana zeigen.
Jan	○	○	kommt zu spät und entschuldigt sich.
		○	wartet auf Markus an der Tür.
		○	hat besonders viel Pech.

c | Warum ruft Markus am Ende *Nein! Halt!*?

☐ Er bekommt wieder einen Strafzettel.
☐ Sein Auto wird gestohlen.
☐ Sein Auto wird abgeschleppt. ⮕ AB 17

16 Kurzkritiken

Wie war's bei …

… der Lesung von Frank Schätzing in der Liederhalle?

Chanan (20) „Es gab ein paar langweilige Stellen. Trotzdem war es alles in allem ein abwechslungsreicher Abend, an dem man sich gut unterhalten fühlte."

Manuel (27) „Richtig packen konnten mich die Exkurse des Autors nicht, da mir viele Sachverhalte schon bekannt waren."

André (22) „Unglaublich interessant! Ich mag solche Visionen. Egal ob realistisch oder fantastisch."

… dem Konzert von Jean Michel Jarre in der Porsche Arena?

Florian (26) „Der dritte Song war okay. Die erste Stunde war unterhaltsam, danach kam Langeweile auf."

Felix (17) „Super! Die Lichteffekte waren grandios. Aber schade, dass das Publikum danach so schnell gegangen ist."

Heiko (28) „Obwohl Jean Michel nicht mehr der Jüngste ist, ist er rumgehüpft wie ein Verrückter, der Hammer!"

… der Ausstellung zu „Brücke Bauhaus Blauer Reiter" in der Staatsgalerie?

Tina (21) „Eine sehr umfassende Ausstellung. Max Fischer hatte einfach einen einzigartigen Geschmack."

Sybille (27) „Für meinen Geschmack zu wenig „Bauhaus" und „Blauer Reiter". Trotzdem sind Munch und Kirchner sehr toll."

Gabrijel (29) „Obwohl ich ein Laie bin, was Kunst betrifft, kann ich diese Ausstellung empfehlen. Erstaunlich, welch große Werke Max Fischer besaß."

a | Lesen Sie. Welche Meinungen sind positiv, welche kritisch?

b | Mit welchen Wörtern beschreiben die Personen die Ereignisse? Sammeln Sie bitte.

c | An welchen Stellen finden Sie eine unerwartete Reaktion? Suchen Sie die Sätze.

d | Bei welchem kulturellen Ereignis waren Sie zuletzt? Schreiben Sie eine Kurzkritik.

➥ AB 18 – 20
➥ IS 24 / 4

Eine unerwartete Reaktion: *trotzdem* und *obwohl*

Ich interessiere mich nicht sehr für Kunst. **Trotzdem** fand ich die Ausstellung schön.

Obwohl ich mich nicht sehr für Kunst interessiere, fand ich die Ausstellung schön.

17 **Welches Bild gefällt Ihnen?**

Ernst Ludwig Kirchner: Mäher, die Brüder Müller. 1919

August Macke: Zwei Damen im Café. 1913/14

 a | Lassen Sie die Bilder auf sich wirken. Welches Bild gefällt Ihnen? Warum? Machen Sie sich Gedanken.

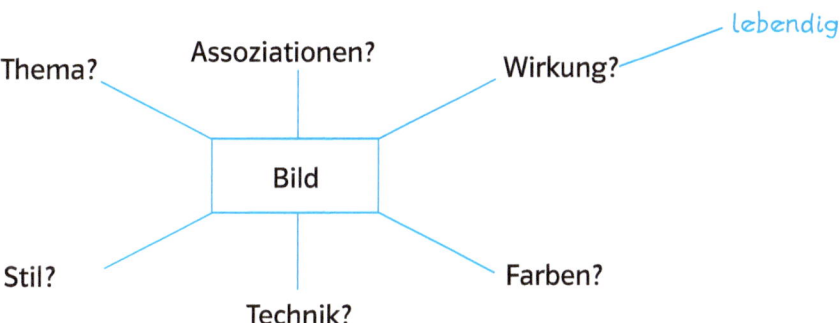

Thema?   Assoziationen?   Wirkung?   *lebendig*

Bild

Stil?   Technik?   Farben?

 b | Beschreiben Sie Ihrer Lernpartnerin / Ihrem Lernpartner, warum Ihnen das Bild gefällt.

- Auf mich wirkt das Bild … Ich denke dabei an … | Ich stelle mir vor, …
- Mir gefällt … besser. Es hat die schöneren Farben | die bessere Technik | das spannendere Thema | …
- Für mich ist der Expressionismus eine spannende Epoche mit interessanten Künstlern, …

c | Wählen Sie einen der beiden Künstler. Recherchieren Sie zu Leben und Werk.

- August Macke ist … geboren. Er …
- Ernst Ludwig Kirchner war …

Eine klare Rollenverteilung ...

a | Sehen Sie das Bild an. Wie finden Sie die Rollenverteilung? Wie ist Ihre Erfahrung mit Unternehmensstrukturen? Tauschen Sie sich aus.

b | Welche englischen Bezeichnungen kennen Sie, haben Sie schon gehört? Wissen Sie, wie die deutschen Bezeichnungen heißen? Kennen Sie weitere?

Deutsch für Anfänger

a | Lesen Sie Wladimir Kaminers Text über Erfahrungen mit der deutschen Sprache. Um welche sprachliche Besonderheit geht es? Fassen Sie die Anekdote mit Ihren Worten zusammen.

> Anders als in meiner Heimatsprache kann man im Deutschen alle Worte zusammensetzen, Substantive mit Adjektiven verbinden oder umgekehrt, man kann sogar neue Verben aus Substantiven ableiten. Dabei entstehen völlig neue Redewendungen, die aber von allen sofort verstanden werden. Anfangs experimentierte ich viel in der U-Bahn. Meine ersten Versuchskaninchen waren die Fahrscheinkontrolleure, die sich immer wieder gern auf einen komplizierten Wortaustausch einließen. ‚Ihr Kurzstreckentarif ist nach einer Zwanzigminutenstrecke abgelaufen‘, sagten sie zum Beispiel. ‚Ich habe den Langstreckentarif nicht gefunden und wollte nur einmal kurzstrecken, habe aber die Ausstiegsgelegenheit verpasst‘, antwortete ich. ‚Die können wir für Sie organisieren‘, meinten die Kontrolleure, ‚steigen Sie bitte aus.‘
>
> aus: Wladimir Kaminer, Ich mache mir Sorgen, Mama, 2004

b | Suchen Sie alle zusammengesetzten Wörter im Text. Was glauben Sie: Welches Wort gibt es nicht?

c | Welche Kontrollsituationen haben Sie schon in Deutschland erlebt? Wie haben Sie die Situationen sprachlich bewältigt? Erzählen Sie.

Kulturprogramm in Ihrer Stadt

a | Wo finden Sie in Ihrer Stadt das Kulturprogramm? In der Zeitung, in einem Magazin, online? Suchen Sie. Welche interessanten Veranstaltungen gibt es? Ergänzen Sie die Tabelle.

Literatur	
Theater	
Kabarett	
Ausstellungen	
Konzerte	
Klassik	

b | Stellen Sie Ihre besten Tipps in der Gruppe vor.

Flensburger Punkte

Was sind die Flensburger Punkte? Wählen Sie ein Thema und recherchieren Sie im Internet.

Bei gravierenden Verstößen gegen die Verkehrsordnung gibt es Punkte, die im Verkehrs-
zentralregister in Flensburg gesammelt werden.
- Wofür bekommt man Flensburger Punkte? Wie viele bekommt man für welchen Verstoß?
- Bei wie vielen Punkten wird der Führerschein entzogen?
- Wie kann man Punkte tilgen? Wann verfallen sie?
- Wie kann man erfahren, wie viele Punkte man hat?

In einer Sonderausstellung wurden in Flensburg
Punkte aus Kunst und Design gezeigt.
- Wo und wann fand die Ausstellung statt?
- Was wurde dort gezeigt?
- Was finden Sie besonders interessant?

1 Wer möchte etwas bewegen?

a | Sehen Sie die Schilder an. Welche Organisationen / Einrichtungen kennen Sie?
Welche gibt es auch in Ihrer Stadt? Was wissen Sie über sie? Tauschen Sie sich darüber aus.

b | Wer engagiert sich wo und warum? Lesen Sie die Aussagen und ordnen Sie sie den Schildern zu.

„Ich engagiere mich in der Partei, weil ich mich nicht nur über die Politik ärgern, sondern sie mitgestalten will."

„Ich finde es wichtig, dass wir Studenten mitreden und unsere Interessen vertreten. Darum bin ich im Studentenparlament."

„Ich möchte mich für ein gleichberechtigtes Zusammenleben von Deutschen und Nicht-Deutschen einsetzen."

„Jeden Tag werden in vielen Ländern der Welt die Menschenrechte verletzt. Ich möchte etwas dagegen unternehmen."

„Ich habe einen Stammtisch für Spanisch gegründet, um meine Sprachkenntnisse zu verbessern und Kontakte mit Muttersprachlern zu knüpfen."

„Ich möchte etwas bewegen und nicht zu den Leuten gehören, die sich jeden Tag im Job aufregen und immer nur alles auf „die da oben" schieben."

„In unserem Verein machen wir uns für Familien und Alleinerziehende stark."

„Ich habe drei Kinder und da liegt es mir sehr am Herzen, mich für die Umwelt und die Zukunft unserer Kinder einzusetzen."

c | In welcher Organisation / welchem Verein waren / sind Sie Mitglied? Wo würden Sie gern mitmachen?
Gestalten Sie das leere Feld.

- Ich engagiere mich für …, weil …

- Ich möchte gern Mitglied in … werden, weil …

- … kann man …, deshalb …

- Ich habe mich früher regelmäßig mit … getroffen, um … zu …

→ AB 1

Kommunikative Lernziele:

- Anzeigen lesen und Kontakt mit Gleichgesinnten knüpfen
- Plakate lesen und über Möglichkeiten des politischen Engagements sprechen
- sich wehren und Hilfe anbieten
- sich über Parteien und Politik äußern
- Ausreden formulieren
- eine Statistik verstehen
- Stellenanzeigen analysieren
- eigene Kompetenzen angeben
- Gründe in einer Bewerbung angeben

Wortschatz und Strukturen:

- Freizeitaktivitäten
- Parteien und Organisationen
- typische Floskeln in Bewerbungen
- Relativsatz mit *wer / was / wo*
- irreale Bedingungen: Konjunktiv II
- Bedingungssatz mit und ohne *wenn*
- Sätze mit *denn*
- Wortgruppen zwischen Pausen
- phonetische Mittel der ärgerlichen Sprechweise

Sport & Spiel

Malen & Fotografieren

Theater & Literatur

2 Gleichgesinnte gesucht

a | Sehen Sie die Fotos an. Wofür interessieren Sie sich? Gehen Sie im Kurs herum und suchen Sie Gleichgesinnte.

- Fotografieren Sie / Fotografierst du / … auch gerne?
- Interessieren Sie sich / Interessierst du dich für …?
- Lieben Sie / Liebst du auch …?
- …

b | Sammeln Sie in Ihren Gruppen Wörter zu Ihrem Bereich.

Bühne

auswendig lernen

Theaterstück —— **Theater** —— Schauspieler

Ab dem 10. April treffen sich **Läuferinnen und Läufer** jeden Samstag um 16:00 Uhr beim Parkplatz am Russischen Friedhof, Pleidelsheim. Jeder, der sich dem Lauftreff anschließen möchte, ist herzlich eingeladen. *Ansprechpartner*

Begleitung (w/m) gesucht. Ich (Anfang 30, m) bin Literaturfan und gehe deswegen häufiger in Theatervorstellungen und Lesungen. Wer (w/m) hat Lust, mal mitzukommen? *Mehr*

Jung gebliebener Opa, 58, sucht Gleichgesinnte, so etwa in meinem Alter, die Interesse haben, mit mir zusammen Gitarre zu spielen.

Oder wir gründen zusammen eine Oldie-Band:-)) *Oldie*

Suche Tanzpartnerin. Welche nette Sie im Raum Wiesbaden möchte mit mir (m., Anfang 40, 1,90 m) einen Grundkurs machen oder kann schon tanzen und bringt es mir bei? *Melde dich*

Sportkegelclub sucht Verstärkung. Wir kegeln dienstags im Turnerheim Moosbach von 17:00–20:00 Uhr. Der Spaß steht im Vordergrund, wir sind reine Amateure. Ab 18 Jahren. *Kontakt*

Handarbeitsbegeisterte aufgepasst! Wir sind eine kleine Gruppe

und treffen uns 14-tägig im Gemeindehaus Husum zum Handarbeiten. Jeder ist willkommen. *Handarbeitskreis*

Singen in Gemeinschaft macht gute Laune und vertreibt Ärger und Stress! Der gemischte Chor des CVJM Leipzig e.V. sucht neue Sänger und Sängerinnen. Geistliche und weltliche Chorliteratur, aber auch Gospel und Pop gehören zum Repertoire. *Mehr*

Wer möchte mit mir einen **Fotostammtisch** gründen, wo man sich in ungezwungener Runde trifft, um Bilder, Themen oder technische Fragen zu besprechen?

Handarbeit & Basteln

Sprachen & Kultur

Musik & Tanz

c | Suchen Sie Anzeigen, die zu Ihrem Bereich passen. Was möchten Sie noch wissen? Sammeln Sie Fragen und schreiben Sie eine E-Mail.

d | Ergänzen Sie bitte die Sätze mit *wer, was, wo*.

_______ Spaß am Malen hat, ist herzlich willkommen.

Alles, _______ du brauchst, ist Spielfreude.

Dort, _______ ich wohne, gibt es ein nettes Café.

Ich bin nicht das, _______ man ein Sprachgenie nennt.

Relativsatz mit *wer/was/wo*

Wer singen kann, ist bei uns richtig.
Kegeln wäre etwas, was mir Spaß machen würde.
Alles, was du über Frankreich weißt, interessiert mich.
Das ist der ideale Ort, an dem / wo man nette Leute trifft.
Da, wo ich arbeite, gibt es ein Kulturzentrum.

e | Sie sind neu in der Stadt und suchen Gleichgesinnte oder möchten eine Interessengemeinschaft gründen. Schreiben Sie eine Anzeige. Nutzen Sie Ihre Wörtersammlung.

→ AB 2–5

Jeder, der in irgendeiner Weise Spaß an Fotografie hat, ist willkommen. Fotorunde

Hallo, bin Neubürger in Rosenheim und suche **Schiffsmodellbauer** (RC) für Erfahrungsaustausch. Wäre über kurze Mail dankbar. Ich antworte bestimmt! Kontakt

Bonjour! Ich bin nicht gerade das, was man ein Sprachgenie nennt, aber ich liebe alles, was mit Frankreich zu tun hat: Filme, Kunst, Essen, Wein, ... Wer teilt mit mir diese Leidenschaft? Kontakt

Hallo! Wir suchen nette **Mitspieler** für gelegentliche Spieleabende am Wochenende. Wir treffen uns in Düsseldorf-Mettmann. Wir sind alle so Ende 30 und ganz nett. Und wir beißen auch nicht – wir wollen nur Spielen ... Spiele

Deutsch-Englisch im Tandem. Ich, w, Mitte 50, lerne Englisch und kenne mich gut in Berlin aus. Wer möchte einen Austausch in Englisch-Deutsch und dabei die Hauptstadt kennen lernen? Dort, wo ich wohne, gibt es ein nettes Café für ein erstes Treffen. Tandempartner

Für unseren Verein **„Theater Firlefanz"** suchen wir Schauspieler und solche, die es werden wollen, im Alter von 18 bis 88 Jahren. Anfänger sind ebenso willkommen wie Fortgeschrittene. Alles, was du brauchst, ist Spielfreude. Wer sich nicht auf eine Bühne traut, kann uns sehr gerne bei den Arbeiten rund um die Proben und Vorstellungen helfen. Nur Mut! Kontakt

Ab Oktober gründet sich eine neue **Malgruppe** im Kulturzentrum Erfurt. Die Gruppe trifft sich immer montags von 18:00 bis 20:00 Uhr. Wer Spaß am Malen, besonders an Aquarellmalerei hat, ist herzlich willkommen. Stichwort Malspaß

3 Schluss mit der Langeweile!

1 _42 **a |** Hören Sie und markieren Sie Pausen und betonte Wörter in den schräg gedruckten Sätzen.

Geh wandern!	*Alles, was du brauchst, / sind Schuhe.*
Geh tanzen!	*Alles, was du brauchst, ist etwas Mut.*
Hör Mozart!	*Alles, was du brauchst, ist Ruhe.*
Geh kegeln!	*Dafür wären ein paar nette Freunde gut.*
Lern stricken!	*Alles, was du brauchst, ist etwas Wolle.*
Spiel Karten!	*Alles, was du brauchst, sind noch zwei Mann.*
Oder Theater!	*Alles, was du brauchst, ist eine Rolle.*

Wer Spaß an etwas hat, fängt heut' noch damit an!

 b | Hören Sie noch einmal und sprechen Sie dann mit verteilten Rollen nachdrücklich wie im Muster. Achten Sie darauf, die Wortgruppen zusammenhängend zu sprechen.

 c | Machen Sie sich gegenseitig Vorschläge für Freizeitbeschäftigungen.

> **Wortgruppen zwischen Pausen**
>
> Wortgruppen zwischen Pausen werden zusammenhängend gesprochen, d.h. man hört die Wortgrenzen nicht:
> Alleswasdubrauchst …
>
> Pausen macht man meist, aber nicht immer an Satzzeichen:
> Alles, was du brauchst, / sind Schuhe.

> Spiel Schach! Alles, was du brauchst, ist ein Schachbrett.

> Mal ein Bild! Alles, was du brauchst, …

➡ AB 6

4 Schon wieder in Facebook?!

a | Sehen Sie das Bild an. Was glauben Sie: Was machen Lisa und Lukas am Computer?

eine CD brennen | Kontakte knüpfen | Jobangebote suchen | sich über aktuelle Ereignisse informieren | berufliche Daten auf Facebook aktualisieren | sich mit Gleichgesinnten austauschen | …

1 _43 **b |** Hören Sie bitte. Wofür nutzen Lukas und Lisa die sozialen Netzwerke?

c | Hören Sie noch einmal. Warum gibt es in Neustadt eine Demonstration?

 5 **Demonstrieren**

a | Wofür / Wogegen wird demonstriert? Sehen Sie die Plakate an und notieren Sie die Themen.

b | Wofür gehen die Leute in Deutschland und in Ihrem Land auf die Straße? Sammeln Sie weitere Themen.

c | Was halten Sie von Demonstrationen? Waren Sie schon einmal auf einer? Für welches Thema würden Sie auf die Straße gehen? Wie und wo äußern Sie Ihre politische Meinung? Diskutieren Sie bitte.

- Ich finde es (nicht) wichtig, ...
- Es ist eine gute Möglichkeit, ...   seine Meinung öffentlich sagen
- Man kann ...   sich politisch einmischen
- Es hat keinen Sinn, ...   aktiv werden
- Ich hätte Angst, ...   (nicht) viel erreichen
- ...   ...

 AB 7
IS 25 / 1

6 Das geht doch nicht!

1 📀_44 **a** | Was für Geräusche hören Sie? Notieren Sie bitte Stichwörter. Vergleichen Sie dann mit Ihrer Lernpartnerin / Ihrem Lernpartner. Wie stellen Sie sich die Szene vor?

1 📀_45 **b** | Sehen Sie das Bild an und hören Sie die ganze Szene.
Was passiert? Worüber sprechen die Personen?

der Wickeltisch | die Windel |
die Herrentoilette | die Bewerbungsmappe |
die Demonstration | der Skandal |
das Flugblatt | die Kommunalwahl

- Lukas möchte …, weil …

c | Wie reagiert die Frau? Waren Sie schon einmal in einer Situation, wo jemand nicht besonders nett zu Ihnen war und Sie sich wehren mussten? Wie haben Sie reagiert? Erzählen Sie im Kurs.

7 Was denken Sie sich eigentlich?

1 📀_46 **a** | Hören Sie die Szene mehrmals. Welches Wort ist in den schräg gedruckten Sätzen am stärksten betont? Markieren Sie es bitte. Was fällt Ihnen außerdem noch an der Sprechweise auf?

Hallo, Sie da! *Was machen Sie denn da?*

Hallo! *Haben Sie ein Problem?*

Gehen Sie da weg!
Gehen Sie sofort da weg!

Was denken Sie sich eigentlich?
Das geht doch nicht.

Sind Sie verrückt? Geht's Ihnen nicht gut?

Das kann man doch nicht machen. Das geht gar nicht!

Da muss jemand die Polizei rufen. Das gibt's ja wohl nicht!

 b | Verteilen Sie die Redemittel und spielen Sie die Szene.
Sprechen Sie so ärgerlich wie im Muster.

8 Es reicht!

a | Sehen Sie die Bilder an. Kennen Sie solche Situationen? Wie kann der/die Betroffene reagieren? Diskutieren Sie.

b | Kennen Sie ähnliche Situationen? Beschreiben Sie sie.

- Es kommt häufig vor, dass …
- Mir ist aufgefallen, dass …
- Ich habe einmal beobachtet, wie …

belästigen
anschreien
anstarren
bedrängen

c | In welcher Situation würden Sie sich einmischen? Wie könnten Sie helfen? Überlegen Sie sich passende Sätze.

- Kann ich Ihnen helfen?
- Brauchen Sie Hilfe | Unterstützung?
- Hören Sie bitte auf!
- Lassen Sie bitte … in Ruhe.
- …

d | Wie ist das in Ihrem Land? Mischen sich die Leute ein? In welchen Situationen zeigen sie Zivilcourage?

➥ AB 8
➥ IS 25/2

9 Wählen Sie eine Aufgabe.

- Wählen Sie eine Situation, wo sich jemand wehren muss oder Hilfe braucht. Spielen Sie die Situation.

- Sie möchten an Ihrem Wohnort etwas ändern. Organisieren Sie eine Demonstration. Überlegen Sie sich einen Slogan, den Ort und den Zeitpunkt. Entwerfen Sie ein Plakat.

- Welche gesellschaftspolitischen Themen finden Sie besonders wichtig? Wie möchten Sie am politischen Leben in Deutschland teilnehmen? Machen Sie eine Gruppenumfrage. Präsentieren Sie die Ergebnisse.

10 Wenn ich wählen dürfte …

Rund sieben Millionen Menschen in der Bundesrepublik haben keinen deutschen Pass. Bei der Bundestagswahl 2009 dürfen sie nicht wählen. sueddeutsche.de gibt ihnen eine Stimme. Lesen Sie hier, wen die folgenden Ausländer wählen würden und was sie von der deutschen Politik halten.

Von Jan Hendrik Hinzel

Pablo Ramirez aus Mexiko, 24 Jahre, Doktorand

In Deutschland bin ich seit zwei Jahren. Viel mit Politik habe ich mich bisher noch nicht beschäftigt, da ich ja nicht wählen darf. Aber ich glaube, ich würde die CDU oder die Grünen wählen. Das scheint zunächst vielleicht nicht zusammenzupassen. Aber ich glaube, die CDU wäre gut, um eine Kontinuität in der Regierung zu gewährleisten. Sie könnte Deutschland sicherlich gut aus der Krise führen. Bei den Grünen habe ich den Eindruck, dass sie sich sehr um Bildung und Forschung bemühen. Für mich ist das sehr wichtig, denn ich arbeite zurzeit an meiner Doktorarbeit im Bereich Immunologie.

Zlatko Baric aus Kroatien, 47 Jahre, Inhaber eines Friseursalons

Den großen Parteien glaube ich kein Wort mehr. Wenn ich schon höre, dass die SPD vier Millionen Arbeitsplätze schaffen möchte, lache ich mich tot. Das sind doch alles nur leere Versprechen. CDU und SPD blubbern nur vor sich hin. Nach der Wahl machen sie dann doch wieder etwas anderes. Mehr Ehrlichkeit wäre gut! Ich würde die FDP wählen. Sie ist liberaler, hat die besseren Pläne und ist noch nicht so verbraucht. Generell habe ich das Gefühl, dass in der Politik alles immer undurchschaubarer wird. Da blickt doch niemand mehr durch. Und dann erst die Europäische Union. Wo soll das alles noch hinführen?

a | Überfliegen Sie die Texte. Welche Parteien kommen vor? Sammeln Sie bitte. Kennen Sie die Parteien? Wofür stehen die Abkürzungen?

b | Arbeiten Sie zu zweit: Teilen Sie die Texte auf. Notieren Sie die Informationen.

Name, Alter, Nationalität, Beruf	Welche Partei würde die Person wählen?	Gründe	Einstellung zur Politik

c | Fassen Sie die Informationen zusammen.

- Wenn … wählen dürfte, würde er / sie …, weil …

Irrealer Bedingungssatz mit *wenn*

Wenn ich die deutsche Staatsangehörigkeit **hätte**, **würde** ich zur Wahl **gehen**.
Wenn ich **wählen könnte**, **würde** ich für die CDU **stimmen**.

Katel Roger aus Frankreich, 30 Jahre, Angestellte in einem Modeunternehmen

Wenn ich hier wählen könnte, würde ich für Angela Merkels Partei, die CDU, stimmen. Ich denke, Merkel ist eine der wenigen politischen Figuren, die es geschafft hat, im Ausland ein positives und freundliches Bild von Deutschland zu vermitteln. Zudem finde ich, dass sie sich bisher recht gut geschlagen hat. Ich glaube auch, dass die meisten Deutschen ausnahmsweise mal zufrieden sind. Es gibt aber auch negative Dinge: Deutschland sollte – genau wie Frankreich – vorsichtiger sein, wenn es um gemeinsame Abkommen geht. Deutschland und Frankreich müssen die anderen europäischen Länder mehr in die Entscheidungsprozesse mit einbeziehen. Zu häufig agieren sie nach dem Motto: „Wir sind die stärksten Länder in Europa und wir entscheiden alles."

Ado Belic aus dem Kosovo, 40 Jahre, Kontrolleur im Versand eines Chemie-Unternehmens

Die meisten Leute, mit denen ich befreundet bin, wählen die Grünen oder die SPD. Darum würde ich wohl einer dieser beiden Parteien meine Stimme geben. Fast hätte ich bei dieser Wahl schon mitwählen dürfen. Aber wegen einer Kleinigkeit habe ich den Einbürgerungstest nicht bestanden. Ich bin schon seit 1993 in Deutschland. Damals hätte ich für die serbische Armee gegen Bosnien und Kroatien kämpfen müssen. Das wollte ich nicht, also bin ich nach Deutschland geflüchtet. Vor ein paar Wochen kam mein dritter Sohn zur Welt. Darum ist mir die Familienpolitik besonders wichtig. Mütter sollten Kind und Beruf besser vereinen können.

Rhea Demerzidou aus Griechenland, 46 Jahre, Bar- und Restaurantinhaberin

Politik in Deutschland interessiert mich nicht. Mit den politischen Verhältnissen in meinem Heimatland beschäftige ich mich ebenfalls nicht. Es ist sowieso sinnlos. Die Politiker machen dort nur, was sie wollen. Wenn man etwas für sich erreichen möchte, geht das über Beziehungen. Hier in Deutschland zählen Dinge wie Fleiß. Es gibt viel mehr Möglichkeiten und man kommt weiter, wenn man etwas kann. Darum habe ich mich auch entschlossen, hier zu bleiben.

Die Personen wurden von der Redaktion geändert.

d | Ergänzen Sie bitte.

- Wenn ich in Deutschland wählen dürfte, …
- Wenn ich den deutschen Pass hätte, …
- Wenn ich Politikerin / Politiker wäre, …
- Wenn ich die Bundeskanzlerin / der Bundeskanzler wäre, …

 e | Welche politischen Themen sind Ihnen wichtig? Schreiben Sie einen Text mit Ihrer eigenen Meinung und argumentieren Sie.

⮫ AB 9–12
⮫ IS 25 / 3

11 Nichts als Ausreden?!

 _47   **a |** Warum werden die Personen nicht aktiv? Hören Sie und verbinden Sie bitte.

1. Könnte ich besser Deutsch,   ○   ○ würde ich in der Personalabteilung anrufen.

2. Wäre ich abends nicht so müde,   ○   ○ würde ich mich trauen und einfach reingehen.

3. Wäre ich nicht so schüchtern,   ○   ○ könnte ich mir die Arbeit vorstellen.

4. Würde ich dort jemanden kennen,   ○   ○ würde ich eine Bewerbung schreiben.

b | Sind das für Sie Ausreden oder wichtige Gründe? Kennen Sie solche Situationen? Diskutieren Sie.

c | Kettenspiel: *Hätte, könnte, würde* … Erfinden Sie Ausreden. Person A beginnt mit dem Nebensatz, Person B beendet den Satz und beginnt einen neuen.

➥ AB 13

> **Irrealer Bedingungssatz ohne *wenn***
>
> **Hätte** ich mehr Zeit, **würde** ich die Vokabeln **lernen**.
> **Wäre** ich selbstbewusster, **würde** ich einfach **fragen**.
> **Könnte** ich besser Deutsch, **wäre** das kein Problem.

12 Eine Statistik

a | Worum geht es in der Statistik? Finden Sie einen passenden Titel. Vergleichen Sie Ihre Vorschläge im Kurs.

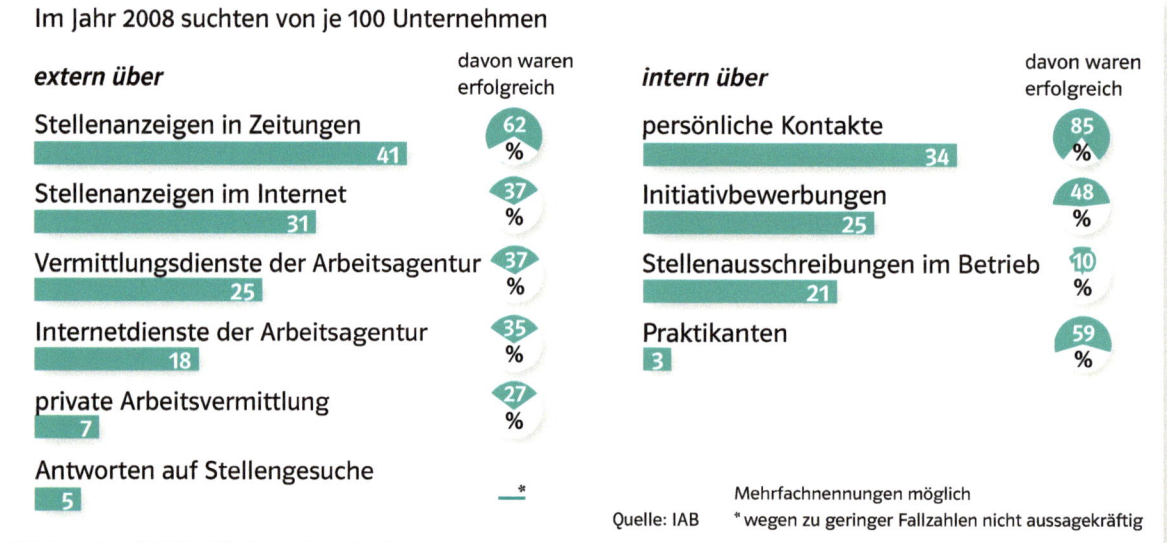

Im Jahr 2008 suchten von je 100 Unternehmen

extern über		davon waren erfolgreich
Stellenanzeigen in Zeitungen	41	62 %
Stellenanzeigen im Internet	31	37 %
Vermittlungsdienste der Arbeitsagentur	25	37 %
Internetdienste der Arbeitsagentur	18	35 %
private Arbeitsvermittlung	7	27 %
Antworten auf Stellengesuche	5	—*

intern über		davon waren erfolgreich
persönliche Kontakte	34	85 %
Initiativbewerbungen	25	48 %
Stellenausschreibungen im Betrieb	21	10 %
Praktikanten	3	59 %

Mehrfachnennungen möglich
Quelle: IAB   *wegen zu geringer Fallzahlen nicht aussagekräftig

b | Lesen Sie die Statistik genau und beantworten Sie die Fragen.

- Wie finden Unternehmen am häufigsten ihre Mitarbeiter?
- Welcher Weg ist am erfolgreichsten?
- Wie erfolgreich sind Initiativbewerbungen?
- Was bringt für den Bewerber am wenigsten Erfolg?

c | Wie sind Ihre persönlichen Erfahrungen bei der Jobsuche? Welche Möglichkeiten haben Sie ausprobiert / würden Sie ausprobieren? Was ist Ihrer Meinung nach besonders effektiv? Tauschen Sie sich darüber aus.

➥ AB 14

13 Stellenanzeigen

a | Zu welchen Punkten finden Sie Angaben in den Stellenanzeigen? Ordnen Sie bitte zu. Welche Angaben fehlen?

> Information über das Unternehmen | Firmenname | Aufgaben | Qualifikationen | persönliche Kompetenzen | Stellenbezeichnung | Arbeitszeiten | Kontaktdaten | Arbeitsort | Einstellungsdatum | Gehalt

①

gourmet compagnie

… feinstes aus unserer Küche

gourmet compagnie GmbH ist ein erfolgreiches und wachstumsorientiertes Unternehmen im Bereich Catering und Betriebsverpflegung sowie in der Feinkostproduktion.
Für das Kultur- und Bildungszentrum in Ostfildern-Nellingen, KUBINO, suchen wir zum 15.6.2011 oder später

Hausmeister / Technischer Leiter (m / w)

Ihre Aufgaben:
· Instandhaltung und Pflege des gesamten Komplexes in Zusammenarbeit mit Reinigungs- u.a. Dienstleistern
· Wartung der technischen Einrichtungen sowie eigenständige Durchführung von Reparaturen u.v.a.m.
· Kontrolle und Begleitung von gastronomischen Veranstaltungen

Ihr Profil:
· Sie verfügen über eine Ausbildung in einem handwerklichen Beruf (vorzugsweise Bereich Sanitär / Flaschnerei) und idealerweise bereits mehrere Jahre Berufserfahrung.
· Sie haben umfassendes technisches Verständnis, handwerkliches Geschick und gute EDV-Kenntnisse.
· Sie bringen Bereitschaft zu flexiblen und bedarfsorientierten Arbeitszeiten mit.
· Sie sind zuverlässig und verfügen über gute Umgangsformen.

Es besteht die Möglichkeit, eine 3 1/2 Zimmer-Neubau-Dienstwohnung zu beziehen.

Es erwartet Sie ein interessanter und abwechslungsreicher Arbeitsplatz mit leistungsgerechter Bezahlung in einem erfolgreichen Unternehmen.

Ihre komplette Bewerbung unter Angabe Ihrer Gehaltsvorstellung richten Sie bitte an:

Gourmet Compagnie GmbH,
Herr Markus Wittich
Archivstr. 15, 70182 Stuttgart
markus.wittich@gourmet-compagnie.de

②

Unser Auftraggeber vertreibt im Großraum Berlin-Brandenburg erfolgreich innovative Handelsware. Seine Produkte stehen für hervorragende Qualität und guten Service.

Zur Festanstellung in seinem Werbeteam suchen wir eine/n

Mediengestalter/in

Sie gestalten seine Produktpräsentationen in Form von Verpackungen, Salesfoldern und erstellen Werbemittel wie Flyer, Broschüren und Prospekte. In Ihrem Bereich arbeiten Sie auch mit externen Dienstleistern zusammen und koordinieren die Abwicklung von Projekten.

Sie haben Ihre Ausbildung zum Mediengestalter erfolgreich absolviert oder können einen vergleichbaren Abschluss vorweisen. Sie sind versiert im Umgang mit den gängigen MAC-Programmen. Sie sind motiviert, in einem dynamischen Team Außergewöhnliches zu leisten. Ausgeprägtes grafisches Gespür, Kreativität und schnelles Auffassungsvermögen zeichnen Sie aus.

Interessiert? Dann freuen wir uns auf Ihre aussagekräftigen Bewerbungsunterlagen.

Das Personalbüro GmbH
Schubertstraße 46/1
14052 Berlin
E-Mail: personalbuero@t-online.de
www.personalbuero.de
Fon: 030- 72 58 02 3

b | Wie und wo möchten Sie arbeiten? Welche berufliche Qualifikation haben Sie? Wo liegen Ihre Stärken? Machen Sie eine Bestandsaufnahme Ihrer beruflichen und persönlichen Kompetenzen.

Diese Ausbildung habe ich:

Das kann ich besonders gut:

Dort möchte ich meine Fähigkeiten einsetzen:

Diese Eigenschaften bringe ich mit:

Darin habe ich Erfahrung:

Das erwarte ich von einer Arbeitsstelle:

c | Wie sieht Ihre Traumstelle aus? Formulieren Sie eine Stellenanzeige, die zu Ihren Kenntnissen und Wünschen passt.

➥ AB 15

14 Machen Sie Eigenwerbung!

a | Lesen Sie die Auszüge aus Bewerbungsanschreiben. Wie präsentieren sich die Personen? Wodurch überzeugen sie? Notieren Sie Stichworte und vergleichen Sie im Kurs.

1 Da ich bereits in meinem Heimatland, der Türkei, in der Textilbranche gearbeitet und regelmäßig an Modemessen teilgenommen habe, kenne ich mich im Bereich Mode und Bekleidung sehr gut aus.

2 Ich lebe seit drei Jahren in Österreich und verfüge mittlerweile über gute Sprachkenntnisse in Deutsch. Da ich gerne wieder in meinem gelernten Beruf als Laborassistentin arbeiten möchte, würde ich gerne ein Praktikum in Ihrer Firma machen.

3 Sie brauchen einen hoch motivierten Mitarbeiter, der mit neuen Ideen Ihr Friseurteam unterstützt? Dann haben Sie mit mir die richtige Person gefunden. Denn ich schneide und frisiere nicht nur leidenschaftlich gern, sondern kenne auch die Kundenbedürfnisse sehr gut.

4 Da ich auf der Suche nach einer neuen beruflichen Herausforderung bin, hat mich die Aufgabenbeschreibung in Ihrer Stellenanzeige in der Morgenpost als Bilanzbuchhalter sehr angesprochen. Ich habe mehrere Jahre die Buchhaltung für ein kleines Familienunternehmen geführt und parallel einen Fernlehrgang zum Controller gemacht.

5 In Ihrer Bank sind Sie sicherlich ständig auf der Suche nach engagierten Mitarbeitern, die Freude an der Arbeit haben. Da ich diese Eigenschaften mitbringe und gerne in einem großen Team arbeite, möchte ich mich hiermit bei Ihnen um eine Stelle als Fachinformatiker bewerben.

6 Meine Ausbildung zum Heizungsinstallateur habe ich in einem Fachbetrieb in Slowenien gemacht. Um das Berufsumfeld in Deutschland kennen zu lernen, mache ich zurzeit ein Praktikum. Ich würde Sie gerne in einem persönlichen Gespräch von meinen fachlichen Kenntnissen überzeugen.

7 Ihre Anzeige passt genau zu meinem Profil, denn als Altenpflegerin in einem großen Pflegeheim bin ich es gewohnt, auch unter Druck zu arbeiten und dabei stets freundlich zu den Patienten zu sein.

b | Wie begründen die Personen ihre Eignung für die Stelle? Markieren Sie die Stellen in den Textauszügen.

c | Was sind Ihre größten Stärken? Wodurch können Sie überzeugen? Formulieren Sie ein, zwei Sätze für Ihre Bewerbung.

⮕ AB 16–17

Etwas begründen: *denn*

Ich passe auf die Stelle.
Denn ich spreche fließend Deutsch.
Ich traue mir die Arbeit zu,
denn ich bringe viel Erfahrung mit.

8

Meine Ausbildung als Augenoptiker entspricht zwar nicht ganz der deutschen Ausbildung. Aber ich traue mir diese Arbeit problemlos zu. Denn ich bringe für die Stelle mehrjährige Berufserfahrung und umfassende Branchenkenntnisse mit.

9

Mit großem Interesse habe ich mich auf Ihrer Internetseite informiert und möchte mich Ihnen kurz vorstellen. In meinem Heimatland Iran habe ich ein Architekturstudium absolviert und war dort zuletzt in einem großen Architekturbüro angestellt, das auf den Einbau von Solartechnik spezialisiert war. Da meine beruflichen Qualifikationen hervorragend zu Ihrem Unternehmen passen, würde ich mich über ein persönliches Kennenlernen sehr freuen.

10

Ich verfüge über sehr gute Computerkenntnisse und kann sicher und schnell mit den aktuellen Office-Programmen umgehen. Denn ich habe im letzten Jahr an verschiedenen Weiterbildungen im Bereich Bürokommunikation teilgenommen und konnte diese erfolgreich abschließen.

15 Über ein persönliches Gespräch freue ich mich!

a | Sehen Sie das Bild an. Was denken Sie, was sagen Max und Lukas? Spekulieren Sie.

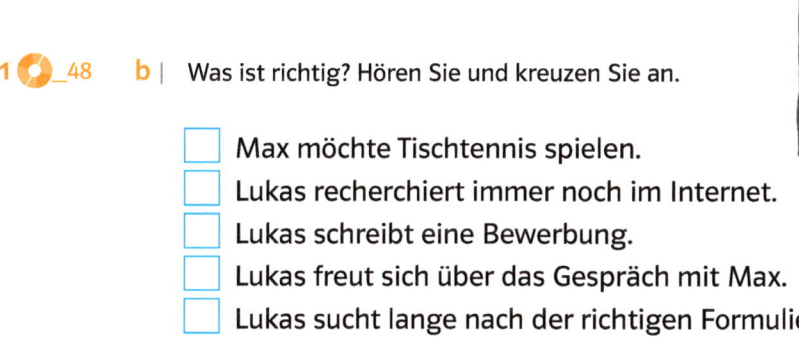

1 🔴_48 **b** | Was ist richtig? Hören Sie und kreuzen Sie an.

- ☐ Max möchte Tischtennis spielen.
- ☐ Lukas recherchiert immer noch im Internet.
- ☐ Lukas schreibt eine Bewerbung.
- ☐ Lukas freut sich über das Gespräch mit Max.
- ☐ Lukas sucht lange nach der richtigen Formulierung.

c | Hören Sie noch einmal. Für welche Formulierung entscheidet sich Lukas? Welche finden Sie am besten?

1. Über ein persönliches Gespräch freue ich mich.
2. Über eine Einladung zu einem Bewerbungsgespräch würde ich mich sehr freuen.
3. Über die Möglichkeit, mich Ihnen persönlich vorstellen zu dürfen, würde ich mich sehr freuen.
4. Über die Chance, Sie davon persönlich zu überzeugen, freue ich mich sehr.

➥ AB 18

Internetrecherche: www.arbeitsagentur.de

Informieren Sie sich, wie die größte Online-Jobbörse in Deutschland funktioniert: www.arbeitsagentur.de
Suchen Sie Antworten auf folgende Fragen:

- Unter welcher Rubrik finden Sie Adressen und Telefonnummern von Arbeitsagenturen in Ihrer Region /
  Ihrer Stadt / Ihrem Stadtviertel?
- Wo finden Sie Formulare, wenn Sie Arbeitslosengeld, Kindergeld oder eine Haushaltshilfe beantragen
  wollen?
- Wo finden Sie Informationen, wenn Sie einen Ausbildungsplatz suchen?
- Wo und wie bekommen Sie einen Termin bei der Berufsberatung, wenn Sie studieren möchten?

Eine absurde Stellenanzeige

a | Lesen Sie die Stellenanzeige. Würden Sie
sich darauf bewerben? Begründen Sie.

b | Erfinden Sie eine ähnlich originelle
Stellenanzeige.

> EIN NERVIGER CHEF. DIE LAUNISCHEN KUNDENBERATER. ALTE RECHNER IN EINEM DUNKLEN BÜRO. DIE MIESESTE LAGE. MINDESTENS DIE 5-TAGE-WOCHE. DAS ÜBLE ESSEN UND DER WINZIGE BALKON. DER MISERABLE KAFFEE. DEMOTIVIERTE UND LERNRESISTENTE AZUBIS. DIE STRESSIGEN BETRIEBSAUSFLÜGE. DIE JÄMMERLICHE WEIHNACHTSFEIER. NIEDRIGES GEHALT UND WENIG URLAUB. EXTREM LANGE ENTSCHEIDUNGSWEGE IN EINER STRENGEN HIERARCHIE. UND TÄGLICH EIN GUTES GEFÜHL, WENN DU SPÄT ABENDS HEIM GEHST...

... und entkräftet ins Bett fällst.

Bewirb dich als

Verkäufer(in) / Mediaberater(in)

FOKUS LANDESKUNDE

Die Meinungsfreiheit ist ein Menschenrecht und wird in
Deutschland durch Artikel 5 des Grundgesetzes gewährlei-
stet. Artikel 5 (verkürzt):
(1) Jeder hat das Recht, seine Meinung in Wort, Schrift und
Bild frei zu äußern und zu verbreiten (...) Eine Zensur findet
nicht statt.

Meine Geschichte

Wählen Sie einen Textanfang und schreiben Sie eine fantasievolle Geschichte.

- Das Beste, was mir je passiert ist, war …
- Der schönste Ort, wo ich jemals war, ist …
- Etwas, was ich unbedingt erleben möchte, ist …
- Es gibt nichts, was ich nicht kann.

Wenn ich mir was wünschen dürfte

a | Wer hat dieses Lied gesungen? Recherchieren Sie,
vergleichen Sie verschiedene Versionen.
Welche gefällt Ihnen am besten?

Man hat uns nicht gefragt
als wir noch kein Gesicht,
ob wir leben wollten
oder besser nicht.

Jetzt gehe ich allein
durch eine fremde Stadt
und ich weiß nicht,
ob sie mich lieb hat.

Ich schaue durch die Fenster,
durch Tür- und Fensterglas
und ich warte,
und ich warte auf etwas.

Wenn ich mir was wünschen dürfte,
käme ich in Verlegenheit,
was ich mir denn wünschen sollte,
eine gute oder schlechte Zeit.

Wenn ich mir was wünschen dürfte,
möcht ich etwas glücklich sein,
denn wenn ich gar zu glücklich wäre,
hätte ich Heimweh nach dem Traurigsein.

Friedrich Holländer Music
Rolf Budde Musikverlag GmbH, Berlin

b | Was würden Sie sich wünschen? Schreiben Sie eine eigene Strophe.

Wenn ich mir was wünschen dürfte,

1   Lesen und reagieren: Was hilft?

Schritt 1   Wichtiges aus dem Text herausfiltern   KB 21/15, 16; KB 23/9; KB 25/10; AB 24/5
Schritt 2   Wichtiges kategorisieren   KB 23/2; KB 25/13; AB 23/3
Schritt 3   Wichtiges mit eigenen Worten formulieren   KB 21/10; KB 23/9; KB 25/10; AB 23/4

2   Probieren Sie es aus.

a | Lesen Sie die Stellenanzeige. Markieren Sie mit unterschiedlichen Farben:

- Anforderungen an den Bewerber: Was wird erwartet?
- Aufgaben in dem Job: Was muss man tun?
- Informationen über die Arbeitsbedingungen und den Arbeitgeber: Für wen arbeitet man?
  Zu welchen Konditionen? Was bietet die Stelle?

Ankleider/in / Garderobier/e
Alternativberufe: Modeschneider/in, Theaterschneider/in

Stellenangebotsart	Arbeitsplatz (sozialversicherungspflichtig)
Arbeitgeber	Städtische Bühnen Neustadt
Branche	Theaterensembles, Betriebsgröße: zwischen 100 und 500
Stellenbeschreibung	Für unsere städtischen Bühnen Neustadt suchen wir vorerst für die Spielzeit 2011/2012 eine/n Ankleider/in oder Garderobier/e oder Schneider/in, der/die die Betreuung der Schauspieler vor, während und nach der Vorstellung sowie die Wäsche- und Kostümpflege übernimmt. Langfristig wünschenswert wäre eine kreative und selbstständige Mitarbeit im Bereich Kostüme. Anforderungen: · abgeschlossene Ausbildung als (Maß)Schneider/in · Kenntnisse und Erfahrungen als Schneider/in am Theater sind wünschenswert · gute Deutschkenntnisse · große zeitliche Flexibilität ist erforderlich (Wohnort sollte deshalb in der unmittelbaren Umgebung liegen) · körperliche Fitness und Belastbarkeit
Arbeitsorte	Neustadt, Theaterplatz 2
Anzahl offener Stellen	1 von ursprünglich 1 gemeldeten Stellenangeboten
Arbeitszeit	Teilzeit flexibel (Angabe der genauen Stunden-Anzahl nicht möglich)
Befristung	Das Stellenangebot ist vorerst auf ein Jahr befristet, eine dauerhafte Beschäftigung wird angestrebt.
Kontakt	Sind Sie interessiert? Dann bewerben Sie sich mit aussagekräftigen Unterlagen bis 20.11.2011 schriftlich bei den Städtischen Bühnen Neustadt, Frau Müller, Verwaltung und Personal, Theaterplatz 2, 87658 Neustadt
Sonstiges	Wir sind längerfristig immer auf der Suche nach Verstärkung für unser Team und freuen uns über Initiativbewerbungen für die folgenden Bereiche: · Bühnentechnik (Video, Sounddesign und Tontechnik, Licht und Beleuchtung, Dekoration) · Schauspiel (Soufflage und Statisterie) · Kostüme (Damen- und Herrenschneiderei, Ankleiderei bzw. Garderobe, Wäscherei, Kostümmalerei, Schuhmacherei, Stofflager, Fundus) · Maske und Requisite (Maskenbildnerei, Werkstatt, Requisitenkammer) · Werkstatt und Lager (Malerei, Schreinerei, Schlosserei, Lager)

Vormerken

b | Vergleichen Sie Ihre Markierungen mit Ihrer Lernpartnerin / Ihrem Lernpartner.

c | Formulieren Sie die in a markierten Punkte mit eigenen Worten.

- **Anforderungen an den Bewerber**

  gute Deutschkenntnisse -> man muss gut Deutsch sprechen

- **Aufgaben in dem Job**

  die Betreuung der Schauspieler -> man muss sich um die Schauspieler kümmern

- **Informationen über die Arbeitsbedingungen und den Arbeitgeber**

  Arbeitsplatz (sozialversicherungspflichtig) -> es ist kein Minijob, denn die Stelle ist sozialversicherungspflichtig

d | Sammeln und besprechen Sie Ihre Formulierungen im Kurs.

3 Was trifft auf Sie zu?

Kreuzen Sie bitte an.

- ☐ Ich kann schnell die wichtigsten Angaben zum Job erkennen.
- ☐ Ich kann diese Angaben leicht Oberkategorien zuordnen.
- ☐ Ich kann diese Angaben gut mit eigenen Worten wiedergeben.

Warum? Kreuzen Sie an und ergänzen Sie.

- ☐ Ich weiß, wie eine Stellenanzeige aufgebaut ist.
- ☐ Ich suche gezielt nach wichtigen Wörtern im Text.
- ☐ Ich kenne die Wörter im Text.
- ☐ Ich verstehe die Strukturen im Text.
- ☐ Ich markiere Wichtiges im Text.
- ☐ Informationen, die zusammengehören, markiere ich einheitlich.
- ☐ Ich kenne genug Wörter, um Textinhalte mit eigenen Worten zu formulieren.
- ☐

4 Schriftlich reagieren: Was hilft?

Schritt 1 Woraus besteht die Textsorte? KB 25/13; AB 24/2, 4
Schritt 2 Worauf beziehe ich mich in meinem Schreiben? KB 22/14
Schritt 3 Wie formuliere und gestalte ich mein Schreiben? KB 23/10; AB 23/11

5 Probieren Sie es aus.

a | Aus welchen Teilen besteht das Bewerbungsanschreiben? Ordnen Sie bitte zu.

> Absender | Empfänger | Anrede | Betreff | Bezug zum Unternehmen |
> Qualifikation | Darstellung der eigenen Person | Abschluss

b | Vergleichen Sie mit der Stellenanzeige: Auf welche Aspekte geht die Bewerberin ein?

c | Was gefällt Ihnen an dem Anschreiben, was nicht? Diskutieren Sie.

Indrani Ottelsdorf
Parkstraße 1
33333 Glücksstadt
033 36893689
i.ottelsdorf@internet.de

Städtische Bühnen Neustadt
Frau Müller
Verwaltung und Personal
Theaterplatz 2
87658 Neustadt

Glücksstadt, 19. November 2011

Bewerbung als Schneiderin

Sehr geehrte Damen und Herren,

Ihre Stellenanzeige im Online-Angebot der Bundesagentur für Arbeit hat mein Interesse geweckt.
Ich bin ausgebildete Schneiderin, 39 Jahre alt, verheiratet und möchte mich gern der beruflichen
Herausforderung als Ankleiderin / Garderobiere an Ihrem Theater stellen.

Ich habe viele Jahre Berufserfahrung in verschiedenen Arbeitsumgebungen gesammelt. Ich bin jetzt
im Rahmen eines Minijobs in einer Reinigung tätig. Die Arbeit ist vielseitig und die Zusammenarbeit
mit Vorgesetzten und Kollegen könnte nicht besser sein. Meine derzeitige Tätigkeit wird langsam zur
Routine und unterfordert mich. Die von Ihnen angebotene Stelle als Ankleiderin / Garderobiere hat
mich sofort angesprochen. Ich könnte mich dort vorwiegend auf kreative Arbeit konzentrieren.

Gern möchte ich Sie in einem Vorstellungsgespräch persönlich von meinen Stärken überzeugen.
Über eine Einladung von Ihnen würde ich mich daher ganz besonders freuen.

Mit freundlichen Grüßen

Indrani Ottelsdorf

d | Lesen Sie den Lebenslauf und vergleichen Sie mit dem Bewerbungsanschreiben. Was fällt Ihnen auf? Was würden Sie im Anschreiben verändern?

LEBENSLAUF

Angaben zur Person:

Vor- und Nachname:	Indrani Ottelsdorf
Geburtstag:	06.06.1972
Geburtsort:	Chennai (ehem. Mahdras, Indien)
Wohnort:	Parkstraße 1, 33333 Glücksstadt
Staatsangehörigkeit:	deutsch
Familienstand:	verheiratet, ein Kind

Berufspraxis:

1989–2005	Schneiderin, Textilfabrik Namaste in Chennai (ehem. Mahdras, Indien)
08/2008–12/2009	Minijob als Regalauffüllerin, Supermarkt SUPER in Glücksstadt
02/2010–heute	Minijob als Reinigungshilfe, Reinigung Blitzweiß in Glücksstadt

Schulausbildung:

09/1978–05/1988	Grund- und Sekundarschule in Chennai (ehem. Mahdras, Indien) Abschluss: vergleichbar mit Realschulabschluss

Weiterbildung:

02/2007–06/2007	Kostüme selbst schneidern, VHS Glücksstadt
09/2007–12/2007	Faszination Masken (Masken selbst entwerfen und basteln), VHS Glücksstadt

Besondere Kenntnisse:

Sprachen:	Deutsch (gute Kenntnisse in Wort und Schrift, Zertifikat Deutsch) Englisch (gute Kenntnisse in Wort und Schrift) Tamilisch (Muttersprache) Telugu (Muttersprache)

Sonstiges:

Seit 2007	ehrenamtliche Tätigkeit: Anfertigung und Organisation von Kostümen und Tätigkeit als Maskenbildnerin für die Laientheatergruppe, Glücksstadt

Glücksstadt, 19.11.2011

Indrani Ottelsdorf

6 Machen Sie es besser.

a | Lesen Sie die überarbeitete Version des Bewerbungsanschreibens. Was wurde geändert? Was meinen Sie, warum? Sie können auch die Checkliste zu Hilfe nehmen.

b | Welche Wörter stukturieren und verknüpfen den Text? Markieren Sie bitte.

Indrani Ottelsdorf
Parkstraße 1
33333 Glücksstadt
033 36893689
i.ottelsdorf@internet.de

Städtische Bühnen Neustadt
Frau Müller
Verwaltung und Personal
Theaterplatz 2
87658 Neustadt

Glücksstadt, 19. November 2011

Bewerbung als Ankleiderin / Garderobiere, Ihre Stellenausschreibung im Online-Angebot der Bundesagentur für Arbeit

Sehr geehrte Frau Müller,

Ihre o.g. Stellenanzeige hat mein Interesse geweckt. Ich bin ausgebildete Schneiderin, 39 Jahre alt, verheiratet und möchte mich gern der beruflichen Herausforderung als Ankleiderin / Garderobiere an Ihrem Theater stellen.

Nach meinem Schulabschluss war ich in meiner Heimat Indien ca. 15 Jahre als Schneiderin tätig. Als ich 2005 aus privaten Gründen nach Deutschland kam, musste ich zunächst Deutsch lernen, wodurch ein sofortiger Arbeitseinstieg in Deutschland nicht möglich war. Nachdem ich gute Deutschkenntnisse erworben hatte, gelang mir 2008 der Wiedereinstieg ins Berufsleben durch verschiedene Minijobs. Zurzeit bin ich in diesem Rahmen in einer Reinigung tätig. Diese Arbeit mache ich gern und die Zusammenarbeit mit Vorgesetzten und Kollegen ist sehr gut. Dennoch würde ich sehr gerne in meinen eigentlichen Beruf zurückkehren und mich neuen Herausforderungen stellen.
Die von Ihnen angebotene Stelle als Ankleiderin / Garderobiere hat mich sofort angesprochen, weil ich mich dort auf kreative und abwechslungsreiche Arbeit konzentrieren könnte. Außerdem fertige ich auch für unsere Laien-Theatergruppe hier in Glücksstadt seit mehreren Jahren die Kostüme an und bin bei Auftritten für Maske und Kostüme zuständig. Diese Freizeittätigkeit macht mir große Freude und gibt mir auch die Gewissheit, dass ich den Anforderungen als Ankleiderin / Garderobiere in Ihrem Theaterbetrieb gewachsen bin. Ich bin ein ruhiger und äußerst gewissenhafter Mensch und kann in Stresssituationen, z.B. während einer Vorstellung, auch gut improvisieren.

Gern möchte ich Sie in einem Vorstellungsgespräch persönlich von meinen Stärken überzeugen. Über eine Einladung von Ihnen freue ich mich sehr.

Mit freundlichen Grüßen

Indrani Ottelsdorf

7 Jetzt sind Sie dran.

a | Wollen Sie sich auch am Theater bewerben? Welcher Tätigkeitsbereich kommt für Sie in Frage? Schreiben Sie eine eigene Bewerbung für einen der in der Stellenanzeige angegebenen Berufe. Sie können auch eine Initiativbewerbung ans Theater für ein Praktikum oder eine Berufsausbildung verfassen.

b | Lesen Sie gegenseitig Ihre Anschreiben. Korrigieren Sie, machen Sie Verbesserungsvorschläge. Überarbeiten Sie dann Ihren Text.

> **TIPP**
>
> Sie können auch die Checkliste im Strategietraining A2 (nach Lektion 15) für geschriebene Texte zu Hilfe nehmen.

Checkliste: Bewerbungsanschreiben

1.	Umfang:	ca. 1 DIN-A4-Seite, 3–5 Absätze
2.	Briefkopf:	korrekte Anschrift des Absenders und des Empfängers, Datum
3.	Betreff:	genaue Stellenbezeichnung, ggf. Kennziffer des Unternehmens angeben
4.	Anrede:	konkreten Ansprechpartner benennen, falls bekannt
5.	Einstieg:	Standardsatz *Hiermit bewerbe ich mich …* vermeiden
6.	Anforderungen:	auf die Anforderung der Stellenausschreibung eingehen, geforderte Eigenschaften und Kenntnisse begründen
7.	Motivation:	Bezug zum Unternehmen herstellen: Warum bewerbe ich mich gerade bei diesem Unternehmen? Welchen Vorteil hat das Unternehmen durch meine Einstellung?
8.	Darstellung der eigenen Person:	Erfolge, besondere Kenntnisse und Qualifikationen beschreiben, Brüche im Lebenslauf erklären
9.	Bezug zum Lebenslauf:	nur für die Stelle relevante Angaben aus dem Lebenslauf aufgreifen; Lebenslauf und Anschreiben müssen übereinstimmen, keine Widersprüche entstehen lassen, keine unkorrekten Angaben machen
10.	Abschluss:	um Möglichkeit eines persönlichen Gesprächs bitten, Dank, Grußformel und Unterschrift nicht vergessen
11.	Foto:	gehört aufs Deckblatt und / oder zum Lebenslauf

26 Passt das?

1 | In Feierlaune

a | Sehen Sie die Fotos an. Was gehört zu einem Volksfest in D-A-CH? Ordnen Sie bitte die Aktivitäten zu.

- ☐ Zuckerwatte kaufen
- ☐ Würstchen essen
- ☐ Trachten tragen
- ☐ Pony reiten
- ☐ Karussell fahren

- ☐ Volksmusik hören
- ☐ schunkeln
- ☐ im Festzelt sitzen
- ☐ Bier trinken
- ☐ ein Los ziehen

b | Waren Sie in D-A-CH schon auf einem Volksfest? Wie haben Sie es erlebt? Was war für Sie vertraut, was war neu oder ungewöhnlich? Wenn Sie noch nicht da waren: Wie stellen Sie sich ein Volksfest vor? Erzählen Sie.

- Mir war die Musik zuerst sehr fremd, aber …

- Ich fand … ganz toll | komisch | …

- Ich war überrascht, wie …

- Bei uns würden die Leute …

- Den Kindern würde bestimmt … sehr gut gefallen.

- Ich könnte mir vorstellen, dass …

c | Gibt es in Ihrem Land Volksfeste oder ähnliche Feste (Stadtfest, Sommerfest, …)?
Was sorgt dort für gute Stimmung? Gestalten Sie das leere Feld.

klatschen | im Kreis tanzen | … essen / trinken | um die Wette … | ein großes Feuer machen | …

Kommunikative Lernziele:

- Kleidung und Kleidungsstile beschreiben
- Besitz und Zugehörigkeit ausdrücken
- über Volksfeste und Bräuche sprechen
- dialektale Färbung erkennen
- Informationen zu Versicherungen verstehen
- eine Statistik auswerten
- einen Schadensfall schriftlich und am Telefon melden
- sprachliche und kulturelle Missverständnisse klären
- sich über interkulturelle Kompetenz austauschen

Wortschatz und Strukturen:

- Kleidungsstücke und Accessoires
- Wortschatz rund um Versicherungen
- Nomen im Genitiv
- *derselbe, dasselbe, dieselbe*
- Partizip Präsens und Perfekt vor Nomen
- Mengenangaben: *30 Prozent, fast ein Drittel, …*
- Präpositionen mit Genitiv: *trotz, während, wegen*
- Aussprache komplizierter Wörter

Zusatzmaterial: Bilder, Fotos von Kleidung und Accessoires (Aufgabe 3, 4)

2 Das ist total hip!

2 _1   **a** | Hören Sie bitte. Für welchen Anlass suchen die Frauen passende Kleidung?

b | Über welche Kleidungsstücke sprechen Lisa und Annette? Hören Sie noch einmal und markieren Sie sie auf dem Bild. Was soll Lisa anprobieren?

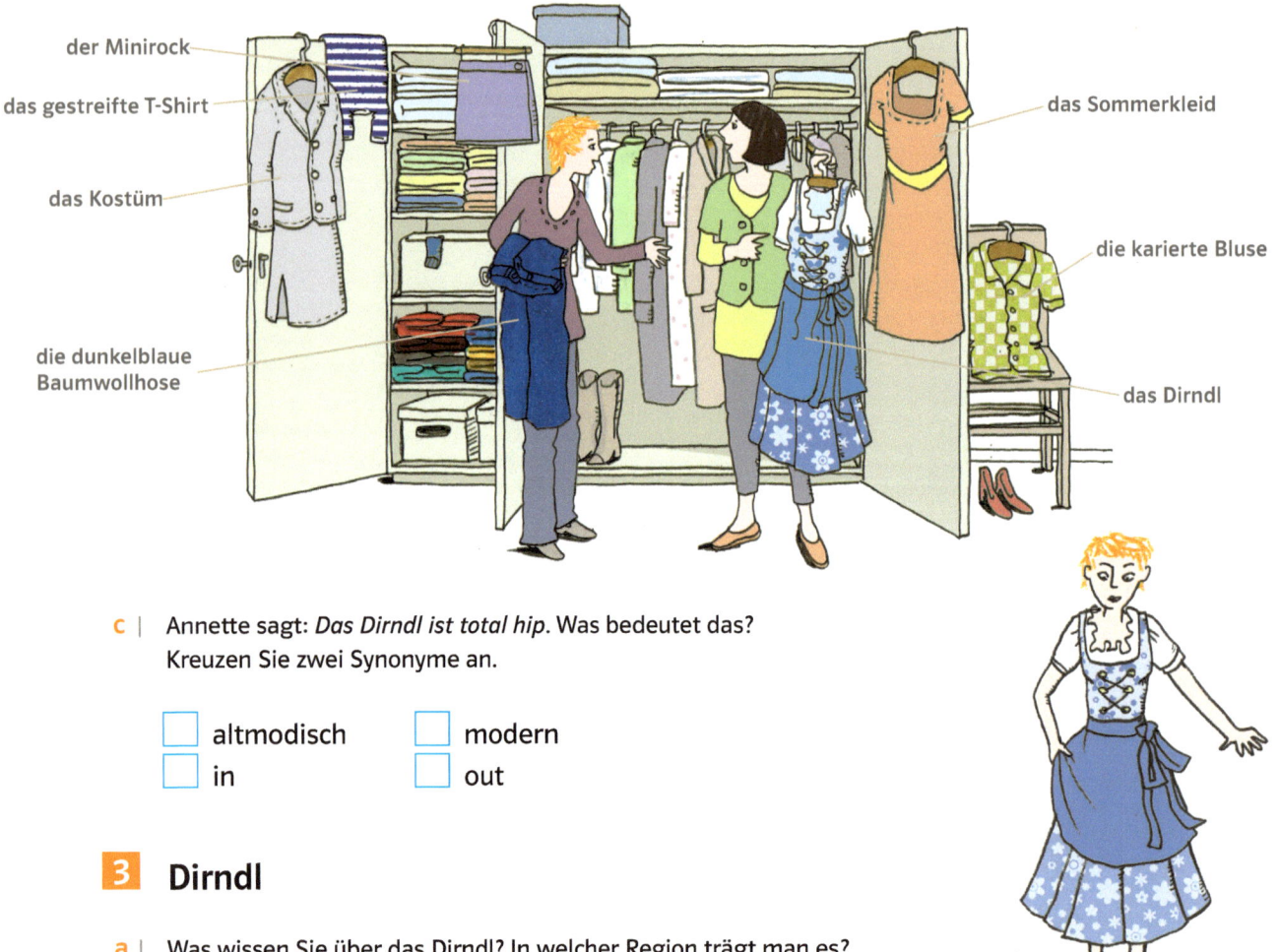

der Minirock

das gestreifte T-Shirt

das Kostüm

die dunkelblaue Baumwollhose

das Sommerkleid

die karierte Bluse

das Dirndl

c | Annette sagt: *Das Dirndl ist total hip.* Was bedeutet das?
Kreuzen Sie zwei Synonyme an.

☐ altmodisch   ☐ modern
☐ in   ☐ out

3 Dirndl

a | Was wissen Sie über das Dirndl? In welcher Region trägt man es?
Wer trägt es? Zu welchem Anlass? Sammeln Sie.

b | Lesen Sie die Beschreibung. Beschriften Sie die Teile von Lisas Dirndl. Was fehlt? Was trägt sie falsch?

Je nach Anlass kann ein Dirndl aus Baumwolle, Leinen oder Seide gefertigt sein.
Muster und Farbe des Stoffes können von einfarbig bis zum romantischen Blümchen-
muster variieren. Der Verschluss des Kleides befindet sich meistens vorne in der Mitte,
egal ob mit Reißverschluss, verschiedenartigen Knöpfen oder Schnürung. Traditionell
hat das Dirndl vorne eine Tasche eingearbeitet, die unter der Schürze verborgen ist.
Dazu wird meistens eine weiße Dirndlbluse getragen, die nur bis kurz unter die Brust
reicht, sowie ein Schultertuch oder ein kurzes Halstuch. Eine Kette in Form eines
Bands mit Schmuckanhänger ergänzt das Dirndl. Die Schleife der Schürze soll etwas
über den ehelichen Status der Trägerin aussagen: Ist die Schleife auf der rechten
Seite, heißt das, dass sie vergeben, verlobt oder verheiratet ist. Eine Schleife auf der
linken Seite bedeutet, dass die Trägerin noch zu haben ist.

c | Wie sieht Lisas Dirndl aus? Ergänzen Sie bitte die Angaben.

> links | vorn in der Mitte | über dem Rock | unter der Schürze

Besitz und Zugehörigkeit ausdrücken: Nomen im Genitiv	
die Farbe **des** Stoff**es**	(m)
der Verschluss **des** Kleid**es**	(n)
die Schleife **der** Schürze	(f)
das Material der Knöpfe	(Pl.)

Der Verschluss des Kleides ist |_____|.

Die Schürze des Dirndls ist |_____|.

Die Tasche des Kleides ist |_____|.

Die Schleife der Schürze ist |_____|.

d | Bringen Sie Bilder von Kleidungsstücken mit und hängen Sie sie im Kursraum auf. Wählen Sie eins und beschreiben Sie es möglichst genau. Die anderen raten: Welches Bild ist gemeint?

▪ Es ist aus Leder | Wolle | … Man trägt es … Zum Verschließen gibt es … In der Mitte des / der …

↪ AB 1–3

4 In allen Variationen

a | Sehen Sie die Fotos an und ordnen Sie die Bildunterschriften zu.

A Während der Fußballweltmeisterschaft im Juni 2010 konnte man Fußball-Dirndl kaufen.

B Auch Barbiepuppen kann man in Dirndl und Lederhose einkleiden. Es gibt bereits rund 30 verschiedene Dirndlvarianten für die Plastikschönheit.

C Münchner Surfer freuen sich aufs Oktoberfest und zeigen Tracht auf dem Brett.

D Dem Festumzug schauen selbst Touristen gern in traditioneller Kleidung zu.

E Die Dirndl prominenter Trägerinnen sind schrill und extravagant.

b | Wie gefallen Ihnen die Fotos? Würden Sie ein Dirndl oder eine Lederhose anziehen?

▪ Ich finde … hübsch | elegant | kitschig | wirklich hässlich | zu schrill | typisch deutsch | …

… würde ich gern | auf keinen Fall | vielleicht anziehen.

c | Welche traditionellen Kleidungsstücke sind in Ihrem Land zeitlos, immer noch modern, schick, altmodisch, kitschig, …? Erzählen und vergleichen Sie. Sie können auch Fotos mitbringen oder zeichnen.

Ich hätte nicht gedacht, dass das derselbe Mann ist.

Ist das wirklich dieselbe Person? Sie wirkt auf diesem Foto ganz … und hier …

5 Ist das dieselbe Person?

Sehen Sie die Fotos an und diskutieren Sie folgende Fragen:
- In welcher Kleidung gefällt Ihnen die Person am besten? Warum?
- Mit welcher Kleidung wirkt die Person am (un)seriösesten / am (un)sympathischsten / …?
- Mit welcher Kleidung würden Sie die Person ansprechen / der Person helfen / vertrauen / einen Job geben / …?

➥ AB 4

derselbe, dasselbe, dieselbe	
derselbe Mann	(m)
dasselbe Kleid	(n)
dieselbe Frau	(f)
dieselben Personen	(Pl.)

6 Kleidersprache

a | Lesen Sie den ersten Abschnitt des Textes. Was sagt Kleidung aus? Markieren Sie bitte.

Kleider machen Leute – stimmt das?

Die Wissenschaft sagt eindeutig: Ja – Kleider machen Leute: Durch Kleidung können wir den Eindruck von Kompetenz vermitteln, unabhängig wirken oder besonders vertrauenswürdig erscheinen. Und das, obwohl immer derselbe Mensch in dieser Hülle steckt. Wer also bei seinen Mitmenschen einen bestimmten Eindruck erwecken möchte, der sollte genau darauf achten, was er anhat. Denn mit dem Stil, den wir auswählen, dem Stoff, der Marke, den Farben und den Kombinationen geben wir einen Hinweis auf unsere Identität. Auch zeigen wir, wie wir nach außen hin wahrgenommen werden möchten. Wer uns dann anschaut, ist innerhalb von wenigen Sekunden in der Lage, die „Signale" zu deuten.

b | Lesen Sie die Überschriften der folgenden Abschnitte und wählen Sie die für Sie interessanteste aus. Welche Aussagen erwarten Sie vom Text? Schreiben Sie fünf Sätze. Vergleichen Sie dann mit Lernpartnerinnen und Lernpartnern, die dieselbe Überschrift gewählt haben.

Der klassische Anzug macht kompetent | Hilfe bekommt, wer richtig gekleidet ist | Kleidung ist nur ein erster Hinweis

c | Lesen Sie den Abschnitt zu Ihrer Überschrift und überprüfen Sie Ihre Vermutungen. Fassen Sie die Hauptaussage des Abschnitts für die anderen zusammen.

Der klassische Anzug macht kompetent

Bei Vorstellungsgesprächen spielt die Kleidung eine besonders große Rolle. Weil die Personalmanager meist schnell entscheiden, wer zu ihrem Unternehmen passt, ist für sie die Kleidung ein besonders wichtiger Schlüssel zur Persönlichkeit ihres Gegenübers. Das zeigt eine Studie von amerikanischen Wissenschaftlern. Sie erstellten Bewerbungsmappen, die alle den gleichen Lebenslauf, aber unterschiedliche Bewerbungsfotos enthielten. Auf den Bildern waren Frauen in unterschiedlichen Outfits zu sehen. 300 Personalmanager erhielten jeweils eine Mappe. Dabei kam heraus, dass die meiste Kompetenz den Frauen im Anzug zugetraut wurde. Ein unpassendes Outfit kann leicht dazu führen, dass Bewerber sich disqualifizieren.

Hilfe bekommt, wer richtig gekleidet ist

Besonders häufig haben Wissenschaftler beleuchtet, wie Kleidung die Bereitschaft zu helfen beeinflusst. Wenn Menschen zum Beispiel auf offener Straße um Telefongeld bitten, dann sind sie dabei am ehesten erfolgreich, wenn sie eher unauffällige, modisch gepflegte Kleidung tragen. Doch die Mode definiert auch so etwas wie Zugehörigkeit zu einer bestimmten Gruppierung. Vor diesem

Hintergrund ergab eine andere Studie, dass Menschen eher Geld geben, wenn die „Bittenden" ähnlich gekleidet sind wie sie. Das zeigte sich in einer Umfrage in einem Supermarkt: Hier waren Menschen, die zur Mittelschicht gehören, eher bereit, Auskünfte über sich selbst zu geben, wenn der Interviewer einen Schlips anhatte. Menschen aus der Arbeiterklasse waren offener, wenn der Befrager keinen Schlips trug.

Kleidung ist nur ein erster Hinweis

Kleidung ist eine sehr einfache Möglichkeit, sich schnell eine Meinung zu unserem Gegenüber zu bilden. Sie hilft uns dabei, die Vielzahl von Menschen um uns herum ohne viel Aufwand einordnen zu können. Das Outfit gibt uns dabei Informationen über das Alter, den wirtschaftlichen Status, die Einstellung und über verschiedene Persönlichkeitsdimensionen, worauf wir unsere Erwartungen zu dieser Person bilden. Doch mit dieser „Stereotypisierung" verlassen wir uns auf sehr wenige Merkmale für die Bildung eines Urteils. Auf diese Weise kann die Charakterisierung auch schnell zum Vorurteil werden – immer dann, wenn der Betrachter nicht bereit ist, den Menschen die Chance zu geben, diesen ersten Eindruck zu korrigieren.

d | Was halten Sie von den Aussagen im Text? Passen sie immer und überall? Welche Erfahrungen haben Sie gemacht? Diskutieren Sie, nennen Sie Beispiele.

➡ AB 5
➡ IS 26/1

7 Wählen Sie eine Aufgabe.

▪ Wählen Sie ein Foto aus Aufgabe 5 und beschreiben Sie das Outfit ganz genau.

▪ Kettenspiel: Bilden Sie Genitivkonstruktionen jeweils mit dem letzten Wort: *die Farbe des Anzugs – der Anzug des Mannes – der Mann der Nachbarin – …* Wer bildet die längste Kette?

▪ Führen Sie Interviews mit Menschen, die in Deutschland leben: Was für Kleidung tragen die Personen bei der Arbeit, bei besonderen Anlässen und in ihrer Freizeit? Notieren Sie und vergleichen Sie im Kurs. Welche Unterschiede gibt es zu Ihren Ländern?

Angaben zur Person (Geschlecht, Alter, Beruf, …)
Kleidung bei der Arbeit?
Kleidung bei besonderen Anlässen?
Kleidung in der Freizeit?

➡ IS 26/2

8   Drei Volksfeste

2 _2

a | Hören Sie. Über welches Fest berichten die Reporter? Welche Geräusche erkennen Sie im Hintergrund? Ordnen Sie die Feste zu.

Schäferlauf in Markgröningen, Baden-Württemberg

Biikefeuer an der Küste und auf den Inseln Norddeutschlands

Baumblütenfest in Werder, Brandenburg

Das Baumblütenfest in Werder ist eines der größten Volksfeste in Deutschland. Durch den ganzen Ort ziehen sich Verkaufsstände und auf verschiedenen Bühnen werden Shows und Musik dargeboten. Auch der Rummelplatz auf der Insel von Werder sorgt für Spaß und gute Laune. Kinder und Eltern lassen sich hier von Riesenrad, Karussells, Losbuden und anderen Attraktionen anlocken. Viele Obstbauern öffnen ihre Gärten mit den blühenden Bäumen zum Baumblütenfest und laden die Familien zum gemütlichen Verweilen ein.

Während die Kinder im geöffneten Garten spielen, genießen die Eltern den Ausblick auf die schöne Landschaft und probieren vom angebotenen Obstwein oder lassen sich Kaffee und Kuchen schmecken. Eröffnet wird das Baumblütenfest in Werder traditionell mit einem Festumzug durch den Ort. Den Abschluss bildet das Höhenfeuerwerk am letzten Festtag.

Das Biikebrennen ist einer der ältesten nordfriesischen Bräuche und soll heute an der ganzen schleswig-holsteinischen Nordseeküste den Winter vertreiben. Alljährlich am 21. Februar brennen hier große Feuer.

Die Biike (friesisch das „Feuerzeichen") geht bis auf heidnische Zeiten zurück. Schon vor 2000 Jahren wollte man damit die Götter gnädig stimmen. Auf den Inseln und Halligen diente das Biikefeuer später zur Verabschiedung der Walfänger. Die daheimgebliebenen Frauen zündeten Feuer entlang des Strandes an, um den fahrenden Männern noch lange sicheres Geleit zu geben.

Die lodernden Feuer werden an den einzelnen Orten von unterschiedlichen Bräuchen begleitet. So werden manchmal noch Strohpuppen verbrannt oder die Feierlichkeiten werden, wie beispielsweise auf Sylt, auf den 22. Februar ausgedehnt. Heute gehören Grünkohl und Schnaps dazu.

Markgröningen ist ein Städtchen in der Nähe von Stuttgart. Hier wird Ende August das Schäferfest gefeiert, das ursprünglich mit einem Markt begann, auf dem Schäfer ihre Wolle verkauften. Heute gibt es einen großen Handwerkermarkt und Stände mit Essen und Trinken. Hauptattraktion ist ein großer Festumzug mit vielen Musikkapellen, schön geschmückten Pferden, prachtvollen Kutschen und vielen traditionellen Trachten.

Der Festumzug führt zum Stoppelfeld, wo der eigentliche Schäferlauf stattfindet: Schäfer und Schäferinnen rennen barfuß um die Wette, 300 Schritte über das Feld. Der Grund dieser Eile? Sie müssen schneller sein als ein flüchtendes Schaf, um es wieder einzufangen. Und Schafe können schnell sein! Wer den Schäferlauf gewinnt, ist Schäferkönig oder -königin und bekommt zur Belohnung ein schönes Schaf.

b | Wählen Sie ein Fest. Lesen Sie den Text und notieren Sie: Was gehört zum Fest dazu? Was / Wann / Wo / Wie wird gefeiert? Sortieren Sie die wichtigsten Informationen und stellen Sie das Fest den anderen vor.

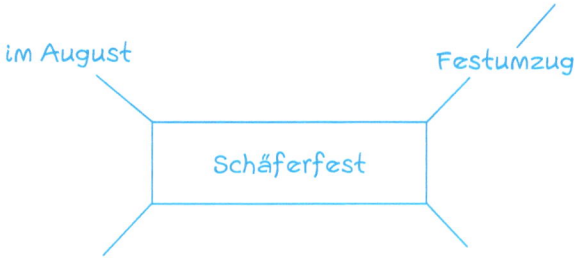

im August

Festumzug

Schäferfest

> **Partizip Präsens und Perfekt vor Nomen**
>
> den **fahrenden** Männern =
> den Männern, die fahren
>
> die **verkauften** Produkte =
> die Produkte, die verkauft wurden

c | Suchen Sie: Wie steht es im Text?

ein Schaf, das flüchtet – _____

vom Obstwein, der angeboten wird – _____

im Garten, der geöffnet wurde – _____

die Feuer, die lodern – _____

mit den Bäumen, die blühen – _____

mit Pferden, die schön geschmückt wurden – _____

d | Welches Volksfest würden Sie gern besuchen? Warum? Was ist für Sie am interessantesten?

- Ich würde am liebsten … besuchen, weil …
- Mich würde … am meisten interessieren. Da gibt es | kann man | …
- Von einem Volksfest wie dem … habe ich noch nie gehört. Das finde ich einzigartig |
  total komisch | … Deswegen …

➡ AB 6–7

9 Des war schee!

2 ○_3 **a** | Hören Sie das Kurzinterview auf dem Fest. Wie spricht die Person?

b | Verstehen Sie alles? Lesen Sie die Sätze und hören Sie noch einmal. „Übersetzen" Sie dann die Sätze. Was fällt Ihnen auf?

Des war schee! | I mog des. | Au die hibsche Fraue in de Trachte. |
Des isch s' Beschte. | Do henn alle misse helfe. | Luschtig!

> **Dialekte**
>
> In Dialekten gibt es teilweise andere Wörter, eine andere Grammatik und eine andere Aussprache als im Hochdeutschen.

c | Wie spricht man an Ihrem Wohnort? Gibt es einen Dialekt? Wie klingt er? Gefällt er Ihnen? Warum (nicht)?

d | Gibt es in Ihrer Sprache auch Dialekte? Sprechen Sie einen? Berichten Sie.

10 Pass doch auf!

a | Sehen Sie das Bild an. Was ist passiert? Spekulieren Sie.

2 ◯_4 **b |** Lesen Sie die Zusammenfassung und hören Sie die Szene. Wie viele Fehler finden Sie? Korrigieren Sie sie bitte.

Max wackelt mit der Bank, weil ihm langweilig ist. Lisa schlägt ihm Torwandschießen vor und gibt Max 2 Euro. Er stößt eine Tasse um und schüttet einem Mann Kaffee auf die Lederhose. Der Mann ist ein wenig verärgert. Lisa beruhigt ihn: Ihre Haftpflichtversicherung bezahlt die Reinigung oder eine neue Hose. Max geht Torwandschießen und möchte selber den Schaden bezahlen, wenn er 30 Euro gewinnt.

c | Was meinen Sie: Welche Definition von Haftpflichtversicherung ist richtig? Kreuzen Sie an.

☐ Die Haftpflichtversicherung bezahlt nur Schäden, die man schuldlos verursacht hat.
☐ Die Haftpflichtversicherung bezahlt auch Schäden, an denen man selbst schuld ist.

d | Hatten Sie oder jemand, den Sie kennen, schon einmal einen Schaden, den die Haftpflichtversicherung übernommen hat? Erzählen Sie im Kurs.

11 Ohne Haftpflicht geht es nicht!

2 ◯_5 **a |** Hören Sie den Werbespot. Welche Probleme hat der Anrufer beim Aussprechen des komplizierten Wortes? Welche Strategie wendet er an?

2 ◯_6 **b |** Hören Sie und sprechen Sie das Wort ganz langsam und deutlich nach. Versuchen Sie danach, immer schneller zu sprechen.

Haftpflichtversicherung

2 ◯_7 **c |** Hören Sie den Zungenbrecher. Sprechen Sie erst langsam und dann immer schneller nach. Variieren Sie auch und setzen Sie andere Versicherungswörter ein.

Eine Haftpflichtversicherung ist Pflicht, denn ohne Haftpflichtversicherung geht es nicht.

> **Tricks für komplizierte Wörter (z.B. mit vielen Konsonanten)**
>
> Üben Sie erst silbenweise oder sogar lautweise: Ha-f-t – p-f-licht
>
> Sprechen Sie dann immer schneller.

12 Eine Versicherung für alle Fälle

a | Lesen Sie die Liste der Versicherungen durch. Welche davon kennen Sie? Für welche Risiken ist man abgesichert? Was bieten die Versicherungen? Sammeln Sie.

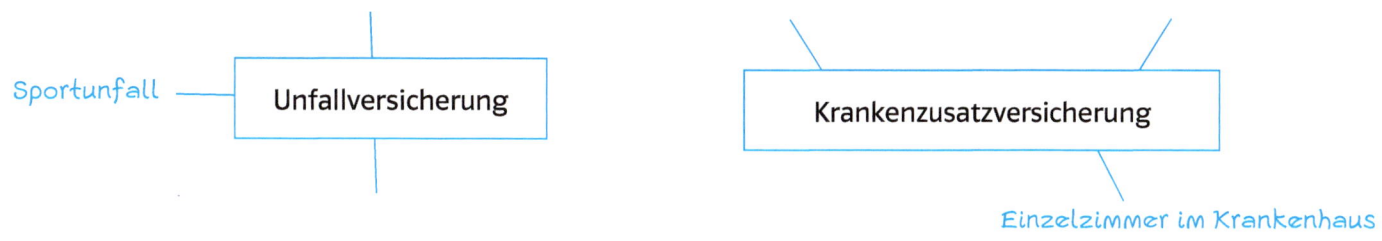

Sportunfall — Unfallversicherung

Krankenzusatzversicherung

Einzelzimmer im Krankenhaus

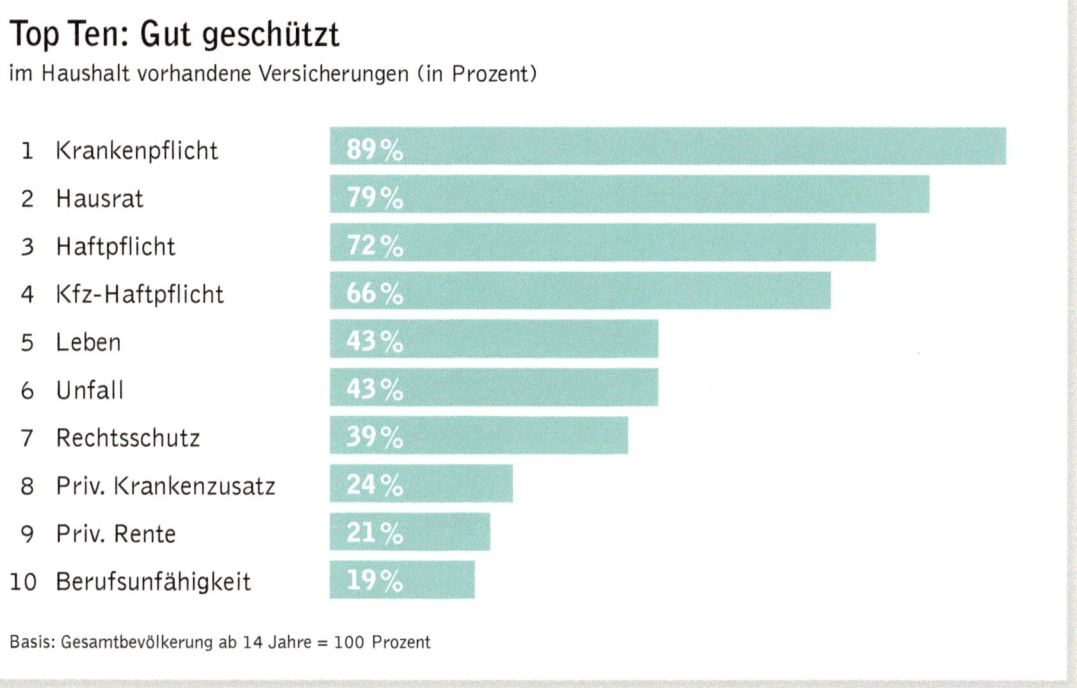

Top Ten: Gut geschützt
im Haushalt vorhandene Versicherungen (in Prozent)

1	Krankenpflicht	89%
2	Hausrat	79%
3	Haftpflicht	72%
4	Kfz-Haftpflicht	66%
5	Leben	43%
6	Unfall	43%
7	Rechtsschutz	39%
8	Priv. Krankenzusatz	24%
9	Priv. Rente	21%
10	Berufsunfähigkeit	19%

Basis: Gesamtbevölkerung ab 14 Jahre = 100 Prozent

b | Sehen Sie sich die Top Ten der pro Haushalt vorhandenen Versicherungen an. Was finden Sie normal, was überrascht Sie an der Statistik? Vergleichen Sie.

- Ich finde es normal, dass fast alle Deutschen ...
- Mich wundert, dass fast die Hälfte | knapp ein Drittel der Deutschen ...
- Mich überrascht, dass ...

> **Mengenangaben**
>
> 62% (Prozent)
> etwas weniger als die Hälfte
> etwas mehr als 30%
> fast ein Drittel
> knapp ein Viertel

c | Welche Versicherung finden Sie besonders wichtig? Fehlt Ihnen eine wichtige Versicherung? Diskutieren Sie mit Ihrer Lernpartnerin / Ihrem Lernpartner.

➡ AB 8–9
➡ IS 26/3

13 Wegen der Katze …

Präpositionen mit Genitiv

Trotz des Unwetters ist alles gut gegangen.
Wegen der Verspätung des Zuges haben wir den Flug verpasst.
Ich bemerkte den Schaden erst **während** der Heimfahrt.

2 💿_8 **a |** Hören Sie drei Anrufe bei einer Versicherung. Um welche Versicherung und welches Problem handelt es sich? Wird der Schaden übernommen? Warum (nicht)? Ergänzen Sie bitte.

	Versicherung	Problem	übernommen?	Begründung
1.				
2.				
3.				

b | Was haben Sie gehört: *trotz, wegen* oder *während*? Ergänzen Sie bitte.

1. Meine Nachbarin ist ⌐_____⌐ unserer Katze gestolpert und ihre Brille ist kaputtgegangen.

2. Ich habe mir in Österreich ⌐_____⌐ meines Urlaubs ein Bein gebrochen.

3. Die Waschmaschine ist ⌐_____⌐ der Wasserstopp-Funktion ausgelaufen.

c | Ist Ihnen schon einmal etwas Ärgerliches passiert? Erzählen Sie bitte.

➥ AB 10–12

> Während meiner
> Reise nach …

14 Brief an die Versicherung

a | Sehen Sie die Fotos an und beschreiben Sie den Zustand der Gegenstände.

… ist beschädigt | verbogen | beschmutzt | zerbrochen | zerkratzt … | Es fehlt …

b | Wählen Sie einen Gegenstand. Stellen Sie sich vor, Sie haben den Schaden verursacht und müssen eine Schadenmeldung machen. Machen Sie sich Notizen zu den Punkten:

- Was für ein Schaden ist entstanden?
- Wer war beteiligt? Gab es Augenzeugen?
- Was ist passiert? Wann? Wo? Haben Sie ein Foto?
- Was möchten Sie bei der Versicherung erreichen?

c | Schreiben Sie einen Brief an Ihre Haftpflichtversicherung und melden Sie den Schaden.

d | Geben Sie Ihren Brief Ihrer Lernpartnerin / Ihrem Lernpartner oder einer Freundin / einem Freund zum Korrigieren: Ist der Brief überzeugend, logisch aufgebaut und formal angemessen? Fehlen noch Informationen? Besprechen Sie, was man besser machen könnte, und überarbeiten Sie den Brief.

➥ AB 13–14

15 Kalter Kaffee

a | Sehen Sie das Bild an. Was glauben Sie: Warum
sind die Personen verwirrt? Spekulieren Sie.

2 🔵_9   b | Hören Sie den Dialog und überprüfen Sie Ihre Vermutungen. Was bestellt der Gast?

c | Was erfahren Sie über die Personen? Hören Sie noch einmal und verbinden Sie bitte.

	○ kommt aus Wuppertal.
Ahmed ○	○ muss ein Dirndl tragen.
Claudia ○	○ holt ein Bier.
Lisa ○	○ arbeitet am Ausschank.
Ein Gast ○	○ versteht die Bestellung nicht.
Lisas Mutter ○	○ bestellt einen kalten Kaffee.
	○ hat großen Durst.

d | Fassen Sie das Missverständnis in einem Satz zusammen. Haben Sie etwas Ähnliches schon erlebt?

e | Lisa fragt den Gast: *Kommen Sie aus'm Pott?* Welche Gegend meint sie? Wie spricht man da? Recherchieren Sie.

16 Wie heißt das bei Ihnen?

a | Was meinen Sie: Wie kann man sprachlich-kulturelle Unterschiede freundlich ansprechen? Markieren Sie
passende Redemittel und suchen Sie weitere. Vergleichen Sie dann im Kurs.

Das verstehe ich überhaupt nicht!
Sagt man das bei Ihnen so? Ich kenne das als …
Oh, ich glaube, das ist ein Missverständnis. Bei uns …
Das ist interessant, wie Sie das machen. Können Sie mir erklären, …?
Das ist doch ganz eindeutig ein … Sehen Sie das nicht?
Das geht hier nicht. Sie müssen …

b | Wählen Sie ein Wortpaar. Spielen Sie eine kleine Situation über ein Missverständnis.

Semmel – Brötchen | Tischler – Schreiner | Straßenbahn – Tram | Fahrkarte – Billett |
um Viertel vor acht – um drei viertel acht | Tüte – Sackerl | am Samstag – am Sonnabend

17 Mit Unterschieden umgehen

a | Lesen Sie den Anfang des Interviews, das die Firma Siemens geführt hat. Was meinen Sie: Was ist der Grund für die vielen Nachfragen des Kunden? Diskutieren Sie und vergleichen Sie.

Siemens: Professor Moosmüller, Sie sind Professor für Interkulturelle Kommunikation an der Universität München. Wo liegen denn typische Schwierigkeiten bei der Begegnung von Menschen verschiedener Kulturen?

Prof. Moosmüller: Stellen Sie sich folgende Situation vor: Ein deutscher Ingenieur steht mit einem chinesischen Kunden via E-Mail wegen dessen Besuch in Deutschland in Kontakt. Zunächst erkundigt sich der Chinese, wie er von München zur Messe in Frankfurt kommt. In einer zweiten Mail fragt er, wie oft die Züge von München nach Frankfurt verkehren, in einer dritten Mail, von welchem Gleis die Züge abfahren und so weiter. Der deutsche Ingenieur ist zunächst irritiert, schließlich verärgert und schreibt eine etwas barsche E-Mail – worauf er lange nichts mehr von dem Kunden hört. Den Grund für die vielen Nachfragen hat er übersehen.

b | Lesen Sie das ganze Interview und ergänzen Sie die Fragen.

A Wie ist man mit diesen Schwierigkeiten umgegangen?

B Reicht der Austausch mit Kollegen für eine erfolgreiche interkulturelle Kommunikation aus?

C Möchte der chinesische Kunde abgeholt werden?

D Stellen wir uns das konkret vor: Drei Wissenschaftler arbeiten an einem gemeinsamen Projekt, der eine sitzt in München, der andere in den USA und der letzte in Japan. Wie würde die Zusammenarbeit wahrscheinlich verlaufen?

c | Was ist wichtig für die interkulturelle Kompetenz? Suchen Sie nach wichtigen Aussagen in den Abschnitten 2, 3 und 5. Ergänzen Sie dann die Stichworte, vergleichen Sie Ihre Lösungen.

Es ist wichtig,

- sich mit ⌐＿＿＿＿＿＿＿＿＿⌐ auszutauschen,

- im Gespräch mit anderen die ⌐＿＿＿＿＿＿＿＿＿⌐ des Partners zu erraten,

- die ⌐＿＿＿＿＿＿＿⌐ zu kennen,

- bei ⌐＿＿＿＿＿＿＿⌐ nachzufragen,

- die ⌐＿＿＿＿＿＿＿⌐ zu wechseln,

- mit ⌐＿＿＿＿＿＿＿⌐ zu rechnen und damit umzugehen,

- ⌐＿＿＿＿＿＿＿＿＿⌐ für ⌐＿＿＿＿＿＿＿＿＿＿⌐ zu entwickeln.

Siemens: ⌞＿＿＿＿⌟

Prof. Moosmüller: Ganz genau. Was der Chinese meinte, war: Hol mich ab, lad mich zum Abendessen ein, lass uns über neue Projekte reden und bring mich, wenn schon nicht nach Frankfurt, dann wenigstens zum Hauptbahnhof in München. Wir verstehen das sofort, wenn wir über den Fall reden. Doch was beim Erzählen ganz klar ist, das übersieht man in der Hektik des Alltags leicht. Genau dies ist oft die Schwierigkeit in der interkulturellen Zusammenarbeit: Wir verstricken uns in einem Nichtverstehen, weil wir nicht die Ruhe und die Zeit und die Distanz haben, das Erlebte zu reflektieren. Hätte der deutsche Ingenieur mit einem Kollegen über die E-Mails gesprochen, dann hätten sie gemeinsam sicherlich die Beweggründe des chinesischen Kunden erraten.

Siemens: ⌞＿＿＿＿⌟

Prof. Moosmüller: In der Regel hilft das enorm viel. Es gilt aber zu unterscheiden: Interkulturelle Kompetenz ist nicht dasselbe wie Landeskompetenz. Natürlich ist es von Vorteil, die Landessprache und die kulturellen Gewohnheiten zu kennen. Wer aber mit Menschen aus ganz verschiedenen Ländern zu tun hat, der kann sich nicht in alle Einzelheiten einarbeiten. Es geht also nicht einfach darum, dass ich in China die Visitenkarte korrekt überreiche. Es geht vielmehr um die Fähigkeit, Missverständnisse zu reflektieren, nachzufragen, einen Perspektivwechsel vorzunehmen – das ist interkulturelle Kompetenz. Man muss lernen, mit Unterschieden umzugehen, mit Vielfalt zu leben.

Siemens: ⌞＿＿＿＿⌟

Prof. Moosmüller: Ich kann Ihnen das an einem konkreten Beispiel erläutern: Mitte der neunziger Jahre hatten die drei Firmen Siemens, IBM und Toshiba ein 150 Mitarbeiter starkes Projekt zur Entwicklung neuer DRAM-Chips ins Leben gerufen. Es startete furios, nach einem halben Jahr gab es aber diverse Probleme. Unter anderem empfanden die Teams die täglichen Präsentationen der Forschungsergebnisse als langweilig, ja sogar destruktiv. Warum? Zum Beispiel präsentierten die Amerikaner kurz und knapp und interaktiv, was die Japaner als unglaubwürdig empfanden, ihnen fehlten Hintergrundinformationen. Die Deutschen stellten bei ihren Präsentationen zunächst die Schwierigkeiten dar, für die sie Lösungen gesucht hatten – das wiederum irritierte die Amerikaner mit ihrem lösungsorientierten Denken. Die Japaner dagegen besprachen sich untereinander intensiv, bevor sie präsentierten – das interpretierten die Deutschen und Amerikaner als mangelnde Selbstständigkeit oder sogar als den Versuch, ihnen etwas zu verheimlichen. Kurzum: Das Ergebnis war, dass die Zusammenarbeit in den Teams immer schwieriger wurde.

Siemens: ⌞＿＿＿＿⌟

Prof. Moosmüller: Wir haben interkulturelle Trainings absolviert, bei denen die Mitarbeiter kommunizierten, wie sie das Verhalten der anderen wahrnahmen. Indem sie das aussprachen, hat sich gleichzeitig ein Verständnis dafür entwickelt, dass sich die Kollegen aus den anderen Ländern eben anders verhalten – und dass man damit rechnen und sich damit arrangieren muss. Das ist ungemein wichtig. Menschen sind nicht überall auf der Welt gleich. Wie sie Dinge regeln und ihren Alltag gestalten, auf welche Lerngewohnheiten sie zurückgreifen – das ist von Kultur zu Kultur komplett unterschiedlich. Darauf muss man sich einlassen können.

d | Bilden Sie Dreiergruppen mit unterschiedlichen Nationalitäten. Stellen Sie sich vor, Sie arbeiten in einem Team. Welche interkulturellen Schwierigkeiten könnte es geben? Sprechen Sie z. B. über Termine, Hierarchien, Kontrolle, Protokolle, Häufigkeit der Teamsitzungen, Darstellung des Projekts und über Möglichkeiten der Zusammenarbeit.

➡ AB 15

Lehm … auf Sächsisch

a | Lesen Sie die Witze im sächsischen Dialekt.
Verstehen Sie alles?

Fragt der Sohn den Vater: „Babba, was
for än Ardiggl sedzd ma denn vor Lehm?"
Da antwortet der Vater: „Das gommd
droff an, mei Sohn. Der Lehm is das, wo-
midd dor Dischler de Dische lehm duhd,
die Lehm sin wilde Diere un das Lehm is
das Geschndeil von Dohd."

Zwei Freunde unterhalten sich
beim Bier. Da sagt der eine:
„Du, das ganze Lehm gommd mir
manschmal vor wie ä geblatzder
Luftballon."
„Wie meensdn das?"
„Isch weeß ouch nisch."
„Na da hasde Rescht."

2 🔊_10   b | Hören Sie die Witze. Haben Sie nun alles verstanden?

c | Was ist typisch an der sächsischen Aussprache? Sie erkennen es am geschriebenen und
gesprochenen Text.

d | Kennen Sie auch einen Witz (z.B. in Ihrer Sprache), in dem es um die Aussprache geht?
Erzählen Sie ihn.

Sicher ist sicher

Was meinen Sie: Welche Dinge auf den Fotos kann man versichern? Recherchieren Sie
im Internet und bei Versicherungen. Kennen Sie andere interessante Versicherungen?

Interkulturelles im Film

Eine türkische Familie wandert nach Deutschland aus. Ihr Blick auf das neue Land ist vor allem humorvoll.

Ein Deutscher will eine Italienerin heiraten. Da gibt es vieles, was man falsch machen kann. Und es gibt viel zu lachen.

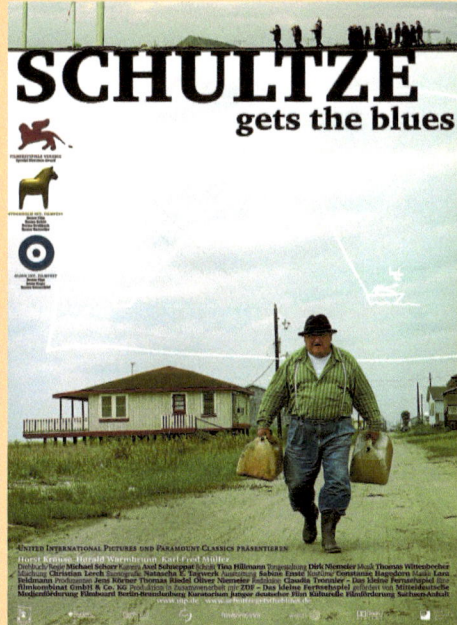

Der Rentner und Musiker Schultze fährt von Sachsen-Anhalt nach Texas und Louisiana. Er findet eine andere Welt, viel Musik und die Liebe.

Eine Bayerin träumt von Japan und kommt nur bis zur Ostsee. Aber ihr Sohn und ihr Mann lernen es kennen. Traurig und schön.

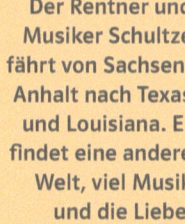

a | Wählen Sie einen Film. Sehen Sie sich den Film in der Gruppe an oder recherchieren Sie den Inhalt im Internet und stellen Sie den Film im Kurs vor. Wie ist die interkulturelle Kommunikation im Film dargestellt: realistisch, übertrieben, komisch, tragisch, …? Wie gefällt Ihnen der Film?

b | Kennen Sie andere Filme, in denen unterschiedliche Kulturen aufeinandertreffen? Tauschen Sie sich aus.

27 Aus Leidenschaft

1 Das liegt mir am Herzen

a | Sehen Sie die Fotos an. Wer sind diese Personen und was liegt ihnen am Herzen? Suchen Sie die passenden Zeitungsausschnitte und formulieren Sie, was die Personen bewegt.

- … hat eine Leidenschaft für …
- … drückt mit … seinen/ihren Protest gegen … aus.
- Mit seinem/ihrem Engagement für … möchte …
- Mit … möchte … die Erinnerung an … wachhalten.

Bundesweit einzigartig: Ein Gesundheitszentrum behandelt kostenlos Obdachlose.

Früher „Spinner" genannt, wurde Johann-Georg Jaeger zum Pionier der Windkraft-Branche

Ein Stein. Ein Name. Ein Mensch. Für 95 Euro kann jeder eine Patenschaft für die Herstellung und Verlegung eines STOLPERSTEINS übernehmen.

„Das Leben von Migrantinnen in Deutschland findet in konventionellen Frauenmagazinen einfach nicht statt", sagt die 25-Jährige.

Sineb El Masrar hat deshalb vor einem Jahr das „multikulturelle Frauenmagazin Gazelle" gegründet.

Jenny De la Torre: die erste Obdachlosenärztin Deutschlands verwirklicht ihren Lebenstraum

Eine Katze, fünf Stunden Schlaf täglich, 100 Wohnungen, 400 Bedürftige. Wer Ute Bock, Kandidatin für die „Presse"-Leser-Wahl der „Österreicher des Jahres", in Zahlen fasst, hat eigentlich schon alles gesagt – und doch das meiste übersehen.

„Wir müssen aufhören zu glauben, dass wir ein Vorrecht haben, hier zu leben. Es hat sich keiner ausgesucht, wo er zur Welt gekommen ist."

b | Welches Projekt finden Sie am interessantesten? Recherchieren Sie weitere Informationen darüber und stellen Sie sie im Kurs vor.

c | Gibt es etwas, was Ihnen selbst am Herzen liegt? Kennen Sie Leute, die aus Leidenschaft etwas geschaffen haben? Gestalten Sie das leere Feld und tauschen Sie sich aus.

↪ AB 1

„Ein Projekt, das die Erinnerung an die Vertreibung und Vernichtung der Juden, der Zigeuner, der politisch Verfolgten, der Homosexuellen, der Zeugen Jehovas und der Euthanasieopfer im Nationalsozialismus lebendig hält", so steht es auf der Website von Gunter Demnig.

Rund 50.000 Bäume hat der Aktionskünstler Ben Wagin in Berlin gepflanzt, als Gedenkort für die Toten der Berliner Mauer und die Opfer des Krieges.

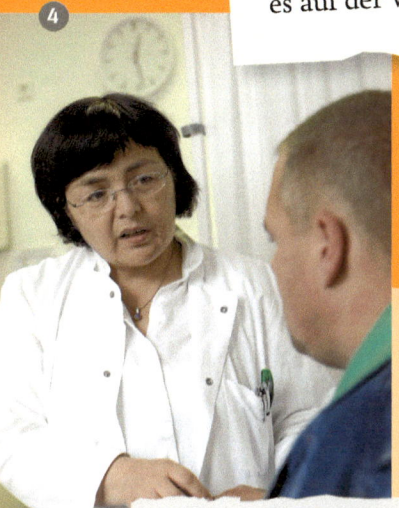

Der Verein Ute Bock bietet traumatisierten AsylbewerberInnen nun psychosoziale Betreuung an

Kommunikative Lernziele:

- Arbeitsaufgaben verstehen
- in einem Bewerbungsgespräch Fragen verstehen und selbst stellen
- Begeisterung und Wut ausdrücken
- den Weg beschreiben
- Schlagzeilen und Kurznachrichten verstehen
- Klappentexte lesen
- die Handlung einer Geschichte erfassen
- Vermutungen über einen Tathergang anstellen
- einen literarischen Text spannend vorlesen
- ein Kurzreferat über ein Buch halten

Wortschatz und Strukturen:

- Arbeitsaufgaben
- Ausdrücke für Begeisterung und Wut
- lokale Präpositionen: *durch, gegen, über, um, von ... aus, bis zu ..., an ... vorbei, an ... entlang*
- Nomen: n-Deklination
- Passiv Präteritum
- Vermutung ausdrücken: Modalverb *können*
- Differenzierung von sachlicher und sehr ärgerlicher Sprechweise

Zusatzmaterial: Buch mit Klappentext (Aufgabe 20)

2 Ein ungewöhnlicher Beruf

a | Lesen Sie den Bericht: Um welchen Beruf geht es? Was kennzeichnet ihn? Beschreiben Sie ihn kurz.

Eines steht fest: Mit Stöckelschuhen kommt sie in ihrem Job nicht weiter. Sie braucht festes Schuhwerk. Patzelt ist Rangerin
5 im Nationalpark Harz, einem der 14 wichtigsten Naturreservate zwischen Schleswig-Holsteinischem Wattenmeer und Berchtesgadener Alpen, und sie weiß,
10 dass ihr Arbeitsplatz beneidenswert ist. „Es gibt keinen Beruf, in dem ich mich glücklicher fühlen würde", sagt die Frau aus Wernigerode.
15 20 Kilometer legen die Ranger, die der offiziellen Berufsbezeichnung nach eigentlich Natur- und Landschaftspfleger sind, pro Tag zurück – im Durchschnitt
20 wohlgemerkt. Zu Fuß, auf dem Mountainbike oder auf Skiern durchstreift Patzelt bei jedem Wetter das Gebiet. Den Brocken, mit 1142 Metern der höchste
25 Berg Norddeutschlands, muss

sie manchmal drei oder vier Tage in einer Woche besteigen. Dennoch: Für Patzelt gibt es „keinen Tag ohne Freude am Wandern".
30 1997 kam sie zum Nationalpark. Anfangs war sie skeptisch, denn „da waren nur Männer". Patzelt setzte sich durch. Gemeinsam mit einem Kollegen kümmert sie
35 sich um ein Programm für Kinder aus der Umgebung: Als Juniorranger können die Kleinen die Natur erforschen. Diese Arbeit liegt der Rangerin am Herzen.
40 „Man muss bei Kindern früh ansetzen, um sie für die Natur zu begeistern", sagt sie.
Egal ob mit Kindern oder während geführter Wanderungen
45 mit Erwachsenen, Patzelt versucht immer, den Parkbesuchern die Natur des Harzes näherzubringen. Während die Rangerin mit festem Schritt über die Holz-
50 stege in den Harzer Hochmoo-

Birgit Patzelt liebt die Natur. Ihre Liebe hat sie zum Beruf gemacht.

ren stapft, erklärt sie die umliegende Flora und Fauna. Für sie ist der Job als Rangerin mehr als bloße Erwerbsarbeit. Er ist Beru-
55 fung. Zu ihren Aufgaben gehört es natürlich auch, darauf zu achten, dass die Wege instand sind, kein Müll auf dem Boden liegt, niemand unerlaubt mit dem
60 Auto durch den Park fährt oder Hunde frei laufen lässt. Als Rangerin kann sie Verwarngelder verhängen. Sie setzt aber lieber auf Einsicht.

b | Was für eine Einstellung hat Birgit Patzelt zu ihrem Beruf? Lesen Sie den Text noch einmal und suchen Sie nach Begründungen / Erklärungen.

c | Würden Sie selbst gern in der Natur arbeiten? Begründen Sie Ihre Antwort.

d | Für welchen Beruf begeistern Sie sich? Warum? Welche Aufgaben hat man in diesem Beruf? Wo und wann arbeitet man? Stellen Sie den Beruf vor, erklären Sie, was Ihnen daran gefällt.

➥ AB 2

3 Ein freiwilliges ökologisches Jahr

a | Was denken Sie: Welche Aufgaben hat man bei einem freiwilligen ökologischen Jahr in einem Nationalpark? Wählen Sie bitte aus.

die Ranger unterstützen | Bäume pflanzen | die Internetseite pflegen | Müll einsammeln | Bänke herstellen | Prospekte erstellen | Tiere füttern | Pressekonferenzen vorbereiten

b | Lesen Sie die Anzeige und vergleichen Sie mit Ihren Vermutungen. Welche Aufgaben finden Sie noch?

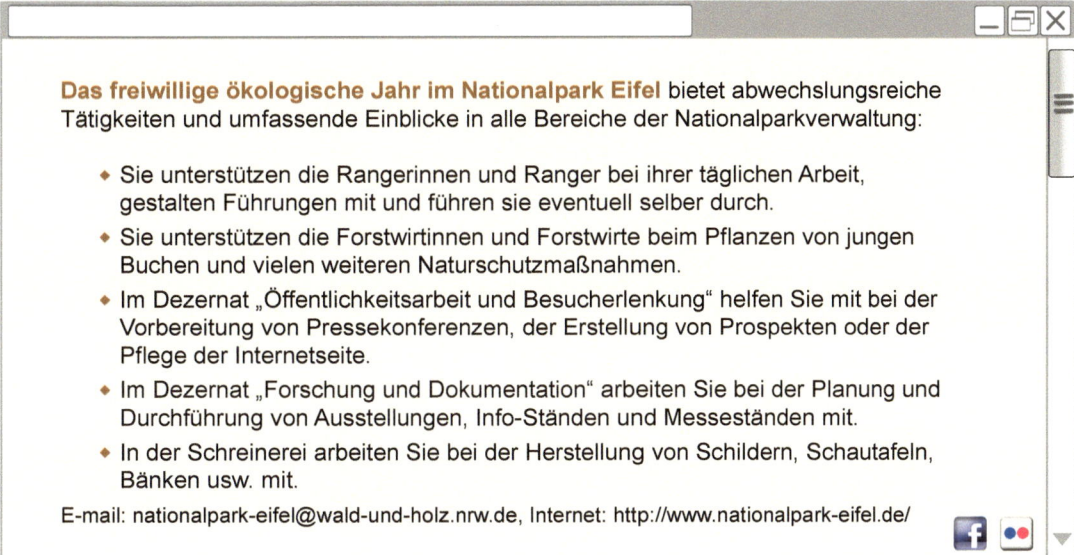

Das freiwillige ökologische Jahr im Nationalpark Eifel bietet abwechslungsreiche Tätigkeiten und umfassende Einblicke in alle Bereiche der Nationalparkverwaltung:

- ◆ Sie unterstützen die Rangerinnen und Ranger bei ihrer täglichen Arbeit, gestalten Führungen mit und führen sie eventuell selber durch.
- ◆ Sie unterstützen die Forstwirtinnen und Forstwirte beim Pflanzen von jungen Buchen und vielen weiteren Naturschutzmaßnahmen.
- ◆ Im Dezernat „Öffentlichkeitsarbeit und Besucherlenkung" helfen Sie mit bei der Vorbereitung von Pressekonferenzen, der Erstellung von Prospekten oder der Pflege der Internetseite.
- ◆ Im Dezernat „Forschung und Dokumentation" arbeiten Sie bei der Planung und Durchführung von Ausstellungen, Info-Ständen und Messeständen mit.
- ◆ In der Schreinerei arbeiten Sie bei der Herstellung von Schildern, Schautafeln, Bänken usw. mit.

E-mail: nationalpark-eifel@wald-und-holz.nrw.de, Internet: http://www.nationalpark-eifel.de/

c | Finden Sie die Tätigkeiten interessant? Welche Aufgaben würden Sie gern übernehmen, welche nicht? Warum?

d | Was glauben Sie: In welcher Lebenssituation ist ein solches Jahr sinnvoll?

➥ AB 3–4

4 Das war die richtige Entscheidung!

Laura, 19 Jahre   Alex, 20 Jahre   Sarah, 18 Jahre   Leon, 21 Jahre

2 _11

a | Hören Sie die Berichte der Freiwilligen. Wie drücken sie ihre Begeisterung aus? Sammeln Sie.

Ich war begeistert.

b | Hören Sie noch einmal: Was sind die genauen Gründe für die Begeisterung? Notieren Sie Stichwörter.

c | Welche Möglichkeiten kennen Sie noch, sich beruflich zu orientieren, die eigene Berufung zu finden? Sammeln Sie.

➥ IS 27/1 ➥ AB 5

5 Viele Fragen im Bewerbungsgespräch

a | Hören Sie die Auszüge aus einem Bewerbungsgespräch für ein Praktikum. Welche Fragen werden zu den Themen gestellt? Notieren Sie bitte.

Persönlichkeit und Interessen | Kenntnisse und Erfahrungen | Zuständigkeit und Aufgaben | finanzielle Bedingungen

b | Formulieren Sie weitere mögliche Fragen für beide Seiten.

Was bedeutet für Sie …? | Arbeiten Sie gern …? | Kennen Sie sich mit … aus? | Für … wäre ich zuständig? | Würde Sie … reizen? | Wie stellen Sie sich … vor? | Welche Aufgaben …?

c | Notieren Sie wichtige Fragen aus einem Bewerbungsgespräch auf Kärtchen. Ziehen Sie der Reihe nach eine Frage und beantworten Sie sie.

➥ AB 6

6 Pläne für ein Naturprojekt

a | Sehen Sie die Skizze an. Ordnen Sie die Lehrpfade und die einzelnen Stationen zu.

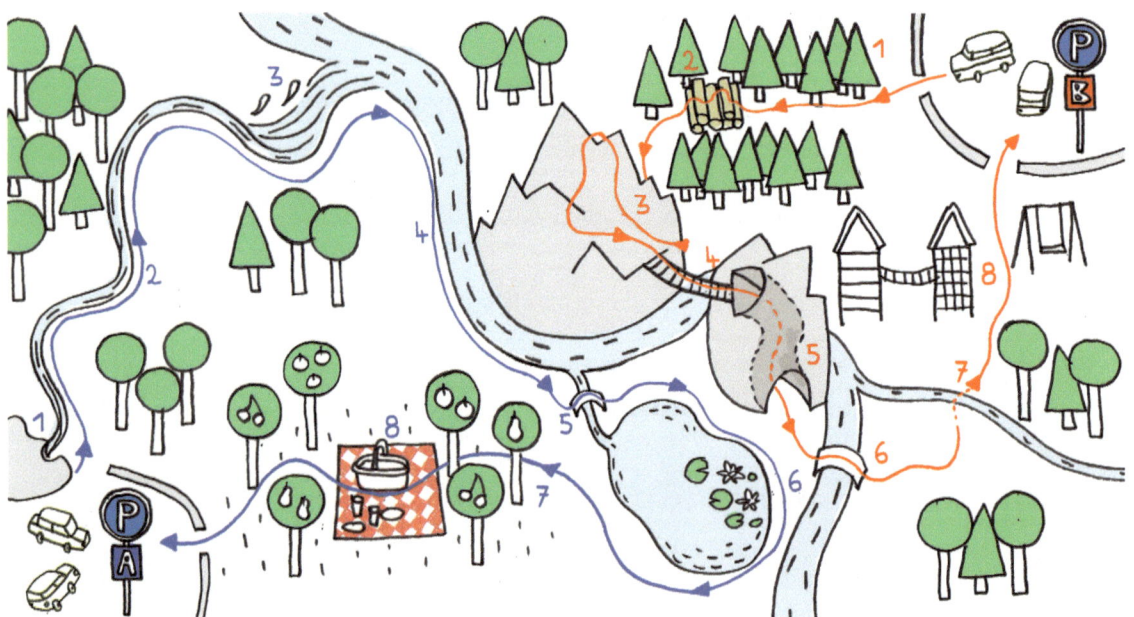

Wasserpfad
Quelle
Bach
Wasserfall
Fluss
Brücke
Seerosenteich
Obstwiese
Picknick-Platz

Kletterpfad
Tannenwald
Baumstämme
Felsengarten
Brücke
Höhle
Fluss
Bach
Spielplatz

b | Wo verlaufen die Pfade? Wählen Sie einen Pfad und beschreiben Sie ihn. Die Stichworte helfen.

vom Parkplatz aus | bis zum Felsen | am Fluss / Bach entlang | um den Teich herum | durch den Wald / die Höhle | über den Platz / die Brücke | an der Wiese vorbei

Lokalangaben mit Präpositionen

Man läuft
vom Parkplatz **aus**
bis zum Fluss
am Spielplatz **vorbei**
durch den Wald
über die Brücke
um den See **herum**
am Fluss **entlang**
nicht **gegen** den Zaun

c | Welchen Pfad finden Sie interessanter? Warum?

➥ AB 7

7 Wir können diesen Herrn nur empfehlen

a | Lesen Sie. Um was für ein Schreiben handelt es sich? Wer schreibt an wen und warum?

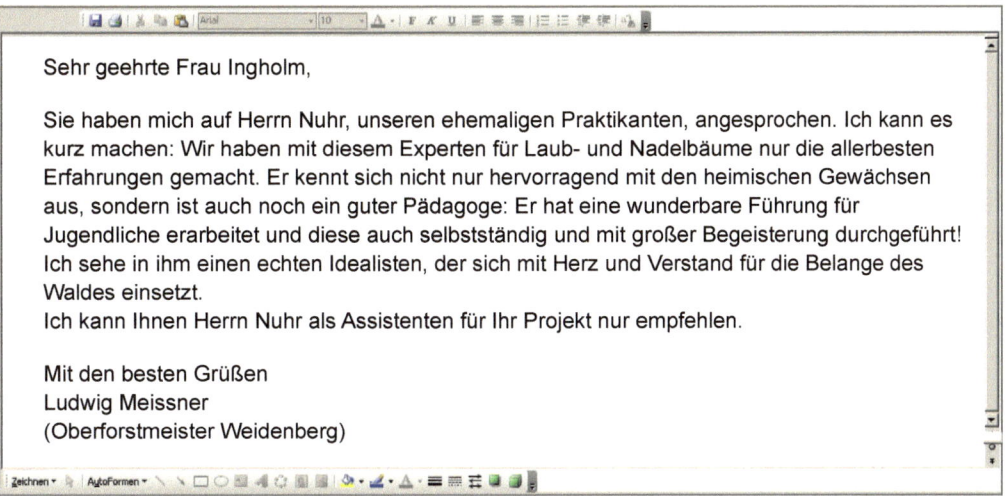

Sehr geehrte Frau Ingholm,

Sie haben mich auf Herrn Nuhr, unseren ehemaligen Praktikanten, angesprochen. Ich kann es kurz machen: Wir haben mit diesem Experten für Laub- und Nadelbäume nur die allerbesten Erfahrungen gemacht. Er kennt sich nicht nur hervorragend mit den heimischen Gewächsen aus, sondern ist auch noch ein guter Pädagoge: Er hat eine wunderbare Führung für Jugendliche erarbeitet und diese auch selbstständig und mit großer Begeisterung durchgeführt! Ich sehe in ihm einen echten Idealisten, der sich mit Herz und Verstand für die Belange des Waldes einsetzt.
Ich kann Ihnen Herrn Nuhr als Assistenten für Ihr Projekt nur empfehlen.

Mit den besten Grüßen
Ludwig Meissner
(Oberforstmeister Weidenberg)

b | Welche Gründe werden für die Einstellung des Praktikanten genannt? Markieren Sie entsprechende Stellen im Text.

c | Suchen Sie die Nomen im Text. Was fällt Ihnen auf?

Herr | Praktikant | Experte | Pädagoge | Idealist | Assistent

➥ AB 8

> **n-Deklination**
>
> Wir suchen einen Praktikant**en**, einen Expert**en**, einen Pädagog**en**, einen Idealist**en** – einen Mensch**en** mit einem großen Herz**en**.

8 Immer an der frischen Luft

a | Sehen Sie das Bild an. Was machen Lukas und Kerstin im Park? Worüber könnten sie sprechen? Erfinden Sie einen kleinen Dialog. Spielen Sie ihn vor.

2 ⊙_13 b | Hören Sie und vergleichen Sie mit Ihren Ideen.

c | Was hat Kerstin vor? Wofür begeistert sie sich?

➥ IS 27/2

9 Das ist jetzt nicht wahr!

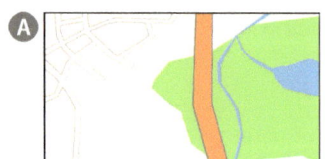 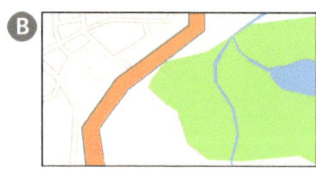 

a | Sehen Sie die drei Pläne zum Bau einer Schnellstraße an. Worin unterscheiden sich die Pläne?

2 _14 b | Welche Variante wird gebaut? Hören Sie.

c | Wie drückt Jan seinen Ärger aus, wie Kerstin? Hören Sie noch einmal und wählen Sie aus.

Das gibt's doch nicht! | Ich glaub, ich spinne! | Das ist jetzt nicht wahr! | Die haben doch
nicht mehr alle Tassen im Schrank! | Solche Vollidioten! | Die sind einfach doof! |
Ich könnte schreien! | Ich fasse es einfach nicht! | Die spinnen jetzt wohl total! | Geht's noch?

d | Kennen Sie weitere Ausdrücke für Ärger? Welche Ausdrücke finden Sie öffentlich akzeptabel? Diskutieren Sie.

➡ AB 9

10 Nicht alle Tassen im Schrank?

2 _15 a | Hören Sie die Szene. Welche Emotionen drücken
die drei Personen (Kollegin, Kollege, Straßenarbeiter)
aus und woran erkennen Sie das? Diskutieren Sie.

2 _16 b | Hören Sie den Ausschnitt. Welche Emotionen werden hier ausgedrückt? Und wie werden sie ausgedrückt?
Achten Sie auf betonte Wörter (Satzakzente), Melodie, Lautstärke und Sprechtempo.

- Ja, aber das ist das neue Auto meines Vaters, verstehen Sie? Es war neu! Mensch, Sie

  Vollidiot! Sie haben ja wohl nicht alle Tassen im Schrank! Mist, Mist, Mist!

- Jetzt bleib doch mal sachlich! Die haben das doch bestimmt nicht mit Absicht gemacht.

  Das ist ja nur ein Auto. Und außerdem gibt's dafür eine Versicherung.

2 _17 c | Mit den folgenden Sätzen können Sie schimpfen. Hören Sie zwei Muster. Sprechen Sie sehr laut und beto-
nen Sie sehr deutlich (vor allem das fett gedruckte Wort). Viel Spaß!

Sie haben ja wohl nicht alle **Tassen** im Schrank! Sie haben wohl nicht alle **Latten** am Zaun!
... alle **Nadeln** an der Tanne. ... alle **Kekse** in der Dose!
... alle **Tasten** am Klavier! ... alle **Erbsen** im Topf! ...

d | Spielen Sie Szenen und variieren Sie. Einer schimpft, der andere spricht ruhig und sachlich und versucht, den
anderen zu beruhigen.

11 Das ist ein Skandal!

a | Welche Überschrift passt zu den Meldungen? Lesen Sie und wählen Sie aus.

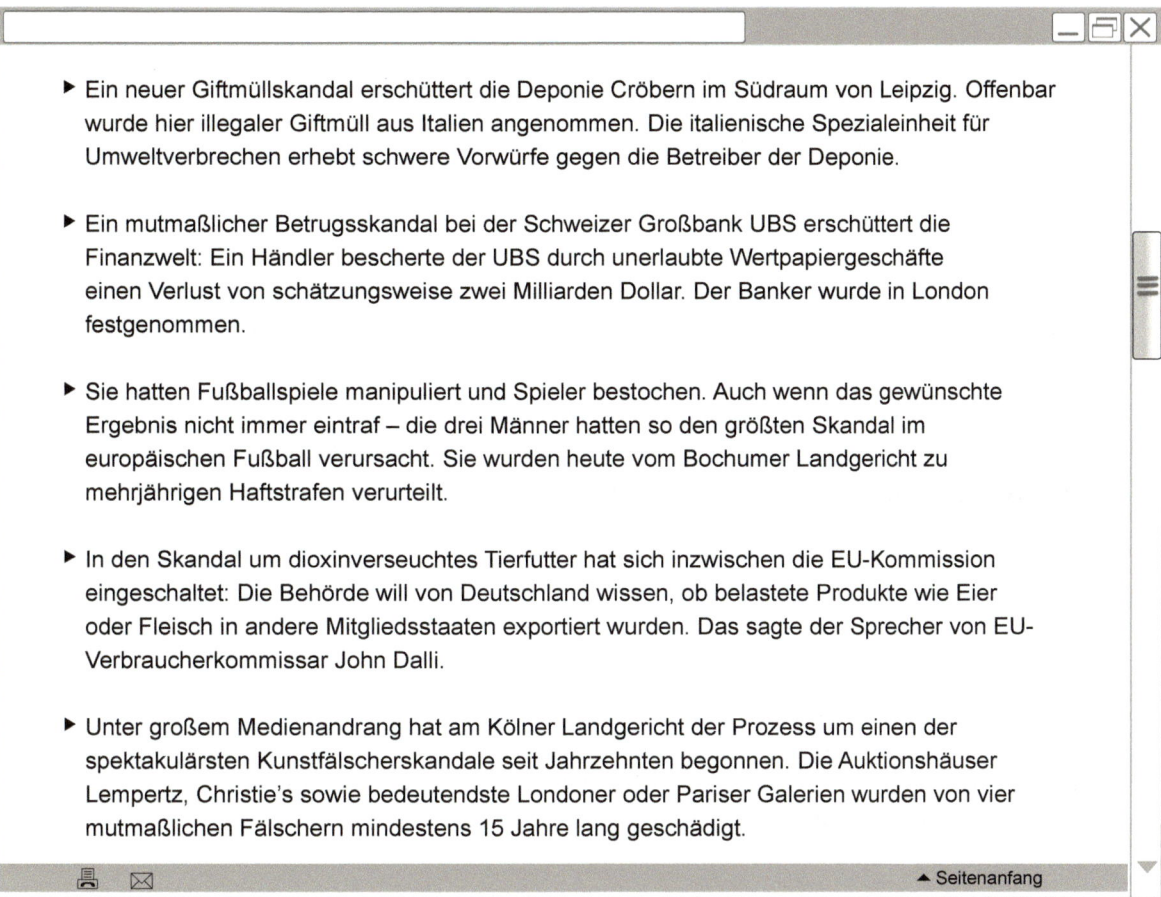

▸ Ein neuer Giftmüllskandal erschüttert die Deponie Cröbern im Südraum von Leipzig. Offenbar wurde hier illegaler Giftmüll aus Italien angenommen. Die italienische Spezialeinheit für Umweltverbrechen erhebt schwere Vorwürfe gegen die Betreiber der Deponie.

▸ Ein mutmaßlicher Betrugsskandal bei der Schweizer Großbank UBS erschüttert die Finanzwelt: Ein Händler bescherte der UBS durch unerlaubte Wertpapiergeschäfte einen Verlust von schätzungsweise zwei Milliarden Dollar. Der Banker wurde in London festgenommen.

▸ Sie hatten Fußballspiele manipuliert und Spieler bestochen. Auch wenn das gewünschte Ergebnis nicht immer eintraf – die drei Männer hatten so den größten Skandal im europäischen Fußball verursacht. Sie wurden heute vom Bochumer Landgericht zu mehrjährigen Haftstrafen verurteilt.

▸ In den Skandal um dioxinverseuchtes Tierfutter hat sich inzwischen die EU-Kommission eingeschaltet: Die Behörde will von Deutschland wissen, ob belastete Produkte wie Eier oder Fleisch in andere Mitgliedsstaaten exportiert wurden. Das sagte der Sprecher von EU-Verbraucherkommissar John Dalli.

▸ Unter großem Medienandrang hat am Kölner Landgericht der Prozess um einen der spektakulärsten Kunstfälscherskandale seit Jahrzehnten begonnen. Die Auktionshäuser Lempertz, Christie's sowie bedeutendste Londoner oder Pariser Galerien wurden von vier mutmaßlichen Fälschern mindestens 15 Jahre lang geschädigt.

▲ Seitenanfang

A Spekulationsskandal erschüttert Großbank
B Giftmüll nach Italien geliefert
C Hohe Haftstrafe im Wettskandal
D Dioxin-Skandal: Exportverbot für Lebens-mittel
E Kunstfälscher-Prozess: Fälscher zu 15 Jah-ren verurteilt

F Prozess um Millionen-Betrug gestartet
G Hohe Haftstrafe für Fußballspieler
H EU fordert schärfere Überprüfung nach dem Dioxin-Skandal
I Illegales Wertpapiergeschäft stürzt die Finanzwelt in Krise
J Neuer Müllskandal in Sachsen

b | Um was für Skandale geht es? Was für andere Skandale kommen in Nachrichten außerdem häufig vor?

c | Untersuchen Sie die Texte: Welche Passiv-Sätze finden Sie? Notieren Sie die Passivstrukturen.

wurde angenommen,

d | Was hat Sie in letzter Zeit aufgeregt? Berichten Sie über einen Skandal.

→ AB 10

Passiv Präteritum

Der Skandal **wurde** erst jetzt **aufgedeckt**.
Die Täter **wurden** sofort **festgenommen**.

12 Die Meldungen des Tages

2 🔊 _18 a | Hören Sie die Schlagzeilen. Welche Themen kommen in den Nachrichten vor? Kreuzen Sie an.

☐ Innenpolitik	☐ Wirtschaft	☐ Kultur	☐ Wetter
☐ Außenpolitik	☐ Wissenschaft	☐ Sport	☐ Verkehr

b | Hören Sie noch einmal genau und vergleichen Sie mit dem Text. An welcher Stelle hat sich der Nachrichten-sprecher versprochen? Markieren Sie.

> NDR-Info. Nachrichten. Die Schlagzeilen. Beschluss des Bundeskabinetts. Antiterrorgesetze gelten weitere vier Jahre. Deutsch-französisches Treffen zur Schuldenkrise. Vorschläge von Merkel und Sarkozy stoßen in Europa auf positives Echo. Die Ergebnisse aus der Bundesliga: Hertha BSC schlägt den Hamburger SV 3:2. Und das Wetter: Bewölkt mit teilweise kräftigen Schauern. Im Osten freundlicher bei 18 bis 25 Grad. Ich bin Ulf Dube. Schönen guten Tag.

c | Lesen Sie den Text richtig vor. Machen Sie es wie ein Nachrichtensprecher, achten Sie auf deutliche Aussprache.

➥ AB 11

13 140 Zeichen

a | Um welche Form der Nachrichtenverbreitung geht es in dem Text? Wie funktioniert sie? Lesen Sie bitte.

Wer Twitter nicht aktiv benutzt, für den ist das Phänomen schwer zu fassen. Bei einigen schlägt das Unverständnis über das Phänomen sogar in Feindseligkeit um. So forderte ein Autor in der „Zeit" „Schluss mit dem Geschnatter" und bezeichnete den Dienst als „Klowand des Internets". Twitter wird jedoch keineswegs überwiegend als soziales Netzwerk genutzt, um Freunden mitzuteilen, wie und wann man sich gerade die Zähne putzt. Vielmehr handelt es sich in erster Linie um ein Medium zur Verbreitung von Nachrichten. Jeder Nutzer hat nicht nur die Möglichkeit, maximal 140 Zeichen lange Nachrichten über das Internet oder per SMS zu veröffentlichen, der eigentliche Clou ist die soziale Komponente: Die Benutzer können sich aussuchen, die Nachrichten welcher anderer Benutzer sie lesen wollen. In einer aktuellen Studie fanden südkoreanische Informatiker heraus, dass in der Twitter-Kommunikation die so genannten Retweets entscheidend sind: Die Nachrichten anderer Benutzer werden weitergetragen. Somit dient Twitter als eine Art natürliche Auslese für Nachrichten: Was vielen wichtig erscheint, wird häufig retweetet und verbreitet sich so in Windeseile. Die Analyse der Wissenschaftler zeigt jedoch auch, dass sich bei Twitter Themen durchsetzen, die auch die klassischen Medien für wichtig halten.

b | Was versteht man unter Retweets? Welche Bedeutung haben sie?

c | Was halten Sie von diesem Nachrichtenmedium? Nutzen Sie es oder kennen Sie Personen, die es nutzen? Worin besteht der Vorteil? Diskutieren Sie.

d | Schreiben Sie eine Meldung für Twitter. Hängen Sie sie im Kursraum auf. Markieren Sie Meldungen, die Sie wichtig finden. Werten Sie zum Schluss aus: Welche Meldungen wurden im Kurs „weitergetragen"? ➥ AB 12

14 Gib mal her!

2 __19   **a** | Sehen Sie die Bilder an und hören Sie die Szene. Welches Bild passt? Begründen Sie Ihre Wahl.

b | Um was für ein Buch geht es? Kreuzen Sie an.

Es geht um ☐ einen Mythos.   ☐ eine Kurzgeschichte.

☐ einen Arztroman.   ☐ einen Krimi.

c | Jan nennt Markus eine *Leseratte*. Erklären Sie das Wort. Wie würde man es in Ihre Sprache übersetzen?

15 Lieblingslektüre Krimi

a | Lesen Sie den Klappentext von *Fremde Wasser*. Welche Informationen bekommen Sie aus dem Klappentext? Was für ein Krimi ist das? Worum geht es? Was erwarten Sie von dem Buch?

> ### Hinter den Kulissen der Macht: „In diesem Krimi ist verdammt wenig erfunden."
>
> Bevor sie ihre Rede halten kann, die wichtigste Rede ihrer Laufbahn, bricht die Bundestagsabgeordnete Angelika Schöllkopf im Plenum des Bundestages zusammen. Sie stirbt vor laufender Kamera. Zwei Tage dominieren die Bilder ihres Todes die Medien, dann vergisst die Öffentlichkeit den Vorfall. Nur ihre Großmutter glaubt nicht an den plötzlichen Herztod. Sie beauftragt den Privatermittler Georg Dengler mit Nachforschungen. Als dieser den Fall bereits aufgeben will, heftet sich ein Killer an seine Fersen – und plötzlich befindet sich Dengler mitten in einem globalen Machtkampf um den wichtigsten Rohstoff der Welt: Wasser.
>
> „Wolfgang Schorlau hat sich an die Spitze der deutschsprachigen Autoren politischer Kriminalromane geschrieben."   *Hamburger Abendblatt*

b | Welche typischen Wörter für einen Krimi kommen in dem Text vor? Suchen Sie und notieren Sie sie.

der Tod,

16 Die klassische Methode

a | Lesen Sie den Auszug aus dem Buch und suchen Sie weitere Wörter, die für Krimis typisch sind. Erweitern Sie Ihre Sammlung in Aufgabe 15.

> „Wie würdest du denn vorgehen? Ich meine – nur mal angenommen, du nimmst den Auftrag an?", fragte Klein.
>
> „Die klassische Methode – Motiv, Tatwaffe, Tatort. An diesen drei Tatmerkmalen würde ich ansetzen, aber das ist in diesem Fall besonders schwierig."
>
> „Warum?"
>
> „Es gibt keine Tatwaffe, keine erkennbare zumindest. Die Frau geht zum Rednerpult und will eine Rede halten. Dann erleidet sie eine Herzattacke und stirbt. Wenn man den Medien glauben darf: an Erschöpfung oder Überlastung. Also keine Tatwaffe, die mich zu einem Täter führen könnte. Keine sichtbare, jedenfalls. Auch die Leiche hilft mir nicht weiter."
>
> Er sah das fragende Gesicht Kleins.
>
> „Sie ist schon beerdigt. Und den Tatort? Den dürfte ich nicht einmal betreten."
>
> „Warum nicht?"
>
> „Den Plenarsaal des Bundestages dürfen nur Abgeordnete oder Saaldiener betreten, nicht einmal Angestellte des Bundestages dürfen hinein."

aus: W. Schorlau, Fremde Wasser

b | Was ist die *klassische Methode*? Warum funktioniert sie in diesem Fall nicht?

c | Markieren Sie die Dialogrollen und lesen Sie das Gespräch vor.

↪ AB 13

17 Wer ist der Täter?

a | Welche Fragen hat der Detektiv Georg Dengler im Kopf? Formulieren Sie weitere Fragen.

> Wer könnte der Täter sein?
>
> Auftraggeber: wer?
>
> Motiv: was?
>
> Tatwaffe: wo?

2 💿 _20 b | Hören Sie drei Auszüge aus dem Buch. Um welche Person geht es? Ordnen Sie zu und verbinden Sie bitte.

☐ Dr. Österle ○	○ der Saaldiener
☐ Herr Korf ○	○ die Geliebte des Mannes
☐ Doris ○	○ der Fraktionsgeschäftsführer

> **Vermutung ausdrücken: Modalverb *können***
>
> Der Mann **könnte** der Täter **sein**.
> Er **könnte** aus Machtgier **gehandelt haben**.

c | Was erfahren Sie über die Personen? Was könnte ihr Motiv sein? Haben Sie schon einen Verdacht? Spekulieren Sie.

- ... könnte der Täter sein. Er könnte aus Eifersucht | Rache | Machtgier | ... getötet haben.

↪ AB 14–15

 **18** **Das klingt spannend!**

2 _21 **a** | Hören Sie den Romanauszug zweimal. Lesen Sie zuerst mit und sprechen Sie dann leise mit.

> Als er aufwachte, war es bereits dunkel. Im Treppenhaus hatte er ein Geräusch gehört. Leise ging er zur Tür und horchte. Durch den Türschlitz drang kein Schimmer. Trotzdem: Jetzt hörte er erneut eine knarrende Stufe und einen unterdrückten Fluch.
>
> Leise öffnete er den Safe und nahm seine Waffe aus der Schutzvorrichtung. Er lud sie durch, ging zur Tür und lauschte. Kein Licht im Flur. Aber direkt neben seiner Tür hörte er deutlich ein schleifendes Geräusch an der Wand. Jetzt wieder.
>
> Er riss die Tür auf und orientierte sich. Ein Mann stand im Dunkeln neben seiner Tür und strich mit seiner rechten Handfläche an der Wand entlang. Dengler setzte ihm in einer schnellen Bewegung die Waffe an die Schläfe.
>
> „Hände hoch!"
>
> Der Mann folgte der Aufforderung. Ängstlich flüsterte er:
>
> „Ich suche nur den Lichtschalter."

aus: W. Schorlau, Fremde Wasser

b | Hören Sie noch einmal und achten Sie darauf, wodurch es spannend klingt. Markieren Sie vor allem betonte Wörter, Pausen, auffällige Melodieverläufe, Änderungen im Sprechtempo und in der Lautstärke.

c | Bereiten Sie den Textvortrag vor: Üben Sie die Aussprache. Experimentieren Sie mit Betonungen und Pausen, Sprechtempo und Lautstärke.

 d | Lesen Sie den Text vor. Sprechen Sie bewusst langsam oder schneller, leiser oder lauter, machen Sie Pausen. Beraten Sie mit Ihren Lernpartnern, wie es am spannendsten klingt.

19 **Ihre Geschichte**

 Schreiben Sie den Anfang einer spannenden Geschichte zum Titel *Mord aus Leidenschaft*. Schreiben Sie drei Sätze auf ein Blatt Papier, geben Sie dann den Text an eine andere Gruppe weiter. Diese schreibt weitere drei Sätze dazu und reicht das Blatt weiter. Die Geschichten werden zum Schluss vorgelesen. Sie können die Spannung durch passende Geräusche verstärken.

Ich öffnete die Wohnungstür und bemerkte ...

Er joggte gerade durch den Park, plötzlich hörte er ...

 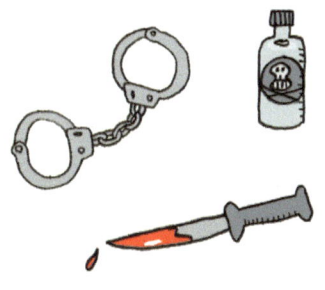   

20 Von der Bestsellerliste

a | Lesen Sie die Klappentexte. Um was für Bücher handelt es sich? Wählen Sie bitte aus.

> Sachbuch | Roman | Kurzgeschichten | Kochbuch | Comic | Ratgeber | Reiseführer | …

Philipp Lahm: Der feine Unterschied.
Wie man heute Spitzenfußballer wird.

Wie gelingt eine Karriere als Spitzenfußballer? Und was muss ein moderner Fußballer dafür alles mitbringen?
DFB-Kapitän Philipp Lahm berichtet in vielen überraschenden Details über seinen Aufstieg vom Nachwuchsspieler des FC Bayern zu einem der besten Außenverteidiger der Welt. Er erzählt von unvergesslichen Momenten deutscher Fußballgeschichte und schildert, was hinter den Kulissen von Bundesliga, Champions-League und großen Turnieren geschieht.
Eine authentische Einführung in den populärsten Sport der Welt.

Sarah Wiener: Herdhelden.

Herdhelden! Das sind für Sarah Wiener Menschen, die täglich frisch aus regionalen Zutaten wunderbare Gerichte zaubern. Die Spitzenköchin besuchte die Helden ihrer Heimat Österreich – im Dorfgasthaus, auf Almstuben und im Wiener Großstadtpalais.

Neben traditionellen Rezepten wie dem Wiener Schnitzel oder den geliebten Marillenknödeln entdeckte sie dort aufregend Neues, etwa den Tafelspitz mit Semmelkren oder das Berglamm im Kräuterheumantel. Und Sarah Wiener fügte eigene verführerische Kreationen hinzu: sei es die lackierte Ente mit Mohnnudeln, die nussige Kürbiskern-Biskuitroulade oder die himmlischen Gmundener Mostkekse.

Entstanden ist ein ehrliches, modernes Österreich-Kochbuch mit 140 Rezepten für Neugierige, für Liebhaber, für Genießer.

Alex Rühle: Ohne Netz: Mein halbes Jahr offline

„Alles abschalten! Dieses kluge und lustige Buch lesen! Danach weiß man, welches Netz man im Leben wirklich braucht." Doris Dörrie
Alex Rühle ist ein erfolgreicher Journalist. Er kommt ganz schön rum, hat zwei Kinder, ist glücklich verheiratet – und süchtig. Ein Internet-Junkie. Kein Extremfall, er fühlt sich nur ebenso abhängig, wie die Meisten es sind. Deshalb macht Alex Rühle Ernst. Ein halbes Jahr wird digital gefastet: kein Internet, kein E-Mail. Das Leben als Journalist und Vater muss offline weitergehen. Wenn das mal klappt …

Maja Haderlap: Engel des Vergessens

Maja Haderlap gelingt etwas, das man gemeinhin heutzutage für gar nicht mehr möglich hält: Sie erzählt die Geschichte eines Mädchens, einer Familie und zugleich die Geschichte eines Volkes. Erinnert wird eine Kindheit in den Kärntner Bergen. Überaus sinnlich beschwört die Autorin die Gerüche des Sommers herauf, die Kochkünste der Großmutter, die Streitigkeiten der Eltern und die Eigenarten der Nachbarn. Erzählt wird von dem täglichen Versuch eines heranwachsenden Mädchens, ihre Familie und die Menschen in ihrer Umgebung zu verstehen.

Zwar ist der Krieg vorbei, aber in den Köpfen der slowenischen Minderheit, zu der die Familie gehört, ist er noch allgegenwärtig. In den Wald zu gehen hieß eben „nicht nur Bäume zu fällen, zu jagen oder Pilze zu sammeln". Es hieß, sich zu verstecken, zu flüchten, sich den Partisanen anzuschließen und Widerstand zu leisten. Wem die Flucht nicht gelang, dem drohten Verhaftung, Tod, Konzentrationslager. Die Erinnerungen daran gehören für die Menschen so selbstverständlich zum Leben wie Gott.

Erst nach und nach lernt das Mädchen, die Bruchstücke und Überreste der Vergangenheit in einen Zusammenhang zu bringen und aus der Selbstverständlichkeit zu reißen und schließlich als (kritische) junge Frau eine Sprache dafür zu finden. Eindringlich, poetisch, mit einer bezaubernden Unmittelbarkeit.

b | Welches Buch würden Sie gern lesen? Warum?

- ... klingt interessant, weil ...
- Der Autor / Die Autorin ist bekannt für / als ...
- Das Buch ist sicher sehr informativ | hilfreich für ... | unterhaltsam | ...

c | Gibt es deutschsprachige Bestseller, die in Ihre Sprache übersetzt wurden? Oder Bestseller aus Ihrem Land, die auch auf Deutsch erschienen sind? Berichten Sie.

d | Bringen Sie einen Klappentext in den Kurs mit. Lesen Sie ihn vor und lassen Sie die anderen raten, was für ein Buch das ist.

 → AB 16

21 Kurzreferat: Mein Lieblingsbuch

a | Stellen Sie eines Ihrer Lieblingsbücher im Kurs kurz vor. Machen Sie sich Notizen zu folgenden Punkten:

- Was für ein Buch ist das?
- Wer ist der Autor / die Autorin, der Herausgeber / die Herausgeberin?
- Worum geht es in dem Buch?
- Was gefällt Ihnen an dem Buch besonders gut? Wem können Sie es empfehlen?
- Welcher Abschnitt könnte Lust auf das Buch machen?

b | Nutzen Sie Ihre Notizen und versuchen Sie, möglichst frei zu sprechen.

- In diesem Buch geht es um ...
- Der Autor beschreibt ... | erzählt von ... | berichtet über ... | gibt Tipps für ...
- Die Geschichte spielt in Europa | im 20. Jahrhundert | ...
- Die Sprache | Die Handlung | ... ist klar | einfach | ...
- Das Buch ist sehr nützlich für ... | ...

c | Lesen Sie eine kurze Stelle aus Ihrem Buch vor, die Interesse wecken kann.

 → AB 17
→ IS 27/3

22 Wählen Sie eine Aufgabe.

- Gibt es eine berühmte Krimifigur in Ihrem Land? Stellen Sie sie im Kurs vor.
- Was ist Ihre Leidenschaft? Lesen oder Sport? Musik oder Autos? Was begeistert Sie daran? Wer teilt Ihre Leidenschaft? Tauschen Sie sich aus.
- Welche Wörter haben Sie in der Lektion gelernt? Jemand zeichnet einen Begriff an die Tafel. Was könnte das sein? Die anderen stellen Vermutungen an.

Neusiedler See

Engadin

Nationalparks in D-A-CH

Gibt es einen Nationalpark in der Nähe Ihres Wohnortes?
Haben Sie schon einen besucht? Würden Sie gern einen
besuchen? Gibt es in Ihrem Land einen berühmten Nationalpark? Wählen Sie einen Park aus und stellen Sie ihn
im Kurs vor.

Schleswig-Holsteinisches Wattenmeer

Leidenschaft für Landschaftsparks

> Bad Muskau ist die Geburtsstadt des genialen Landschaftsarchitekten Hermann
> von Pückler-Muskau. Der Exzentriker, Genießer, Frauenliebhaber, Schriftsteller
> und Künstler hat um Muskau herum einen 830 ha großen Park geschaffen, wie er
> seinesgleichen sucht. Die Zweiteilung des Parks, der auf deutscher und polnischer
> Seite liegt, macht den seit Juli 2004 zum Welterbe der **UNESCO** gehörenden
> Muskauer Park / Park Mużakowski einzigartig.

a | Sehen Sie die Fotos an und lesen Sie den Text. Wählen Sie ein Thema und recherchieren Sie weitere
Informationen. Stellen Sie Ihre Ergebnisse im Kurs vor.

b | Machen Sie einen Vorschlag für einen Besuch in Bad Muskau. Beschreiben Sie einen Spaziergang in
Pücklers Parklandschaft. Nehmen Sie die Karte unter www.dresden-und-sachsen.de/oberlausitz/
badmuskau.htm zu Hilfe.

der Fürst-Pückler-Park Bad Muskau

Hermann von Pückler-Muskau

das Pückler-Eis

Krimiserie: Tatort

Seit mehr als 40 Jahren gehört die Krimiserie *Tatort* zu den Fixpunkten des Sonntagabendprogramms der ARD. Wählen Sie eine Frage aus und recherchieren Sie im Internet:

- Wer ermittelt? Wo? Finden Sie die Kommissare, die in der Nähe Ihres Wohnorts ermitteln, unter www.daserste.de/tatort/kommissare.asp.

- Immer mehr Fans verfolgen auch in Kneipen die Mordfälle. Die ARD stellt den Kneipen Tatort-Plakate zur Verfügung, um auf das Ereignis aufmerksam zu machen. Wo könnten Sie *Tatort* schauen? Finden Sie die passende Tatort-Kneipe in Ihrer Nähe unter www4.daserste.de/publicviewing/.

Tatort DaF

Kennen Sie die Krimireihe für Deutschlerner? Was denken Sie, was verbirgt sich hinter den Buchtiteln? Erfinden Sie spannende Titel für Ihren Wohnort.

Gabi Baier
Wiener Blut

Stefanie Wülfing
Heiße Spur in München

Cordula Schurig
Kalt erwischt in Hamburg

28 Mit Respekt

1 Nette Gesten

a | Sehen Sie die Fotos an. Was bedeuten die Gesten? Wählen Sie ein Foto und passende Ausdrücke.
Beschreiben Sie die Situation und geben Sie dem Bild einen Titel.

jmdm. die Tür aufhalten | jmdn. anlächeln | anklopfen | sich die Hand geben |
sich umarmen | sich zu Wort melden | jmdm. helfen | anhalten | …

- Um Respekt vor … | Mitgefühl | … zu zeigen, …
- Wer Rücksicht auf … nehmen möchte, …
- Wenn man …, respektiert man damit …
- Es wirkt sehr freundlich | höflich | …, wenn …

b | Was verbinden die anderen mit den Situationen? Tauschen Sie sich aus.

c | Kennen Sie andere Gesten, die Respekt ausdrücken? Bringen Sie Beispiele.

d | Welche Gesten sind Ihnen wichtig? Gestalten Sie das leere Feld.

➥ IS 28/1

Kommunikative Lernziele:

- über das Fernsehprogramm diskutieren
- Smalltalk über Fernsehsendungen führen
- einem Text Angaben entnehmen
- sich über Erfahrungen mit Medien austauschen
- respektvoll diskutieren: sich zu Wort melden, das Wort abgeben / behalten, Einwände äußern
- über Gründe für Diskriminierung sprechen
- ein Problem ansprechen und auf Kritik reagieren
- Tipps für den Umgang mit Kritik geben

Wortschatz und Strukturen:

- Fernsehsendungen
- Redemittel für Diskussionen
- Redemittel für Kritikäußerung
- Partikeln der gesprochenen Sprache: *mal, eben, halt, einfach, schon, bloß, nur, ...*
- fremde Behauptungen wiedergeben: das Modalverb *sollen*
- Sätze mit *zwar ..., aber*
- Sätze mit *je ... desto / umso*
- Sätze mit *statt ... zu* und *ohne ... zu* + Infinitiv
- phonetische Merkmale der Umgangssprache
- Wirkung von fremdem Akzent

2 Mama, umschalten!

a | Sehen Sie das Bild an. Was ist die Situation?
Worüber streiten Lisa und Max? Wie geht die
Situation wohl aus?

2 ⊙_22 b | Hören Sie. Vergleichen Sie mit Ihren Ideen.

c | Hören Sie noch einmal. Was will Max sehen? Was will Lisa sehen? Warum? Wie lösen sie den Streit?

d | Schreiben Sie eine freundlichere oder eine weniger nette Variante für die Szene. Vergleichen Sie Ihre
Varianten.

e | Kennen Sie solche Situationen? Wie lösen Sie sie? Tauschen Sie sich aus.

3 Sag mal, hast du das gesehen?

2 ⊙_23 a | Hören Sie das Smalltalk-Gespräch über eine Talent-Show im Fernsehen. Verstehen Sie alles?

b | Was ist typisch an diesem Gespräch? Wie sprechen die beiden miteinander? Tauschen Sie sich darüber aus.

2 ⊙_24 c | Hören Sie Ausschnitte aus dem Gespräch. Wie werden die schräg gedruck-
ten Passagen ausgesprochen?

> | **Partikeln der gesprochenen Sprache** |
> | Mach **mal** den Fernseher an. |
> | Die Sendung ist **einfach** super. |
> | Der Moderator ist **eben** / **halt** gut. |
> | Er ist **schon** witzig. |
> | Sag **bloß** / **nur** nicht so etwas! |

- *Sag mal*, gestern … *Hast du* das gesehen?

- Also der Typ … Einfach Hammer, *sage ich* dir.

- *Sag bloß*, den *fandest du* gut?

- Na also, der konnte schon was. Der war halt *bloß ein bisschen* komisch …

- *Weißt du* was? Du hast genau *so einen* Pulli an wie der gestern. *Willst du* dich *nicht mal*
  bewerben? Nur *singen kannst du nicht*. Oder höchstens *in der* Badewanne … Da musst du
  eben deine Badewanne *mitnehmen*.

d | Markieren Sie alle Partikeln und probieren Sie aus, wie es klingt, wenn man sie weglässt.

e | Machen Sie Smalltalk. Beginnen Sie mit: *Sag mal, … hast du das gesehen / gehört / …*? Sprechen Sie wie
in a bzw. c und verwenden Sie viele Partikeln.

↪ AB 1

> … ist ein Kulturmagazin.

4 Nachrichten, Talkshow oder Sport?

a | Sehen Sie bitte die Logos an. Welche Fernsehsendungen kennen Sie?
Was für Sendungen sind das? Ordnen Sie sie den Kategorien zu.

> Ist das nicht eine Sendung für …?

Comedy | Magazin | Kinder | Krimi | Kultur | Nachrichten |
Musik | Politik | Quiz | Show | Soap | Sport

b | Welche Sendungen haben Sie schon gesehen? Von welchen Sendungen haben Sie etwas gehört oder gelesen? Sortieren Sie bitte.

kenne ich	weiß nicht genau	kenne ich nicht

- In der Programmzeitschrift habe ich gelesen, dass … sehr gut sein soll.
- … habe ich noch nie gesehen. Die Themen sollen sehr spannend sein, habe ich gehört.
- … habe ich schon mal mit meinen Kindern geguckt. Die Sendung soll schon seit über 40 Jahren laufen.
- Von … habe ich noch nie gehört.

> **Die Behauptung anderer mit *sollen* wiedergeben**
>
> Ich habe die Sendung noch nicht gesehen, aber sie **soll** sehr gut **sein**. Das haben meine Kollegen erzählt.

c | Kennen Sie noch andere deutsche Sendungen? Zu welcher Kategorie gehören sie? Wie sind sie?

➡ AB 2–3

5 Fernsehen weltweit

a | Wie ist das Fernsehen in Ihrem Land? Gibt es ähnliche Sendungen wie im deutschen Fernsehen? Welche Sendungen sind besonders populär? Erzählen Sie. Ihre Lernpartnerin / Ihr Lernpartner macht dabei Notizen. Tauschen Sie dann die Rollen.

- Bei uns / In … spielt das Fernsehen (k)eine wichtige Rolle, weil …
- Zu den beliebtesten Sendungen gehören …
- Bei den jüngeren / älteren Zuschauern ist / sind besonders populär, weil …
- Typisch für das Fernsehen in meinem Heimatland ist / sind auch …

b | Erzählen Sie, was Sie über das Fernsehen im Land Ihrer Lernpartnerin / Ihres Lernpartners erfahren haben.

6 Je später der Abend, desto besser die Sendung.

a | Lesen Sie die Aussagen. Mit welchen sind Sie einverstanden? Mit welchen nicht? Tauschen Sie sich mit Ihrer Lernpartnerin / Ihrem Lernpartner aus. Bringen Sie Beispiele.

> Je mehr Prominente in einer Sendung auftreten, desto mehr Leute schauen zu.

> Je gebildeter die Zuschauer sind, desto weniger sind sie an Unterhaltungssendungen interessiert.

> Je banaler die Idee ist, desto populärer wird die Sendung.

> Je älter die Zuschauer sind, desto häufiger schalten sie ARD oder ZDF ein.

> Je später eine Talkshow gesendet wird, umso interessanter sind die Gäste.

> Je mehr das Programm überzeugt, umso treuer sind die Zuschauer.

> Je jünger das Publikum ist, umso mehr Werbung gibt es.

b | Schreiben Sie selbst einen ähnlichen Spruch zum Thema Fernsehen.

c | Hängen Sie Ihre Sprüche im Kursraum auf. Welche Sprüche finden Sie besonders witzig / zutreffend?

➡ AB 4–7

> **Sätze mit je … desto / umso**
>
> **Je** später der Abend (ist), **desto** mehr Menschen sitzen vor dem Fernseher.

7 Wählen Sie eine Aufgabe.

- Welche Sendung können Sie den anderen empfehlen? Schreiben Sie einen TV-Tipp.

- Gründen Sie einen eigenen Fernsehsender und erfinden Sie ein Programm für ein Wochenende. Stellen Sie es im Kurs vor.

- Gibt es in Ihrer Stadt / in Ihrer Region einen eigenen Fernsehsender? Wann wird gesendet? Welche Sendungen gibt es? Recherchieren Sie und berichten Sie im Kurs.

8 Umfrage: Ihr Medienverhalten

a | Fernsehen, Radio, Internet – welches Medium wird wie genutzt? Wählen Sie ein Medium aus und lesen Sie den Text selektiv: Suchen Sie alle Informationen zu dem gewählten Medium.

b | Bilden Sie Dreiergruppen und tragen Sie die Informationen über die Medien zusammen. Was finden Sie überraschend?

Online lesen, was offline steht

Täglich neun Stunden, 43 Minuten, so stark nutzen die Deutschen die Medien. Im aktuellen Vergleich der Medien liegen Fernsehen und Radio weiterhin vorne. Das Fernsehen wird im Schnitt 220 Minuten pro Tag eingeschaltet, der Rundfunk kommt auf 187 Minuten. Radio und TV zusammen machen etwa zwei Drittel des täglichen Medienkonsums aus. Die größten Zuwachsraten verzeichnet das Internet. Waren 2005 die Deutschen pro Tag noch 44 Minuten online, so hat sich dieser Wert innerhalb von fünf Jahren mit 83 Minuten beinahe verdoppelt. Die Tageszeitungen werden 23 Minuten lang gelesen, Zeitschriften sechs Minuten, Bücher 22 Minuten.

Der Höhepunkt des Medienkonsums liegt, wie die Studie zeigt, zwischen 20 Uhr 30 und 21 Uhr. Beinahe 80 Prozent der Bevölkerung widmen sich in dieser halben Stunde einem Medium. Für alle gilt: Das Radio ist vor allem ein Morgen-, das Fernsehen ein Abendmedium, beim Internet (als Büromedium) zieht sich die Nutzung gleichmäßig über den Tag.

94 Prozent der Bevölkerung stimmen laut Studie der Aussage zu, dass das Fernsehen seine Bedeutung bei der Mediennutzung beibehalten wird. 93 Prozent erwarten, die Medien würden innerhalb der nächsten zehn Jahre immer und überall verfügbar sein. Ob Fernsehen, Internet oder Print, ein Medium, das nicht mobil ist, wird seine Zukunft nicht finden.

Mit Blick auf die steigenden Wachstumsraten der Internet-Nutzung wird klar: Wer den Anschluss an die jungen Generationen nicht verlieren will, muss auf allen relevanten Plattformen wie dem Internet präsent sein. Bei den 14- bis 29-Jährigen hat das Internet (144 Minuten täglich) das Fernsehen mit 155 Minuten fast eingeholt. Wie sehr die junge Bevölkerung ihr Medienverhalten nach der Präsenz eines Mediums im Netz ausrichtet, zeigt der Wert, wonach 57 Prozent der 14- bis 29-Jährigen massenmediale Inhalte – Tageszeitung, Radio, TV – über das Netz ansteuern. Bei den älteren Zielgruppen sind es nur 28 Prozent. Bei diesen stehen auch die nicht-medialen Angebote des Netzes im Zentrum, also E-Mails, Suchmaschinen, Spiele. Interessant sind auch die Motive, die für die Nutzung des jeweiligen Mediums genannt wurden: Liegen beim Fernsehen „sich entspannen" und „sich informieren" weit vorn, nannten allein 94 Prozent der befragten jungen Leute beim Internet das Nutzungsmotiv „macht Spaß" an erster Stelle.

c | Lesen Sie einen Abschnitt genau. Veranschaulichen Sie die Angaben in einem Schaubild und stellen Sie es im Kurs vor.

d | Welches Medium benutzen Sie wie oft und zu welchem Zweck? Machen Sie eine Umfrage in Gruppen und stellen Sie die Ergebnisse mithilfe eines Schaubildes vor.

 AB 8

9   „Das heiße Eisen" – aus einer Talkshow

2 _25   **a |**   Hören Sie den Anfang einer Talkshow. Was ist das Thema der Sendung? Wie viele Gäste nehmen an der Runde teil? Wählen Sie aus. Welche Positionen sind zu erwarten?

Vertreter einer Bürgerinitiative | Beamtin bei einer Stadtverwaltung | Polizistin | Hundebesitzer | Tierärztin

2 _26   **b |**   Hören Sie die Diskussion. Welche Aspekte der Hundehaltung werden genannt? Sammeln Sie bitte.

c | Wie reagieren die Personen in der Diskussion aufeinander? Hören Sie noch einmal und verbinden Sie.

Das wird ja immer schlimmer. ○
Wissen Sie, wie viel ich im Jahr ausgebe? ○
Ich wünsche mir, dass ein respektvolles Miteinander möglich ist. ○
Wenn ich meinen Hund rufe, dann hört der auch. ○
Mein Hund braucht Auslauf. ○
Da kommt noch der Physiotherapeut dazu. ○
Sind Hundebesitzer verantwortungsbewusst? ○
Ja, aber eins, das nie aus dem Krabbelalter rauskommt. ○
Hund und Herrchen nähern sich an. ○

○ Mir brauchen Sie das nicht zu sagen.
○ Wollen Sie etwa sagen, …?
○ Schwachsinn!
○ Na jetzt übertreiben Sie mal nicht.
○ Eben!
○ Jetzt lassen Sie mich doch mal ausreden.
○ Na hören Sie mal!
○ Genau.
○ Und wie!
○ Frechheit!
○ Damit kenne ich mich wirklich nicht aus.

d | Welche Reaktionen finden Sie stark emotional, welche sind respektlos?

e | An welchen Stellen greift die Moderatorin ein? Wie?

f | In der Sendung melden sich auch die Fernsehzuschauer per Mail zu Wort. Welche neuen Aspekte nennen sie?

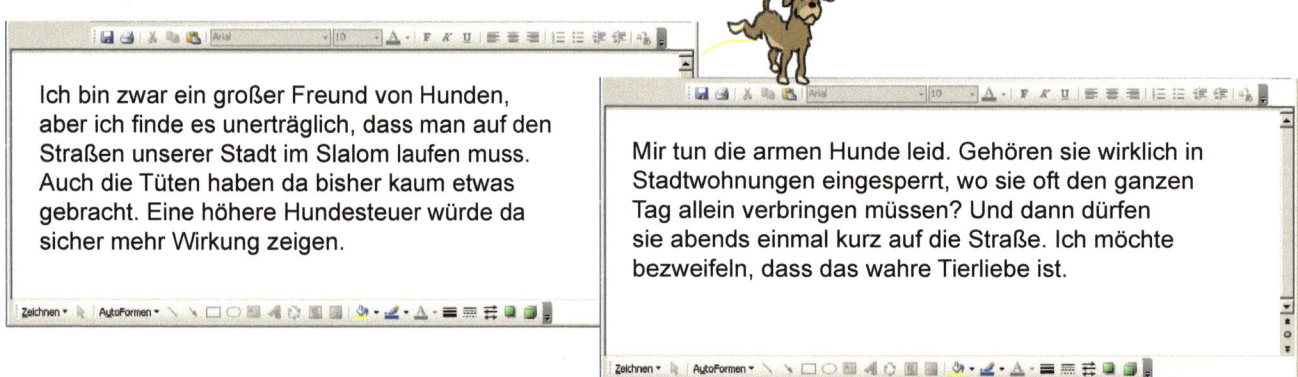

Ich bin zwar ein großer Freund von Hunden, aber ich finde es unerträglich, dass man auf den Straßen unserer Stadt im Slalom laufen muss. Auch die Tüten haben da bisher kaum etwas gebracht. Eine höhere Hundesteuer würde da sicher mehr Wirkung zeigen.

Mir tun die armen Hunde leid. Gehören sie wirklich in Stadtwohnungen eingesperrt, wo sie oft den ganzen Tag allein verbringen müssen? Und dann dürfen sie abends einmal kurz auf die Straße. Ich möchte bezweifeln, dass das wahre Tierliebe ist.

g | Was ist Ihre Meinung? Schreiben Sie eine Stellungnahme zum Thema.

➡ AB 9 – 11

Sätze mit _zwar …, aber …_

Ich verstehe **zwar** Ihren Standpunkt, **aber** die Tatsachen sprechen dagegen.

10 Sie ist im Fernsehen!

a | Was wissen Sie über Frau Montes? Sammeln Sie.

2 ⊙_27 **b** | Hören Sie. Wer spricht in der Szene? Wo sind die Personen? Ordnen Sie die Sprechblasen zu.

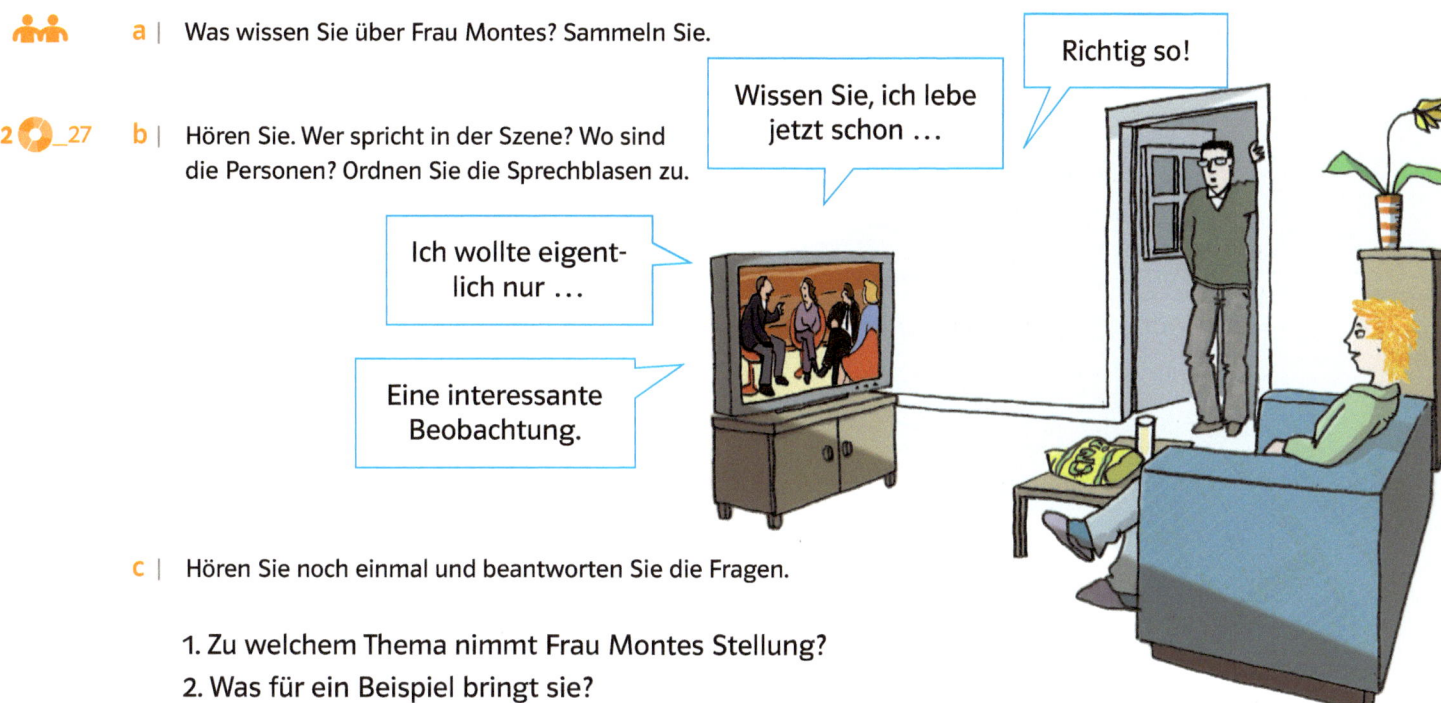

c | Hören Sie noch einmal und beantworten Sie die Fragen.

1. Zu welchem Thema nimmt Frau Montes Stellung?
2. Was für ein Beispiel bringt sie?
3. Wie fühlt sich Frau Montes in Deutschland?

d | Wie geht die Geschichte von Frau Montes über ihren ersten Tag in Deutschland weiter? Schreiben Sie eine Fortsetzung. Lesen Sie die Geschichten vor. Welche gefällt Ihnen am besten?

Eines der schönsten Erlebnisse hatte ich gleich am ersten Tag. Ich ...

↪ IS 28/3

11 Hmmm, lecker! – der fremde Akzent in der Werbung

2 ⊙_28 **a** | Hören Sie drei Werbespots und achten Sie besonders auf den fremden Akzent. Wie gefällt er Ihnen?

	Akzent aus (Sprache)?	Gefällt mir, weil . . .
1.		
2.		
3.		

b | Hören Sie noch einmal. Erkennen Sie, um was für einen Akzent (aus welcher Sprache) es sich jeweils handelt und welche Aussprachemerkmale dafür typisch sind?

c | Was glauben Sie, welche Klischees werden mit diesen fremden Akzenten in der Werbung angesprochen? Sammeln Sie weitere Beispiele aus der Werbung oder aus Filmen und berichten Sie darüber.

d | Wie wird der deutsche Akzent in Ihrem Land bewertet? Setzt man ihn vielleicht auch in der Werbung oder im Film ein? Wie finden Sie das? Diskutieren Sie.

12 Was ist Diskriminierung?

a | Lesen Sie die Beispiele. Was empfinden Sie als Diskriminierung, was nicht? Diskutieren Sie.

- Ein Mädchen wird von ihren Mitschülern als „Dicki" beschimpft und gemobbt.

- Ein Junge hat jemanden belogen und wird auf dem Schulhof verprügelt.

- Eine Person arabischer Herkunft wird nicht in die Disco gelassen.

- Eine Familie mit Kinderwagen wird nicht in ein Restaurant gelassen.

- Eine Wohnungsbewerberin wird wegen ihrer Hautfarbe zurückgewiesen.

- Ein Rollstuhlfahrer kommt nicht in ein öffentliches Gebäude hinein.

- Ein Vegetarier findet kein passendes Gericht auf der Speisekarte.

- Die Bewerbung eines Mannes als Säuglingspfleger wird abgelehnt.

- Die Bewerbung einer Muslima als Sekretärin wird mit Hinweis auf ihr Kopftuch abgelehnt.

- Die Bewerbung einer Migrantin wird mit Hinweis auf Rechtschreibfehler abgelehnt.

- Ohne erkennbaren Grund wird bei einer Stellenanzeige nur nach Personen unter 50 Jahren gesucht.

b | In welchen Fällen waren Sie sich alle einig? Wo gab es verschiedene Meinungen? Werten Sie die Ergebnisse aus.

➡ AB 12

13 Diskriminierung hat viele Gesichter.

Lesen Sie den Auszug aus dem Gesetz. Sehen Sie dann die Plakate einer Werbekampagne an.
Welches Plakat steht für welchen Grund der Diskriminierung? Suchen Sie Beispiele.

> Benachteiligung aus rassistischen Gründen oder wegen der ethnischen Herkunft, des Geschlechts, der Religion, der Weltanschauung, einer Behinderung, des Alters oder der sexuellen Identität sind unzulässig. (Allgemeines Gleichbehandlungsgesetz)

14 Rollenspiel: Talkrunde

Spielen Sie eine Talkrunde:
- Bilden Sie Vierergruppen und verteilen Sie die Rollen.
- Wählen Sie ein Diskussionsthema (z.B. *Vegetarier/Linkshänder/… werden im Alltag stark benachteiligt. Die Hautfarbe/Das Geschlecht/… spielt bei Bewerbungen keine Rolle.* usw.)
- Notieren Sie dann Redemittel, die Sie für Ihre Rolle brauchen.

Die Zuhörer müssen nach der Diskussion erraten, welche Rolle Sie gespielt haben.

> Da habe ich ganz andere Erfahrungen gemacht.

> Das ist doch nicht Ihr Ernst!

Moderator: **Sie sind bekannt dafür, dass Sie die Talkrunde im Griff haben. Sie achten darauf, dass jeder zu Wort kommt, und versuchen, Ruhe in die Diskussion zu bringen. Sie stellen Rückfragen und fassen die Meinung Ihrer Gäste zusammen.**

Gast 1: **Sie sind zwar an dem Problem interessiert, sind aber persönlich nicht davon betroffen. Sie äußern sich freundlich, höflich, stehen dem Problem tolerant gegenüber.**

Gast 2: **Sie sind von dem Problem persönlich betroffen und haben vor allem negative Erfahrungen gemacht. Sie reagieren sehr emotional und bringen auch viele konkrete Beispiele.**

> Sie haben zwar Recht, aber andererseits …

Gast 3: **Sie haben keine klare Meinung zum Problem, doch was die anderen zu dem Thema sagen, finden Sie falsch. Sie sind nervös, unterbrechen die anderen Gäste und sprechen die ganze Zeit dazwischen.**

➜ AB 13

➜ IS 28/2

> Ich fasse also noch mal zusammen: Sie sind der Meinung, …

> Glauben Sie das wirklich?

… *zu fremd* für den Ausbildungsplatz? Betül I.

… *zu schwul* für das Grundgesetz? Hans K. und Gerd F.

… *zu schwarz* für den Stadtteil? Ibrahim K.

… *zu weiblich* für den Aufstieg? Isabel A.

15   Wie ist die neue Chefin denn so?

a | Sehen Sie das Bild an. Wohin fahren Lisa und Markus? Worüber sprechen sie wohl unterwegs? Wählen Sie bitte aus.

Max' Leistungen in der Schule | der Fernsehauftritt von Frau Montes | Markus' Wohnungssuche | das Verhalten von Frau Dr. Serasinghe | Claudias neuer Job | die Baustelle vor dem Krankenhaus

2 _29   **b** | Hören Sie und überprüfen Sie Ihre Vermutungen.

c | Wie ist Dr. Serasinghe als Chefin? Hören Sie noch einmal und kreuzen Sie an.

Sie ☐ ist angenehm.
     ☐ ist launisch.
     ☐ verträgt auch mal Kritik.
     ☐ hat neulich zugegeben, das sie Unrecht hatte.
     ☐ hat keinen einzigen Fehler zugegeben.
     ☐ äußert Kritik sehr sachlich.

d | Wie sollte Ihrer Meinung nach ein guter Chef / eine gute Chefin sein? Diskutieren Sie.

- Am wichtigsten finde ich, dass …
- Ein Chef / Eine Chefin sollte unbedingt … Das bedeutet aber nicht, dass …
- Es kommt vor allem auf … an.

16   Kritik äußern

2 _30   **a** | Hören Sie die Situationen. Wie wird Kritik geäußert? Ordnen Sie die Situationen zu.

☐ indirekt

☐ sachlich-direkt

☐ zu direkt / verletzend

b | Was empfinden Sie als höflich / unhöflich / zu direkt? Ist es in Ihrer Kultur üblich, offen Kritik zu üben? Sehen Sie Unterschiede zu Deutschland? Tauschen Sie sich darüber aus.

17 Selbsttest: Kritikfähigkeit

a | Wie würden Sie in den Situationen reagieren? Lesen Sie den Test und kreuzen Sie an.

1. Ihr Chef ist mit Ihrem Arbeitsergebnis unzufrieden und möchte mit Ihnen darüber sprechen. Wie verhalten Sie sich während des Gesprächs?

☐ Ich falle ihm häufig ins Wort, um mich gegen die Kritikpunkte zu wehren. (0)

☐ Ich lasse ihn in Ruhe ausreden und höre aufmerksam zu. (2)

☐ Ich versuche, mich zurückzuhalten, äußere dann aber meine Einwände. (1)

2. Eine Kollegin hat einen Fehler in einer E-Mail gefunden, die Sie verschickt haben. Sie weist Sie freundlich darauf hin. Was sagen Sie?

☐ „Hoppla, das ist ein Flüchtigkeitsfehler. Es war schon kurz vor Feierabend, als ich das geschrieben habe." (1)

☐ „Vielen Dank für das Feedback!" (2)

☐ „Ach, und Ihnen passiert wohl nie ein Fehler?" (0)

3. Sie haben Präsentationsunterlagen für Ihren Chef vorbereitet. Nach dem Termin kommt er zu Ihnen und bemängelt, dass er Ihre Präsentation zu unübersichtlich fand. Für Sie ist das unverständlich, denn in Ihren Augen waren die Folien sehr gut strukturiert. Wie reagieren Sie?

☐ Ich frage nach, was genau er mit „unübersichtlich" meint. (1)

☐ Ich sage nichts, nehme mir aber für das nächste Mal vor, die Folien anders zu gestalten. (2)

☐ Ich entschuldige mich, denke aber bei mir, dass er Unrecht hat, und mache es beim nächsten Mal genauso. Bis dahin wird er seine Kritik sowieso vergessen haben. (0)

4. Ihr Vorgesetzter hört zufällig Ihr Telefonat mit einem Geschäftspartner aus dem Ausland mit. Er findet, dass Ihre Fremdsprachenkenntnisse nicht auf dem neuesten Stand sind. Wie gehen Sie vor?

☐ Ich recherchiere nach Anbietern von Sprachkursen und schlage ihm vor, eine Weiterbildung in diesem Bereich zu finanzieren. (2)

☐ Ich antworte mit dem Hinweis, dass seit dem Sprachunterricht in der Schule schon einige Zeit vergangen ist. (0)

☐ Ich versichere, dass ich mich bemühen werde, meine Kenntnisse zu verbessern. (1)

5. Einer Ihrer Kollegen benötigt sehr viel Zeit für seine Aufgaben, weil er sehr sorgfältig arbeitet. Da Sie oft auf seine Ergebnisse warten müssen, kommen Sie selbst in Zeitnot. Wie weisen Sie ihn auf das Problem hin?

☐ „Immer muss ich auf Ihre Ergebnisse warten. Sie arbeiten einfach zu langsam." (0)

☐ „Bei allem Respekt für Ihre Sorgfalt – aber könnten Sie sich in Zukunft etwas mehr beeilen?" (1)

☐ „Ich finde es gut und wichtig, dass Sie Ihre Aufgaben mit Sorgfalt erledigen. Leider geht dabei zu viel Zeit verloren. Vielleicht können Sie einen Mittelweg finden?" (2)

b | Zählen Sie Ihre Punkte und lesen Sie die Auswertung. Stimmt sie mit Ihrer Selbsteinschätzung überein?

Auswertung:

0–2 Punkte: Statt Feedback sachlich anzunehmen, fühlen Sie sich schnell angegriffen. Auch andere angemessen zu kritisieren, ohne emotional zu werden, ist für Sie nicht einfach.

3–5 Punkte: Sie sind auf dem richtigen Weg. Sie geben sich Mühe, die Kritik von anderen Menschen zu akzeptieren. Es gibt aber immer wieder auch Momente, da müssen Sie sich ein wenig zusammenreißen, um die Hinweise anderer anzunehmen oder geduldig mit Kollegen und ihren Macken zu sein.

6–8 Punkte: Sie gehen sehr professionell mit Feedback von Vorgesetzten oder Kollegen um. Wenn andere Sie kritisieren, können Sie das als konstruktive und wohlmeinende Hilfestellung annehmen, ohne sich aufzuregen. Und auch wenn Sie selbst Kritik äußern, äußern Sie Ihre Wünsche und Vorstellungen freundlich und sachlich, bieten auch Hilfe an, statt den Kollegen zu verletzen.

c | Wie werden die folgenden Einschätzungen verbunden? Suchen Sie die Sätze in der Auswertung.

Sie können Kritik als konstruktive Hilfestellung annehmen. Sie regen sich nicht auf.
Sie nehmen Feedback nicht sachlich an. Sie fühlen sich schnell angegriffen.

d | Wie soll man mit Kritik umgehen? Verbinden Sie und formulieren Sie Tipps.

> Man sollte miteinander reden, ohne die anderen zu verletzen.

> Statt die anderen zu verletzen, sollte man konstruktive Kritik üben.

Sätze mit *statt … zu / ohne … zu* + Infinitiv

Man soll miteinander reden, ohne die anderen zu beschuldigen.

Hören Sie zu, statt Ihrem Gesprächspartner ins Wort zu fallen.

ausreden lassen ○	○ sich aufregen
zuhören ○	○ Kritikgespräch hinausschieben
Einwände äußern ○	○ sein Gegenüber verletzen
Hilfe anbieten ○	○ ins Wort fallen
Kritik offen aussprechen ○	○ sich rechtfertigen
konstruktive Vorschläge machen ○	○ beschuldigen
Feedback sachlich annehmen ○	○ sich sofort angegriffen fühlen
sachlich und angemessen kritisieren ○	○ zu emotional werden

➥ AB 14 – 16

18 Kritische Situationen im Berufsleben

a | Lesen Sie die Dialoge. Welche Reaktion ist verärgert, erstaunt bzw. verständnisvoll?

1. ▪ Ich wollte Ihnen noch sagen, ich fand Ihre Präsentation sehr gut, aber ich hatte Schwierigkeiten beim Lesen. Die Schrift auf den Präsentationsfolien war zu klein.

   ▫ Ach wirklich? Das ist mir gar nicht aufgefallen!

2. ▪ Ich möchte Sie um etwas bitten. Ich wusste nichts von der Terminverschiebung. Könnten Sie mich beim nächsten Mal auch informieren?

   ▫ Danke für den Hinweis. Daran habe ich wirklich nicht gedacht.

3. ▪ Wäre es vielleicht möglich, dass Sie etwas leiser telefonieren? Ich kann mich einfach nicht konzentrieren.

   ▫ Wie stellen Sie sich das vor? Ich kann ja wohl kaum in den Telefonhörer flüstern.

b | Lesen Sie die Dialoge emotional vor. Experimentieren Sie mit der Sprechmelodie.

c | Wie kann man noch auf Kritik reagieren? Sammeln Sie weitere angemessene Redemittel.

d | Wählen Sie eine Situation und spielen Sie sie. Sie sprechen das Problem an, Ihre Lernpartnerin / Ihr Lernpartner reagiert darauf.

▪ Ihre Kollegin / Ihr Kollege benutzt ein sehr starkes Parfüm. Sie vertragen den Duft nicht gut und bekommen Kopfschmerzen davon. Sie weisen die Person höflich darauf hin.
▪ Eine Kollegin / Ein Kollege hält sich nie an die vorgegebenen Termine. Deshalb können Sie Ihre eigenen Termine auch nicht einhalten. Sie sprechen das Problem an.
▪ Eine Kollegin / Ein Kollege erzählt bei der Arbeit sehr viel Tratsch über die anderen. Sie können sich schlecht auf Ihre Arbeit konzentrieren. Geben Sie ihr / ihm das zu verstehen.

➥ AB 17

19 In Bildern sprechen

sich an die eigene Nase fassen

etwas durch die Blume sagen

den Mund zu voll nehmen

etwas an die große Glocke hängen

auf dem Teppich bleiben

ein Fass aufmachen

kein Blatt vor den Mund nehmen

a | Was glauben Sie: Was bedeuten die Redewendungen? Können Sie es erraten?

b | Vergleichen Sie. Welche Wendung gibt es auch in Ihrer Sprache? Was wird anders ausgedrückt?

Cartoons

Sehen Sie die Cartoons an. Welche Folgen des Fernsehens werden hier thematisiert?

Gleiche Chancen für alle

a | Lesen Sie den Artikel. Was halten Sie von der Idee?

Anonymisierte Bewerbungen

Seit November 2010 werden in einem Pilotprojekt mehr als 220 Arbeits- und Ausbildungsplätze über anonyme Bewerbungsverfahren besetzt – von der Lehrstelle bis zum Job im Mittleren Management. Beteiligt sind fünf Unternehmen und drei öffentliche Arbeitgeber; sie verzichten in der ersten Bewerbungsphase auf Fotos sowie persönliche Angaben wie Name, Alter, Geschlecht, Herkunft und Familienstand. Das Projekt läuft bis Februar 2012 und wird von Anfang an wissenschaftlich begleitet.

Nach einem halben Jahr sind bereits mehr als 4.000 Bewerbungen anonymisiert bearbeitet worden, 111 Stellen wurden besetzt. Eine unlängst vorgestellte erste Zwischenbilanz zeigt: Arbeitgeber und Bewerbende haben überwiegend gute Erfahrungen gemacht, lediglich 36 Prozent sprachen sich für das herkömmliche Verfahren aus. Auch die „Befürchtungen in Teilen der Wirtschaft, das neue Verfahren sei enorm aufwändig und praktisch nicht umsetzbar, haben sich als unbegründet erwiesen", sagt die Leiterin der Antidiskriminierungsstelle Christine Lüders.

b | Kennen Sie Länder, wo das Bewerbungsverfahren anonym ist? Funktioniert das gut? Berichten Sie.

Projekt: Ein Drehbuch schreiben

Sie möchten ein kurzes Video zum Thema „Medienkonsum" drehen. Arbeiten Sie in Gruppen. Überlegen Sie sich folgende Punkte:

- Wo spielt die Szene?
- Welche Requisiten brauchen Sie?
- Wer sind die handelnden Personen? Wie sehen sie aus?
- Was sagen die Personen?

Schreiben Sie Dialoge und Regieanweisungen.

Gegen Diskriminierung

Sehen Sie sich die Zeichnungen von Kindern und Jugendlichen an. Weitere Bilder finden Sie unter: http://www.studienkreis.de/presse/bild-archiv/karikaturen/karikaturen-zum-thema-diskriminierung.html

- Welche Zeichnung gefällt Ihnen am besten? Warum?
- Gestalten Sie selbst ein Bild zum Thema. Hängen Sie Ihre Bilder im Kursraum auf.

 FOKUS LANDESKUNDE

Wer in Deutschland einen Fernseher, ein Radio, ein Handy mit Internetzugang oder einen internetfähigen PC besitzt, muss diese Geräte anmelden und jeden Monat Rundfunkgebühren zahlen. Eingefordert wird der Beitrag von der Gebühreneinzugszentrale der öffentlich-rechtlichen Rundfunkanstalten, kurz GEZ. Die Mitarbeiter der GEZ können an der Haustür klingeln, haben aber keinen Zutritt zu Privaträumen.

➥ IS 28/4

1 Grenzen und Barrieren

a | Sehen Sie die Fotos an. Was machen die Personen? Welche Grenzen haben sie überwunden? Benennen Sie die Grenzen und tauschen Sie sich über die abgebildeten Situationen aus. Ergänzen Sie weitere Beispiele.

durch die Pass-kontrolle gehen

mit den Händen essen

> Ländergrenzen

> körperliche Grenzen

> kulturelle Grenzen

non EU | EU | Paßkontro Passport C

> Sprachbarrieren

> bürokratische Barrieren

b | Welche Gefühle verbinden Sie mit den Situationen auf den Fotos? Beschreiben Sie bitte.

- … macht mir Freude | Angst. Das könnte ich auch (nicht).
- Mit … verbinde ich Hoffnung | Erleichterung | Stolz | …
- Ich bin neugierig auf … und würde gern einmal …
- Wenn ich die deutsche Staatsbürgerschaft | das Zertifikat Deutsch | … bekommen würde, wäre ich total …
- … vor dem Arbeitsamt | an der Passkontrolle | … ist bestimmt …

c | Welche Grenzen oder Barrieren haben Sie persönlich überwunden? Wie ist Ihnen das gelungen?
Welche möchten Sie noch überwinden? Gestalten Sie das leere Feld und erzählen Sie Ihren Lernpartnern.

- Ich habe es geschafft, ... Dafür habe ich viel geübt | trainiert | ...

- Mir ist es gelungen, ... Dafür habe ich einen Antrag gestellt | nachgefragt | ...

- Ich bin stolz darauf, dass ...

- Ich lerne | trainiere | ... für ...

- Ich möchte unbedingt ...

➡ AB 1

meditieren

mentale Grenze

Kommunikative Lernziele:

- über Erfahrungen mit Grenzen sprechen
- eine Stadtführung verstehen
- Dialekt und Hochsprache unterscheiden
- Zukunftsabsichten äußern / etwas verspre-chen
- zwischen Sprachen vermitteln
- etwas übersetzen
- Beurteilungen im Arbeitszeugnis verstehen
- Abschlüsse und Zeugnisse unterscheiden
- Informationen über berufliche Chancen und Anerkennung sammeln
- Vermutungen äußern

Wortschatz und Strukturen:

- Nachbarländer von Deutschland
- Sehenswürdigkeiten
- temporaler Nebensatz mit *bis, seit / seit-dem, nachdem*
- Plusquamperfekt
- Vergleichssatz mit *als* und *wie*
- Versprechen / Absichten äußern mit Futur I
- Sicherheit und Vermutung äußern mit Futur I
- Dialektmerkmale erkennen

Zusatzmaterial: Stadtplan, Fotos über Sehenswürdigkeiten (Aufgabe 7)

2 Grenzstädte Deutschlands

a | Sehen Sie die Karte an. An welcher Grenze liegen die Städte? Ergänzen Sie die Nachbarländer.

- … grenzt an die Schweiz | liegt an der Grenze zu Frankreich | an der deutsch-… Grenze.

b | Lesen Sie die Texte und ergänzen Sie die Städtenamen. Vergleichen Sie dann mit Ihrer Lernpartnerin / Ihrem Lernpartner.

In ⌐_____⌐ verläuft die Grenze zwischen Deutschland und den Niederlanden auf der Nieuwstraat, zu Deutsch Neustraße, quer durch die Stadt. Seit dem 12. Jahrhundert bildeten Kerkrade und ⌐_____⌐ eine Einheit, die erst durch die deutsch-niederländische Grenzbildung im Jahre 1815 getrennt wurde. Derselbe Dialekt, dieselbe Kultur und viele familiäre Beziehungen bilden auch heute noch die Basis für den in Europa einmaligen Zusammenschluss zweier Städte unter einem neuen Namen: Eurode.

Als natürliche Grenze verläuft die Saar in ⌐_____⌐ und trennt Frankreich von Deutschland. In seiner Geschichte wurde das Stadtgebiet abwechselnd von deutschen und französischen Truppen besetzt. Heute ist die Stadt ein Ort der deutsch-französischen Freundschaft.

Auf der rechten Rheinseite liegt ⌐_____⌐, gegenüber auf der linken Rheinseite Straßburg, die Hauptstadt des Elsass. Verbunden sind beide Städte durch eine Brücke. Immer von besonderem strategischem Wert, wurde die Grenzstadt oft zerstört. Heute, in Zeiten des europäischen Zusammenwachsens, ist sie sicher. Ein schönes Zeichen der Verbindung ist ein Garten auf beiden Ufern.

Unmittelbar an der Grenze zur Schweiz gelegen sticht ⌐_____⌐ durch seine schöne Lage am Bodensee und einen gut erhaltenen Stadtkern hervor. Im Laufe der Zeit ist die Stadt mit der in der Schweiz liegenden Kleinstadt Kreuzlingen zusammengewachsen. An manchen Stellen verläuft die Grenze entlang einiger innerstädtischer Häuserzeilen.

c | Wo verlaufen die Grenzen? Suchen Sie nach Gemeinsamkeiten.

d | Welche Besonderheiten haben die Städte? Wählen Sie eine Stadt und recherchieren Sie weitere Informationen im Internet. Präsentieren Sie Ihre Ergebnisse.

Vielen ist die Stadt im hohen Norden vor allem durch die Punkte bekannt, die dort für Verkehrssünden gesammelt werden. Dabei hat _____ viel mehr zu bieten: ein harmonisches Stadtbild, das im Krieg unbeschädigt blieb, einen historischen Hafen und die herrliche Lage direkt an der Ostsee.

_____ hat mit seinen zahlreichen Baudenkmälern einen der europaweit am besten erhaltenen Altstadtkerne. Auf der anderen Seite der Neiße liegt die polnische Schwesterstadt Zgorzelec, die über eine Fußgängerbrücke erreichbar ist.

Mitten im Bayerischen Wald liegt die Grenzstadt _____. Der beschauliche Ort befindet sich in einem entlegenen Tal, unmittelbar an der Grenze zu Tschechien. Der belebte Urlaubsort war zurzeit des Kalten Krieges einsam und verlassen. Der Weg über die örtliche Grenze war nicht möglich. Sogar der Grenzbahnhof stand still.

Direkt an der österreichischen Grenze und nur 30 km von Tschechien entfernt liegt die Universitätsstadt _____. Die Stadt mit den drei Flüssen Inn, Ilz und Donau wird wegen seines südländischen Flairs und seiner barocken Fassaden auch das Venedig des Nordens genannt.

➥ AB 2

3 Cola zum Frühstück

a | In welcher Grenzstadt sind Max und die anderen? Was machen sie dort? Sehen Sie das Bild genau an und beschreiben Sie es.

2 ⊙_31 b | Hören Sie das Gespräch und beantworten Sie die Fragen.

1. Was für Zimmer hat die Gruppe gebucht?
2. Ab wie viel Uhr müssen die Kinder leise sein?
3. Was empfiehlt die Herbergsmutter den Gästen?
4. Warum möchte Max Cola zum Frühstück?

c | Wie spricht die Herbergsmutter? Erkennen Sie den Dialekt?

4 Stadtrundgänge

a | In Görlitz gibt es verschiedene thematische Stadtrundgänge. Welche Führung würde Sie interessieren? Wählen Sie eine aus. Was glauben Sie: Worüber erfährt man etwas bei diesem Stadtrundgang? Sammeln Sie Ideen und tauschen Sie sich aus.

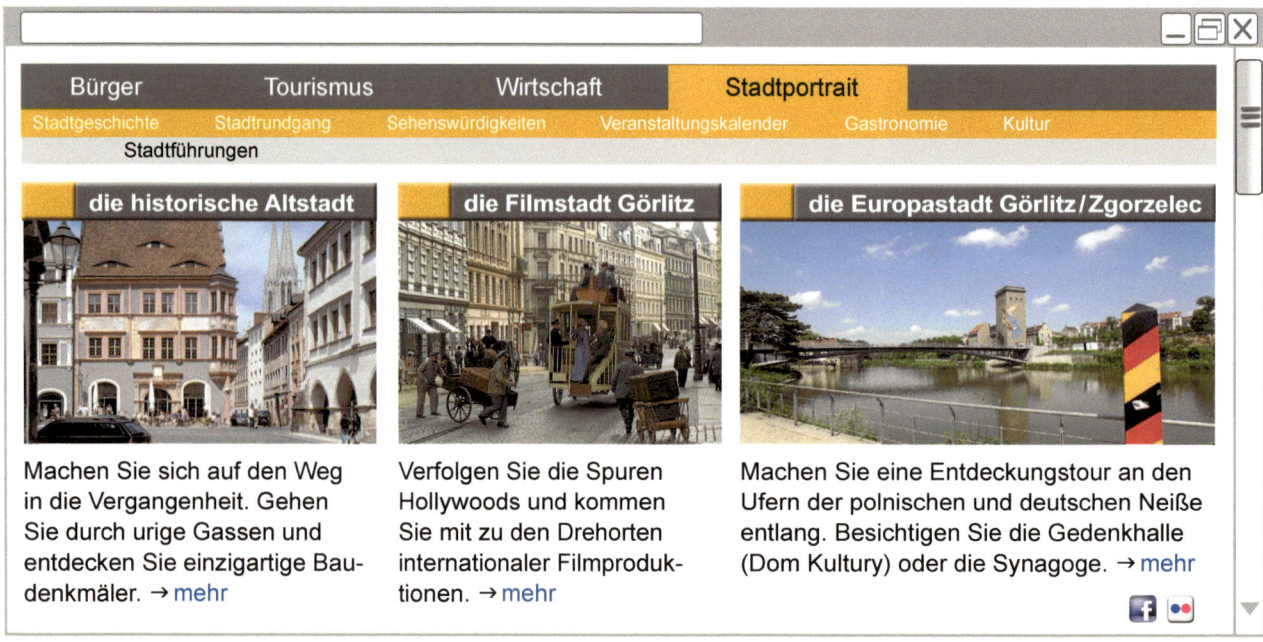

Bürger	Tourismus	Wirtschaft	Stadtportrait
Stadtgeschichte	Stadtrundgang	Sehenswürdigkeiten	Veranstaltungskalender	Gastronomie	Kultur

Stadtführungen

die historische Altstadt

Machen Sie sich auf den Weg in die Vergangenheit. Gehen Sie durch urige Gassen und entdecken Sie einzigartige Baudenkmäler. → mehr

die Filmstadt Görlitz

Verfolgen Sie die Spuren Hollywoods und kommen Sie mit zu den Drehorten internationaler Filmproduktionen. → mehr

die Europastadt Görlitz/Zgorzelec

Machen Sie eine Entdeckungstour an den Ufern der polnischen und deutschen Neiße entlang. Besichtigen Sie die Gedenkhalle (Dom Kultury) oder die Synagoge. → mehr

2 🔘_32 **b |** Hören Sie Ausschnitte aus den Stadtführungen. In welcher Führung werden die Sehenswürdigkeiten genannt? Ordnen Sie bitte zu.

☐ der Untermarkt ☐ die Synagoge ☐ das Rathaus

☐ der Postplatz ☐ das Schlesische Museum ☐ die Altstadtbrücke

☐ der Konzertsaal ☐ die Stadthalle ☐ der Brückenpark

☐ die Gedenkhalle ☐ der Schönhof

c | Hören Sie noch einmal und notieren Sie weitere Informationen über die Stadt und ihre Sehenswürdigkeiten. Welche Führung finden Sie am interessantesten? Warum? Tauschen Sie sich aus.

d | Was haben Sie gehört? Verbinden Sie bitte.

Seit das Museum seine ○　　　○ trifft man hier immer wieder Stars.
Tore öffnete,

Seitdem Görlitz Filmstadt ist, ○　　　○ muss noch viel getan werden.

Bis die Städte optisch ○　　　○ hat es sich zum Besuchermagnet
zusammenwachsen,　　　　　　 entwickelt.

➡ AB 3–5
➡ IS 29/1

> **Temporaler Nebensatz**
>
> **Bis** eine neue Stadtmitte entsteht, muss noch viel renoviert werden.
> **Seitdem** es hier Stars gibt, kommen mehr Touristen.
> **Seit** es mehr Touristen gibt, gibt es auch mehr Arbeit.

5 Brücken bauen

a | Wodurch sind die Städte Görlitz und Zgorzelec zusammengewachsen? Wie kam es dazu? Lesen Sie und ergänzen Sie die Chronologie.

Zusammenwachsen ist eine schwierige Angelegenheit

Die Geschichte des Wiederaufbaus der Altstadtbrücke erzählt, symbolhaft verdichtet, viel davon. Seit Anfang der neunziger Jahre gab es Pläne für die Wiedererrichtung des am Ende des Zweiten Weltkriegs gesprengten Bauwerks. Aber zehn Jahre lang tat sich nichts. Erst 2002 unterzeichneten Polen und Deutschland den bilateralen Bauvertrag – vier Jahre nachdem sich Görlitz und Zgorzelec zur Europastadt ernannt hatten. Im Jahr 2004, als Polen der EU beitrat, konnte die Brücke endlich fertig gestellt werden. Seitdem geht es links und rechts der Neiße mit energischeren Schritten voran.

am Ende des Zweiten Weltkriegs – ⌊das Bauwerk wurde _____

seit Anfang der 90er Jahre – ⌊_____

1990–2000 – ⌊_____

1998 – ⌊_____

2002 – ⌊_____

2004 – ⌊_____ , ⌊_____

> **Plusquamperfekt**
>
> Nachdem die Länder den Bauvertrag **unterzeichnet hatten**, wurde die Brücke gebaut.

b | Lesen Sie den Satz. Was meinen Sie, warum steht der erste Satz nicht im Präteritum?

Nachdem sich Görlitz und Zgorzelec zur Europastadt ernannt hatten, unterzeichneten Polen und Deutschland den bilateralen Bauvertrag.

➡ AB 6–7

6 Zwischen Dialekt und Hochsprache

a | Hören Sie das Gespräch. Welche Dialekte sprechen die Personen? Wo und mit wem sprechen sie Dialekt? Wie stehen sie zu ihrem Dialekt?

b | Hören Sie noch einmal. Welche Sprüche haben Sie im Gespräch gehört? Was bedeuten sie? Verbinden Sie bitte.

Dat jeht doch nisch. ○	○ Es ist noch immer gut gegangen.
Et kütt wie et kütt. ○	○ Das geht doch nicht.
Et hätt noch immer jot jejange. ○	○ Es kommt, wie es kommt.

c | Welche Aussprachebesonderheiten hat der Dialekt? Ergänzen Sie bitte.

g klingt wie _____

s klingt wie _____

Außerdem fällt mir auf: _____

d | Überprüfen Sie selbst, wo und von wem in Deutschland Hochsprache und Dialekt gesprochen wird (Fernsehen, Radio, Filme, …) und berichten Sie darüber.

> **Dialekte und Hochsprache**
> Die Hochsprache hört man vor allem in den Medien. Die Umgangssprache ist oft dialektal gefärbt.

7 Wählen Sie eine Aufgabe.

- Welche Länder grenzen an Ihr Land? Bringen Sie eine Landkarte mit oder zeichnen Sie eine und stellen Sie sie im Kurs vor.

- Beschreiben Sie eine Grenzregion in Ihrem Land. Gibt es einen Austausch zwischen den Ländern? Welche Gemeinsamkeiten und welche Unterschiede gibt es? Präsentieren Sie Ihre Ergebnisse auf einem Plakat.

- Gibt es in Ihrem Land Dialekte? Sind sie leicht oder schwer verständlich? Sprechen alle eine Hochsprache? Tauschen Sie sich aus.

- Welche Sehenswürdigkeiten und Besonderheiten gibt es an Ihrem Wohnort? Sammeln Sie. Jeder schreibt einige Sätze zu einer der Sehenswürdigkeiten. Stellen Sie dann eine Stadtführung zusammen und tragen Sie sie vor. Zeigen Sie auch Bilder, einen Stadtplan, …

8 Können Sie Russisch?

a | Sehen Sie das Bild an. Was glauben Sie, worüber sprechen die drei Personen? Spielen Sie eine Szene.

2 ⏺_34 **b** | Hören Sie das Gespräch und überprüfen Sie Ihre Vermutungen.

c | Hören Sie noch einmal. Welche Sprachen sprechen die Personen in der Szene?

	○ Russisch
Ahmed ○	○ Polnisch
Lisa ○	○ Türkisch
Passant ○	○ Deutsch
	○ Englisch

d | Mit welchen Rollenklischees spielen Annette und Ahmed? Kennen Sie ähnliche Situationen? Tauschen Sie sich aus.

↪ AB 8

9 Typisch Frau, typisch Mann?

a | Was halten Sie von den Klischees über Männer und Frauen? Gibt es diese auch in Ihrem Land?

> Frauen sprechen zu viel.

> Männer lassen ihre Socken überall liegen.

> Männer hören nicht zu.

> Frauen können nicht einparken.

b | Welche Unterschiede gibt es Ihrer Meinung nach zwischen Männern und Frauen? Schreiben Sie zwei Sätze über Männer und zwei über Frauen auf Zettel. Gibt es Unterschiede zwischen Männern und Frauen in Ihrer Gruppe, gibt es Unterschiede nach Herkunftsländern? Vergleichen Sie und diskutieren Sie.

↪ IS 29 / 2

10 Was hat er gesagt?

2 _35   **a** | Sehen Sie das Foto an und hören Sie das Gespräch.
Was ist die Situation? Wer sind die Personen,
wer vermittelt zwischen welchen Sprachen?

b | Hören Sie noch einmal. Was sagt der Sprachmittler? Kreuzen Sie bitte an.

☐ Er meint, …   ☐ Einen Moment bitte,
☐ Er findet …   ich übersetze das noch.
☐ Er hat gesagt, dass …   ☐ Wie heißt … auf Spanisch?
☐ Frag ihn doch mal, ob …   ☐ … möchte wissen, ob …

c | In welchen Situationen braucht man eine Sprachmittlerin / einen Sprachmittler? Sammeln Sie im Kurs.

auf dem Amt | bei Elterngesprächen in der Schule | …

➥ AB 9
➥ IS 29 / 3

11 Falsche Freunde

a | Welches deutsche Wort hat „falsche Freunde" in anderen Sprachen? Ergänzen Sie bitte.

> Gift | Kalb | bellen | Mantel | Dom

Spanisch: _____   Deutsch:

Englisch: _____

Niederländisch: _____

Russisch: _____

Türkisch: _____

b | Kennen Sie weitere falsche Freunde? Sammeln und recherchieren Sie. Machen Sie eine Kursliste zu den
falschen Freunden aus anderen Sprachen und Deutsch.

12 Falsch übersetzt

a | Kennen Sie Übersetzungsprogramme? Welche Vorteile, welche Nachteile bieten Sie? Sammeln Sie.

```
Vorteile ——— Übersetzungs-programme ——— Nachteile
```

b | Lesen Sie den Testbericht. Wie werden die Übersetzungsprogramme bewertet? Markieren Sie und ergänzen Sie Vor- und Nachteile.

Übersetzungsprogramme im Test

Wer eine E-Mail auf Englisch schreiben will oder mit einer englischen Bedienungsanleitung kämpft, wünscht sich mitunter einen Dolmetscher. In solchen Fällen können Übersetzungsprogramme helfen – versprechen zumindest deren Hersteller. Die Programme übersetzen einzelne Wörter und ganze Texte vom Englischen ins Deutsche und umgekehrt. Im COMPUTERBILD-Test überzeugten die Kaufprogramme jedoch nicht: Ins Deutsche übersetzte Texte klangen holprig, waren grammatikalisch falsch, und viele Begriffe wurden falsch übertragen. So heißt es laut Personal Translator 14 von Linguatec in einer Flugbestätigung: „Träger können zusätzliche Gebühren für kariertes Gepäck anwenden." Und Promt Office 9.0 übersetzte aus einem Microsoft-Hilfe-Forum: „Wenn Sie diese Information sehen starten, den F8 Schlüssel auf Ihrer Tastatur wiederholt freundlich zu klopfen."

Am besten funktionierte die Übersetzung einfacher, kurzer Sätze, beispielsweise Nachrichten englischer Internetseiten. Das Promt Office 9.0 bot noch die beste Textqualität im Test. Zwar waren drei von zehn damit erstellten Übersetzungen unverständlich, bei den restlichen Texten ließ sich aber immerhin noch der Sinn erfassen. Doch wie auch bei dem Linguatec-Programm und Babylon 8 reichte es insgesamt nur zu einem „ausreichend". Auch wer umgekehrt Texte ins Englische bringen will, sollte auf die Hilfe der Programme verzichten – die Qualität der Ergebnisse war zu schlecht. Das ist deutlich zu wenig, vor allem angesichts der hohen Preise für die Programme. Ebenso schwach waren die Sprachkenntnisse der beiden kostenlosen Online-Übersetzer „Google Sprachtools" und Microsofts „Bing Translator". COMPUTERBILD kürte deshalb keinen Testsieger. Immerhin sind die Internetdienste gratis – und damit erste Wahl, wenn der Sinn fremdsprachiger Texte erfasst werden soll.

c | Wofür werden die Übersetzungsprogramme empfohlen? Fassen Sie kurz zusammen.

d | Probieren Sie Übersetzungsprogramme im Internet aus. Wie sind Ihre Erfahrungen? Tauschen Sie sich aus.

- Meine Erfahrungen waren …, als der Testbericht vorgibt.
- Das Programm war genauso …, wie ich vermutet hatte.

➡ AB 10

> **Vergleichssätze**
>
> Übersetzungsprogramme sind genauso schlecht, **wie** alle immer sagen. Manche Übersetzungsprogramme helfen besser, **als** ich gedacht habe.

13   **Zu unserer vollsten Zufriedenheit**

a | Wovon erzählt Max und was für ein Zeugnis hält Lukas in der Hand? Spekulieren Sie.

 b | Hören Sie und notieren Sie zehn Wörter, die Sie hören und wichtig finden. Rekonstruieren Sie dann mit Ihrer Lernpartnerin / Ihrem Lernpartner den Dialog.

c | Hören Sie noch einmal und vergleichen Sie mit Ihrem Dialog.

d | Was bedeutet in einem Arbeitszeugnis *zu unserer vollsten Zufriedenheit*?

Der Arbeitgeber war   ☐ sehr zufrieden   ☐ zufrieden   ☐ nicht ganz zufrieden.

14   **Endlich werden wir …**

a | Was verspricht Lukas noch, wenn er mehr zu Hause ist? Hören Sie den Schluss der Szene und ergänzen Sie weitere Ideen.

> Dann werden wir zusammen Englisch lernen. Und wir werden endlich …

angeln gehen

Pfannkuchen backen

ein Hochbett aufbauen

 b | Was planen Sie zu tun, wenn Sie mehr Zeit haben? Was versprechen Sie Ihren Lernpartnern, Ihren Freunden, Ihrem Partner / Ihrer Partnerin, Ihren Kindern, …?

- Ich werde mit meinem Freund / meiner Freundin …

> **Versprechen / Absicht äußern: Futur I**
>
> Ich **werde** mehr Zeit mit dir **verbringen**.
> Wir **werden** zusammen ins Kino **gehen**.

 AB 11

15 Zwischen den Zeugniszeilen lesen

a | In Deutschland sind Arbeitszeugnisse sehr wichtig. Was meinen Sie: Wann bekommt man ein Arbeitszeugnis? Und wofür braucht man es? Tauschen Sie sich darüber aus.

b | Lesen Sie. Warum ist ein Arbeitszeugnis nicht ganz einfach zu verstehen? Worauf muss man achten?

> Zwischen den Zeugniszeilen lesen
> Ein Arbeitnehmer hat ein Recht auf ein ordentliches Arbeitszeugnis. Es gibt inzwischen viele Urteile und gesetzliche Regelungen für Arbeitszeugnisse. Da ein Arbeitszeugnis dem Bewerteten nicht schaden darf, ist seine Sprache von einer ausgesuchten Höflichkeit und Wohlwollen geprägt – und kann doch ganz schön negativ gemeint sein. Im Laufe der Zeit haben sich Floskeln etabliert, die sehr versteckte, aber dennoch erkennbare Hinweise über den Bewerteten enthalten.

 c | Lesen Sie Auszüge aus einem Arbeitszeugnis. Was meinen Sie: Was sind positive, was sind negative Bewertungen? Markieren Sie die positiven und negativen Stellen mit zwei Farben und diskutieren Sie.

1 Herr Hildebrandt hat der von uns geforderten Einsatzbereitschaft im Wesentlichen entsprochen.

2 Herr Hildebrandt hat der von uns geforderten Einsatzbereitschaft jederzeit voll entsprochen.

3 Er beherrscht seinen Arbeitsbereich umfassend und überdurchschnittlich.

4 Er verfügt über entwicklungsfähige Kenntnisse in seinem Arbeitsbereich.

5 Herr Hildebrandts Arbeitsweise ist geprägt durch Zielorientierung und Systematik sowie ausgezeichnetes Verantwortungsbewusstsein.

6 Herr Hildebrandt bemühte sich um eine sichere und selbstständige Arbeitsweise.

7 Durch seine ruhige Art erwarb er sich das Vertrauen der Mitarbeiter.

8 Er war wegen seiner freundlichen und zuvorkommenden Art bei seinen Vorgesetzten, Kollegen und Patienten stets sehr geschätzt.

d | Kennen Sie weitere positive und negative Formulierungen in Zeugnissen? Recherchieren Sie und überprüfen Sie auch Ihre eigenen Zeugnisse.

 e | Gibt es Arbeitszeugnisse in Ihrem Land? Wie ist die Zeugnissprache? Vergleichen Sie.

➥ AB 12–13

16 Berufsabschlüsse

a | Sehen Sie die Urkunden an. Welche Abschlüsse kennen Sie?
Gibt es eine Entsprechung in Ihrem Land?

b | Sortieren Sie: Welche Abschlüsse passen zu einem Ausbildungsberuf, welche zu einem Studium?

c | Haben Sie einen Abschluss? Wird er in den DACH-Ländern anerkannt? Tauschen Sie sich über Ihre Erfahrungen aus.

➡ IS 29 / 4

17 Fachkräftemangel

a | Lesen Sie die Zeitungsmeldung und fassen Sie den Inhalt in einem Satz zusammen.

Schätzungen zufolge leben in Deutschland fast 300.000 Ausländer vor allem aus Nicht-EU-Ländern, die unter ihrer Qualifikation arbeiten, weil ihre Berufsabschlüsse nicht anerkannt werden. Gleichzeitig klagt die Wirtschaft über einen Fachkräftemangel. Allein in den Bereichen Mathematik, Information, Naturwissenschaften und Technik fehlen nach Angaben von Arbeitgeberverbänden bereits mehr als 117.000 Fachkräfte. Ein neues Gesetz soll ab 2012 die Anerkennung erleichtern und zumindest eine schnellere Überprüfung der Qualifikationen garantieren.

b | Was wird sich durch das neue Gesetz ändern? Ergänzen Sie die Prognosen.

Das neue Gesetz wird die Situation sicher | vielleicht …
Ein schnelleres Überprüfungsverfahren wird wahrscheinlich | vermutlich …
Viele ausländische Fachkräfte werden wohl zukünftig …

➡ AB 14 – 15

> **Sicherheit / Vermutung ausdrücken: Futur I**
>
> In Deutschland **wird** es sicher einen Fachkräftemangel **geben**.
> Ingenieure **werden** vermutlich leicht Arbeit **finden**.

18 Qualifizierte Arbeitskräfte

a | Welches Porträt interessiert Sie? Lesen Sie es und notieren Sie Stichpunkte zu den Themen: Abschluss, Berufserfahrung, Anerkennung des Abschlusses, Einstieg und Perspektiven in Deutschland. Stellen Sie die Person einer Lernpartnerin / einem Lernpartner vor.

Elena Kuzova, 27

In Russland war ich Erzieherin und habe drei Jahre lang in einem Kindergarten gearbeitet. In Deutschland ist mein Abschluss nicht anerkannt. Trotzdem habe ich eine Genehmigung erhalten, in einem privaten Kindergarten zu arbeiten. Jetzt bereite ich mich auf die Externenprüfung zur Kinderpflegerin vor, damit ich einen anerkannten Abschluss habe. Dann kann ich überall arbeiten und auch besser verdienen. Die Prüfung ist schwierig, aber ich bin optimistisch.

Lehrerin für Vorschul-
pädagogik, Russland

Hassan Sayed, 32

Maschinenbau-Ingenieur,
Ägypten

Ich habe in Kairo Maschinenbau studiert. Gleich nach dem Studium bin ich nach Deutschland gekommen. Zuerst bin ich zwei Jahre Taxi gefahren. Ich hatte ja noch keine Arbeitserfahrung in meinem Beruf. Aber jetzt habe ich ein längeres Praktikum bei einer Baufirma gemacht. Außerdem habe ich mir meinen Ingenieur-Titel anerkennen lassen. Das war natürlich ein bürokratischer Aufwand, aber jetzt habe ich ihn. Mit der Anerkennung und meinem Praktikumszeugnis habe ich mich beworben – und eine Einladung zum Gespräch bekommen!

Aneta Svobodova, 42

In Tschechien habe ich eine kaufmännische Ausbildung gemacht und fünfzehn Jahre lang in verschiedenen Firmen als Buchhalterin gearbeitet. In Deutschland braucht man für kaufmännische Berufe keine Anerkennung, man kann einfach so arbeiten. Trotzdem ist der Übergang nicht so einfach. Bei der Arbeitsagentur habe ich mich informiert, welche EDV-Programme in Deutschland in der Buchhaltung benutzt werden, weil ich ein paar Kurse besuchen möchte. Danach bekomme ich hoffentlich eine Stelle in der Finanzbuchhaltung.

Buchhalterin, Tschechien

b | Wie wird es für die Personen weitergehen? Stellen Sie Vermutungen an.

- Frau Kuzova wird sicher …
- Herr Sayed wird mit seiner Anerkennung vermutlich …

c | Was glauben Sie: Welche Chancen haben Sie für eine berufliche Integration in Deutschland? Tauschen Sie sich darüber aus.

➡ AB 16 – 17

Landesgrenzen

Welche Erfahrungen haben Sie an Landesgrenzen gemacht, von welchen Erlebnissen haben Sie gehört? Sammeln Sie Geschichten.

Ein Liebeslied in verschiedenen Dialekten

Der Musik-Kabarettist und Liedermacher Bodo Wartke singt ein Liebeslied in vielen verschiedenen Dialekten (und Sprachen). Hören Sie sich einige Varianten auf www.bodowartke.de/liebesliedgenerator/llg_flash_2008.php an. Welche klingt für Sie am schönsten und warum? Verstehen Sie alles?

Ick leew di!

I mog di!

I lieb di!

Isch liebe disch!

Ich hab di gern!

Ick liebe dir!

FOKUS LANDESKUNDE

In Deutschland sind rund 60 Berufe reglementiert, das heißt, man benötigt für ihre Ausübung eine Anerkennung. Informationen zur Anerkennung dieser Berufe finden Sie unter http://ec.europa.eu/internal_market/qualifications oder unter www.anabin.de/

Arbeitszeugnis-Quiz

Sind Sie fit in Sachen Arbeitszeugnisse? Testen Sie Ihr Wissen!

Frage 1 von 14:
Was bedeutet …
„Herr Hoppenstedt verfügt über Fachwissen und zeigt ein gesundes Selbstvertrauen."

- Er kennt sich gut aus und kann dies sicher vertreten – die Note 2.
- Er hat wenige Lücken, aber kann sich gut verkaufen – eine 3 bis 4.
- Er weiß nicht viel, vertritt dies aber mit großer Klappe – eine glatte 5.

Die Antwort und die anderen 13 Fragen finden Sie auf:
http://www.spiegel.de/karriere/berufsleben/0,1518,744269,00.html

Post von Lukas

Lesen Sie den Zettel. Wo ist Lukas?

30 Schöne Aussichten

1 Was für Aussichten!

a | Welche Fotos gefallen Ihnen, welche finden Sie besonders interessant? Formulieren Sie für die Fotos einen passenden Titel und erläutern Sie Ihre Wahl.

weite Sicht ——— Berggipfel

„Aussicht genießen"

Aussicht auf Veränderung
trübe Aussichten

traumhafte Aussichten

aussichtslos

Aussichtspunkt

aussichtsreich

b | Haben Sie / Kennen Sie eine interessante Aussicht? Bringen Sie ein Foto mit und organisieren Sie eine Ausstellung im Kurs.

↪ AB 1–4

Kommunikative Lernziele:

- über Zukunftsperspektiven und Lebenswege sprechen
- beschreiben, wie man sich etwas vorstellt
- chronologische Abfolge eines Ereignisses rekonstruieren
- literarische Texte lesen und verstehen
- Schreiberfahrungen sammeln und kreative Texte erstellen
- Zukunftsideen äußern und überprüfen
- einen persönlichen Brief schreiben

Zusatzmaterial: Fotos mit Aussichten (Aufgabe 1)

Wortschatz und Strukturen:

- Positionen im Satz: temporale, lokale, kausale, modale Angaben
- Bedeutungsunterschiede durch Satzakzente vermitteln

2 Wie geht es weiter in Neustadt?

a | Wählen Sie eine Person aus Neustadt und überlegen Sie, wie es für diese Person weitergehen könnte. Was denken Sie, welcher Lebensweg liegt vor ihr / ihm, welche Aussichten hat sie / er? Nehmen Sie ein Blatt Papier und notieren Sie oder skizzieren Sie Ihre Ideen.

b | Stellen Sie Ihre Ideen vor, ohne die Person zu nennen. Sie können auch kleine Szenen spielen. Die anderen raten, welche Person aus Neustadt Sie gewählt haben.

↪ AB 5

3 **Einladung mit Überraschung**

a | Was ist hier los? Beschreiben Sie die Situation auf dem Bild.

2 🔘 __37 b | Hören Sie. Was vermuten die Gäste und was ist tatsächlich die Überraschung?

c | Hören Sie noch einmal und vergleichen Sie mit Ihren Ideen aus Aufgabe 2: Wer hat welche Pläne / Aussichten? Machen Sie Notizen zu den Personen.

d | Welche Aussichten haben Sie? Führen Sie ein Interview mit Ihrer Lernpartnerin / Ihrem Lernpartner.

4 Einladung via Facebook

a | Sehen Sie das Foto an. Was glauben Sie: Was wird hier gefeiert? Spekulieren Sie.

Wer? Wen?

Wozu?

Was? Wie?

b | Überfliegen Sie den Text und beantworten Sie dann kurz die Fragen: Wer lädt wen wozu und wie ein? Und was ist die Folge?

Facebook-Fans stürmen Hamburger Vorstadt

Die 16-jährige Thessa kündigt ihre Geburtstagsparty Ende Mai 2011 auf Facebook an. Diese Party wird sie nicht vergessen: Die Hamburger Schülerin postet den Facebook-Eintrag wenige Tage vor ihrem Geburtstag aus Versehen „öffentlich". Das bedeutet, dass jeder die Partyeinladung sieht. Daraufhin erscheinen an Thessas Geburtstag 1600 Partygäste in Feierlaune in dem beschaulichen Hamburger Wohngebiet Bramfeld, die mit Thessa feiern wollen.

Bereits um 18:00 stehen mehrere hundert Teenager in den Vorgärten von Thessas Straße. Die Polizei muss die Straße schon zu dieser Zeit für den Verkehr sperren. Via Facebook haben viele Teenager sich schon am frühen Abend am Hamburger Hauptbahnhof verabredet. Gemeinsam fahren sie in die Bramfelder Partystraße.

„Happy Birthday" singen in dieser Nacht hunderte Teenies lautstark im Chor vor Thessas Haus. Auch „Wir wollen Thessa sehen" wird gerufen. Dabei kennen nur wenige das Mädchen persönlich. Gegen 21 Uhr haben 1600 junge Leute gut gelaunt und ohne Rücksicht auf die Nachbarn die Straße eingenommen. Sie feiern fröhlich und laut auf den Bäumen, auf den Garagen und in den Blumenbeeten. Die Polizei beendet die Party gegen zwei Uhr nachts aus Sicherheitsgründen. Elf Personen werden in dieser Nacht wegen Sachbeschädigung und Körperverletzung vorübergehend auf das Polizeirevier mitgenommen. Doch die meisten Partygäste bleiben friedlich.

Thessa hört übrigens in ihrer Geburtstagsnacht nichts von all dem Trubel. Von ihr gibt es an diesem Abend keine Spur. Sie soll verreist sein und ihren Geburtstag bei Oma und Opa feiern.

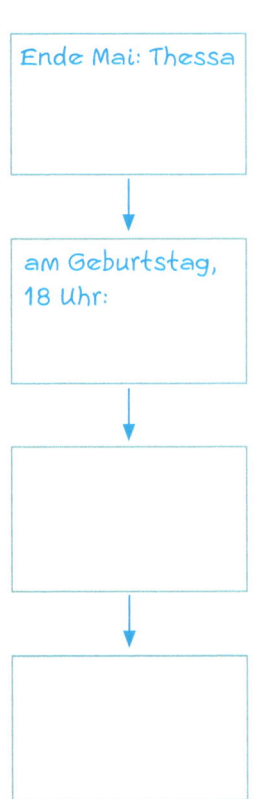

Ende Mai: Thessa

am Geburtstag, 18 Uhr:

c | Wann passiert was? Lesen Sie den Text noch einmal und ergänzen Sie die Chronologie der Ereignisse.

d | Was macht Thessa an diesem Abend?

e | Lesen Sie den ersten Abschnitt satzweise. Sortieren Sie die markierten Angaben.

Die 16-jährige Thessa kündigt ihre Geburtstagsparty Ende Mai 2011 auf Facebook an. Diese Party wird sie nicht vergessen: Die Hamburger Schülerin postet den Facebook-Eintrag wenige Tage vor ihrem Geburtstag aus Versehen „öffentlich". Das bedeutet, dass jeder die Partyeinladung sieht. Daraufhin erscheinen an Thessas Geburtstag 1600 Partygäste in Feierlaune in dem beschaulichen Hamburger Wohngebiet Bramfeld, die mit Thessa feiern wollen.

temporal	kausal	modal	lokal
Wann?	Warum?	Wie?	Wo?
_____	_____	_____	_____
_____	_____	_____	_____

> **Positionen im Satz: temporal, kausal, modal, lokal**
>
> Die Gäste feierten Thessas Geburtstag fröhlich und ausgelassen auf der Straße. Doch Thessa war den ganzen Abend aus unbekannten Gründen nicht anwesend.

f | Lesen Sie den Text weiter. Markieren Sie die Angaben farbig wie in e.

➡ AB 6–7

5 Schreibspiel: Genaue Angaben

Nehmen Sie ein leeres Blatt und beschriften Sie es wie im Beispiel. Füllen Sie die erste Spalte (Wer?) aus und knicken Sie das Blatt so um, dass man diese Spalte nicht mehr sieht. Geben Sie das Blatt weiter. Der / Die Nächste füllt die zweite Spalte (Verb) usw. Der / Die Letzte liest den Satz laut vor.

Wer?	sitzt – steht – liegt	Wann?	Warum?	Wie?	Wo?
Marta	tanzt	heute früh	aus Müdigkeit	mit Sekt	unter der Dusche
Sand-männchen	geht	...			

➡ AB 8–9

6 Viele Fragen – nur eine Antwort?

2 🔊 _38 **a |** Hören Sie das Gespräch. Wodurch ändert sich der Sinn des Satzes?

Andi singt morgens immer unter der Dusche.

2 🔊 _39 **b |** Hören Sie die Sätze noch einmal und sprechen Sie nach. Achten Sie darauf, dass in jedem Satz ein anderes Wort betont wird, und sprechen Sie sehr nachdrücklich.

c | Schreiben Sie WER? WANN? WAS? WO? auf Zettel. Ziehen Sie einen Zettel und betonen Sie einen Satz aus Aufgabe 5 so, dass er Antwort auf die Frage ist. Erkennen die anderen, welche Frage Sie hatten?

WER?

Andi singt morgens immer unter der Dusche.

➡ AB 10

I

Es ist ruhig.

Viel ruhiger, als Gül es sich vorgestellt hat.

Es gibt dort alles, hatten sie gesagt, ihre Schwiegermutter, ihre Stiefmutter, die Nachbarn, und alles viel besser als hier. Deswegen hatte Gül nur diesen Pappkoffer dabei.

In Istanbul ist sie in den Zug gestiegen, in der lauten Stadt, wo jeder etwas zu tun zu haben schien, wo sich die Stimmen der Straßenverkäufer mit den quietschenden Bremsen der Züge mischten, der Schrei eines Esels mit dem Rattern einer Kutsche, die von einem Auto überholt wurde.

So ähnlich muss Deutschland sein, hatte Gül gedacht, nur weniger Tiere und noch mehr Menschen.

An den Umsteigebahnhöfen hatte sie Angst gehabt, nicht den richtigen Zug zu finden und irgendwo in der Fremde verlorenzugehen. Dieser letzte Bahnhof ist so klein, dass Fuat, der am Bahnsteig steht, größer wirkt als in ihrer Erinnerung, obwohl er abgenommen hat. Von dem Bauch, den er beim Militär bekommen hatte, ist nichts mehr übrig, im Gegenteil, seine Wangen wirken eingefallen, und selbst sein Haar scheint noch lichter geworden zu sein.

Gül fällt ihm in die Arme, erleichtert, dass da jemand ist, der sie hält. Jemand, der den Weg kennt. [...]

Er nimmt ihr den Koffer ab, und sie gehen gemeinsam durch Straßen, die verlassen wirken. Gül kann sich nicht vorstellen, dass in diesen Häusern Menschen wohnen, obwohl man hinter den Vorhängen Licht sehen kann.

6

Auf der Straße kann man das leise Brummen einer flackernden Straßenlaterne hören.

Wie die Reise war, fragt Fuat, aber Gül mag nicht erzählen von ihrer Angst auf den Bahnhöfen, nicht einem Mann, der es kaum erwarten konnte, nach Deutschland zu fahren, der, ohne zurückzublicken, seine Frau und seine Töchter für länger als das geplante Jahr verlassen hat. Sie mag nicht erzählen, dass sie in den letzten drei Tagen nicht ihr Geschäft verrichten konnte auf dieser kalten, stinkenden Zugtoilette, sie mag nicht erzählen, wie groß ihre Freude und Erleichterung war, als sie Fuat auf dem Bahnsteig gesehen hat.

– Lang war die Reise, sagt Gül, lang wie die Reise in Märchen.

– Ja, mit dem Zug ist es eine ganz schöne Strecke. Zurück werden wir fliegen, so Gott will. Das geht schneller, als von uns mit dem Bus nach Ankara zu fahren, du wirst sehen.

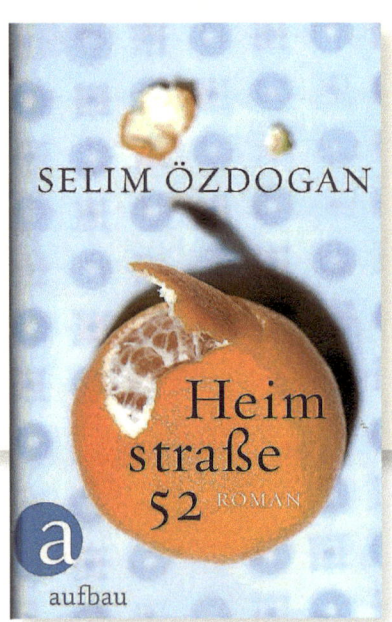

7

7 Romananfänge

a | Bilden Sie Dreiergruppen. Lesen Sie je einen Text und stellen Sie die Protagonisten den anderen in der Gruppe vor: Wer sind sie? Wo sind sie? Woher kommen sie? In welcher Lebenssituation befinden sie sich?

b | Lesen Sie Ihren Text noch einmal. Was empfinden die Protagonisten in ihrer Situation? Welche Gefühle vermittelt der Text?

c | Diskutieren Sie in Ihrer Gruppe: Welche Gemeinsamkeit haben die Romananfänge bzw. die Protagonisten?

1. September

Scuol-Tarasp, Endstation der Rhätischen Bahn. Ich nehme meinen Rucksack. Vom Zug sind es wenige Schritte über den Bahnhofsplatz zur Haltestelle des Postautos nach Sent. Drüben auf der Südseite des Tals ziehen die weißen Gipfel der Unterengadiner Dolomiten über ein metallenes Schild aus Nachmittagsblau. Hinter dieser Bergkette beginnt schon Italien. Ich gehe durch Gruppen von sonnenmüden Touristen mit Teleskopstöcken, sportlich gefederten Kinderwagen, Rollkoffern. Radfahrer haben ihre Helme an die Lenker gehängt und halten die Gesichter in die Sonne. Es ist warm und riecht nach Schnee. Hier möchte ich Ferien machen, denke ich. Und dann erschrecke ich für einen Moment. Denn das ist vorbei.

Allegra, grüßt der Fahrer und knipst die Streifenkarte ab. Das Postauto fährt durch Scuol. Am Ende des Dorfs, auf der Anhöhe des Hospitals, biegt es rechts in eine Bergstraße ein und schraubt sich langsam einen Steilhang hinauf. Von weitem ist Sent zu sehen, kehrenweise: mit dem spitzen Kirchturm auf einem Terrassenvorsprung in den Wiesen, hoch oben über dem Inn. Das Postauto erreicht das Gemeindegebiet des Dorfes und die Straße wird zur schattigen Allee. Ich war auf einer Reise, denke ich, und jetzt fahre ich –

Warum zögere ich vor dem Wort „nach Hause"? Ich fahre dahin, wo mein Bett steht, mein Tisch, wo mein Mann liest und schreibt, wo unser jüngster Sohn zur Schule geht.

7

ANGELIKA OVERATH

Alle Farben des Schnees

LUCHTERHAND

An dem Tag, an dem ich mich von Tante Magdalena verabschieden musste, traf ich Lucie vor dem Tor in der Molkengasse. Sie hatte mich gesehen und war stehen geblieben, um auf mich zu warten. Sie trug ein dunkles Samtkleid, ihr Haar war mit einer schwarzen Schleife zusammengebunden, in der Hand hielt sie eine Rose. Anscheinend ging sie zur Frühmesse. Sie sah so schön aus, dass ich kein Wort herausbrachte. Ich lächelte verlegen.

„Was machst du denn hier?", fragte sie.

„Ich muss jemanden besuchen. Meine Tante", sagte ich.

„So früh?"

„Ja, ich fahre weg."

Ich hätte ihr beinahe erzählt, dass ich mich bei der Tante verabschieden müsse, weil ich die Stadt verlasse und für immer nach Westberlin ziehe, aber dann erinnerte ich mich noch rechtzeitig daran, wie sie mich bei Frau Kaczmanrek verraten hatte.

„Ich wollte dir noch sagen, dass ich das mit der Oberschule gemein finde", sagte Lucie, als habe sie etwas von meinen Gedanken erraten, „du hast viel bessere Zensuren als Bernd."

„Wenn es geklappt hätte, wären wir jeden Tag zusammen mit der S-Bahn gefahren. Schade, aber das ist Schicksal."

„Und was machst du? Hast du eine Lehrstelle?"

Ich schüttelte den Kopf.

„Gehst du auch nach Westberlin? Wie dein Bruder?"

„Wie kommst du denn darauf?" Ich spürte, dass ich rot wurde, aber ich konnte ihr nicht sagen, dass ich ebendas vorhatte, und zwar genau in einer Stunde.[1]

7

1 Ende des 2. Weltkrieges wurde Berlin in vier Sektoren geteilt: amerikanischer, britischer und französischer Sektor im Westteil (Westberlin) und sowjetischer Sektor im Ostteil (Ostberlin). Wegen der politischen und wirtschaftlichen Verhältnisse im Osten zogen viele Ostberliner in den Westteil der Stadt. 1961 wurde die Sektorengrenze um Westberlin geschlossen.

d | Was vermuten Sie, welche Aussichten haben die Protagonisten der drei Romane?

e | Welcher Textauszug hat Sie neugierig gemacht? Recherchieren Sie zu einem Titel oder einer Autorin / einem Autor.

➡ AB 11

8 Schreibexperimente

a | Schreiben Sie eigene Texte zu den Romananfängen. Lesen Sie alle Aufgaben und die Beispieltexte durch. Worauf haben Sie Lust? Probieren Sie zwei bis drei Aufgaben aus.

Schnipselgedicht

Verfassen Sie aus den Schnipseln einen kurzen Text. Bauen Sie ein Gedicht.

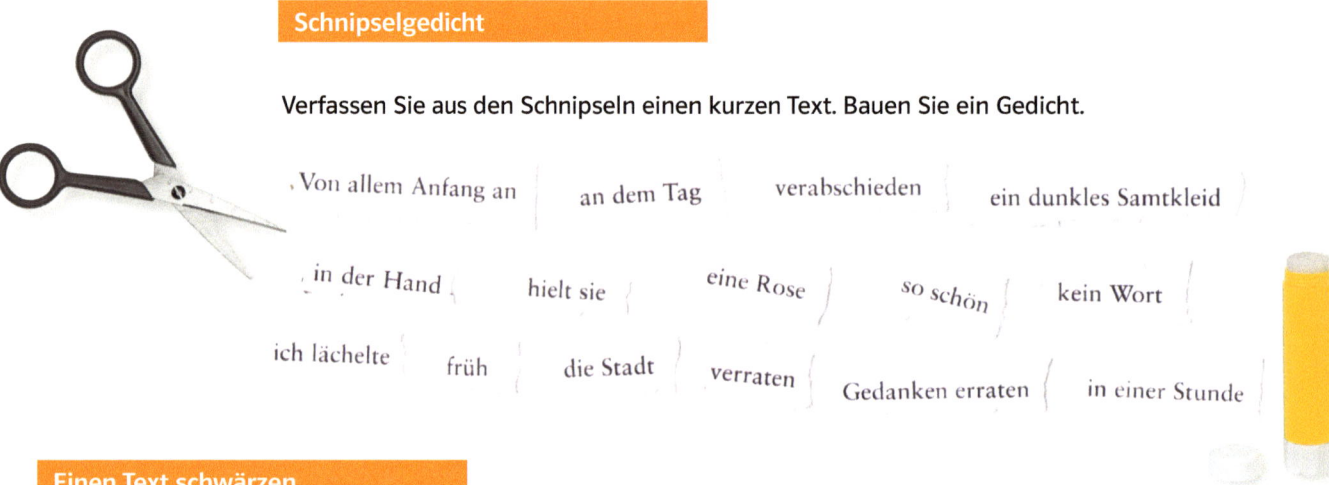

Von allem Anfang an · an dem Tag · verabschieden · ein dunkles Samtkleid · in der Hand · hielt sie · eine Rose · so schön · kein Wort · ich lächelte · früh · die Stadt · verraten · Gedanken erraten · in einer Stunde

Einen Text schwärzen

Schwärzen Sie Wörter und Passagen im Text und schreiben Sie Ihr eigenes kleines Gedicht / Ihren eigenen kleinen Text.

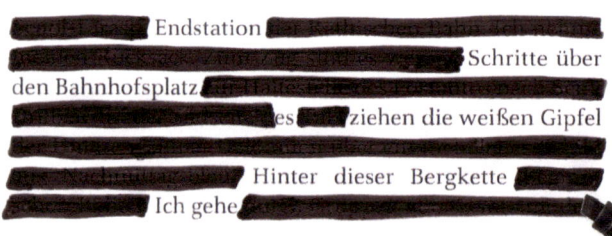

Endstation ▪▪▪▪ Schritte über den Bahnhofsplatz ▪▪▪ es ▪▪ ziehen die weißen Gipfel ▪▪▪ Hinter dieser Bergkette ▪▪▪ Ich gehe ▪▪▪

Allegra, grüßt der Fahrer und knipst die Streifenkarte ab. Das Postauto fährt durch Scuol. Am Ende des Dorfs, auf der Anhöhe des Hospitals, biegt es rechts in eine Bergstraße ein und schraubt sich langsam einen Steilhang hinauf. Von weitem ist Sent zu sehen, kehrenweise: mit dem spitzen Kirchturm auf einem Terrassenvorsprung in den Wiesen, hoch über dem Inn. Das Postauto erreicht das Gemeindegebiet des Dorfes und die Straße wird zur schattigen Allee. Ich war auf einer Reise, denke ich, und jetzt fahre ich –

Warum zögere ich vor dem Wort „nach Hause"? Ich fahre dahin, wo mein Bett steht, mein Tisch, wo mein Mann liest und schreibt, wo unser jüngster Sohn zur Schule geht.

Einfach losschreiben

Wählen Sie einen der drei Romananfänge und schreiben Sie fünf Minuten lang über das Thema des Textes (z. B. Zuhause, Reise oder Neuanfang). Sie können alles schreiben, was Ihnen einfällt. Schreiben Sie fünf Minuten lang, ohne den Stift wegzulegen!

Reizwortgeschichte

Schreiben Sie einen Text, in dem alle folgenden Wörter vorkommen.
Die Reihenfolge der Wörter ist dabei egal!

Pappkoffer | ruhig | laut | Esel | Stimmen | Bahnhof |
gemeinsam | Straßenlaterne | Freude | fliegen

Der Pappkoffer stand einsam unter der Straßenlaterne.

Einen Textauszug weiterschreiben

Wählen Sie einen kurzen Abschnitt aus einem der Romananfänge. Beginnen Sie mit
diesen ein oder zwei Sätzen und führen Sie sie mit eigenen Ideen weiter.

> Auf der Straße kann man das leise Brummen einer
> flackernden Straßenlaterne hören.

*Kommissar Wegner lässt sich davon nicht irritieren, obwohl die trübe Atmos-
phäre so noch geisterhafter erscheint. Aber Wegner glaubt nicht an Geister
und er weiß, dass sich der gesuchte Mann ganz in der Nähe befindet ...*

Sieben-Wörter-Gedicht

▪ Wählen Sie eine Situation aus den Romananfängen und stellen Sie sich die Situation genau vor.
Beenden Sie das Sieben-Wörter-Gedicht mithilfe der Vorgabe.

Farbe (1 Wort)	*rot*
Adjektiv | Nomen (2 Wörter)	_____ *Schleife*
Adjektiv | Konnektor | Adjektiv (3 Wörter)	_____ *und* _____
Persönlicher Kommentar (1 Wort)	*Spannend!*

▪ Wählen Sie eine weitere Situation und schreiben Sie Ihr eigenes Sieben-Wörter-Gedicht.

b | Tauschen Sie sich aus: Wie waren Ihre Schreiberfahrungen? Für welche Aufgaben haben Sie sich entschieden?
Warum? Welche Aufgabe hat Ihnen besonders gefallen, welche nicht? Welche fiel Ihnen leicht, welche fanden
Sie schwer? Begründen Sie bitte.

➡ AB 12

9 Und wie geht es bei Ihnen weiter?

a | Lesen Sie die Voraussagen. Wählen Sie das passende Sternzeichen und entwerfen Sie ein Horoskop für Ihre Lernpartnerin / Ihren Lernpartner zu verschiedenen Bereichen, z. B. Beruf, Liebe, Partnerschaft, Gesundheit, Finanzen, …

Im Job überzeugen Sie mit guten Argumenten und Charme. Damit punkten Sie beim Chef.

Krebs

Sprechen Sie sich rechtzeitig mit Ihrem Partner aus, sonst fliegen die Tassen.

Steinbock

Löwe

Sind Sie noch Single? Dann können Sie sich schon mal nach Trauringen umschauen.

Skorpion

Eine Reise im August bringt neue Perspektiven.

Stier

Entdecken Sie Ihre Talente und suchen Sie kreativen Ausgleich in Ton-, Holz- oder Steinarbeiten.

Freundschaften wollen gepflegt werden, sonst sind die Freunde bald weg.

Spontan entschließen Sie sich immer wieder zu kleinen Reisen. Dabei ist die Unterkunft kein Problem, denn Sie haben überall viele Freunde.

Wassermann

Jede Menge Arbeit und viele Überstunden warten auf Sie. Das sollte sich aber spätestens am Jahresende auszahlen.

Sie sollten sich einen Hund anschaffen, mit dem Sie an die frische Luft müssen.

Schütze

Fische

Waage

Berufliche Veränderungen stehen Ihnen bevor. Im Juni und Oktober wird es konkret: Prüfen Sie die Jobangebote.

Widder

Privat sollten Sie im März, August und Oktober die Augen ganz weit offenhalten. Nichts passiert von allein, also wagen Sie den ersten Schritt!

Glück in der Liebe und auch noch im Spiel! Was Sie auch anpacken, steht unter einem guten Stern. Ein großer Gewinn wartet auf Sie.

Bei sportlicher Betätigung werden Glückshormone ausgeschüttet. Denken Sie daran, wenn sie mal wieder Entspannung brauchen.

Ihre Familie ist Ihnen sehr wichtig, auch wenn manchmal ein Orkan durchs Haus zu fegen scheint – der legt sich wieder.

Zwillinge

Beruflich setzen Sie sich manches Ziel zu hoch und kommen so unnötig in Stress. Seien Sie lockerer: Kein Mensch ist vollkommen, niemand erwartet das von Ihnen.

Finanziell sollten Sie darauf achten, dass Sie nicht in die roten Zahlen kommen, dann wird alles gut.

Jungfrau

b | Lesen Sie „Ihr" Horoskop. Stimmt es mit Ihren eigenen Plänen und Wünschen für Ihre Zukunft überein? Kommentieren Sie es Ihrer Lernpartnerin / Ihrem Lernpartner.

- Das glaube ich auch! Ich werde bestimmt …
- Das kann ich mir nicht vorstellen. Ich vermute eher, …

c | Wie sehen Sie selbst Ihre persönliche Zukunft? Welche Pläne und Aussichten haben Sie für die vor Ihnen liegende Zeit ganz allgemein, beruflich und privat? Notieren Sie Stichpunkte. ⟶ IS 30/1–4

d | Halten Sie Ihre persönlichen Aussichten, Pläne und Wünsche in einem Brief, den Sie sich selbst schreiben, fest. Nutzen Sie Ihre Stichpunkte aus c. ⟶ AB 13

_____ (Ort), _____ (Datum)

Liebe/r _____,

heute habe ich mir Gedanken über meine Aussichten in den kommenden Jahren gemacht. Ich möchte einmal festhalten, wie ich mir meine Zukunft vorstelle.

Ganz allgemein …

Beruflich …

Mein Privatleben …

Mit Freunden …

So viel für heute. Mal sehen, was die Zukunft bringt und was ich von meinen Plänen verwirklichen kann.

Es grüßt dich

dein/e _____

Gute Wünsche!

Schreiben Sie für Ihre Lernpartnerinnen und Lernpartner gute / schöne / lustige Wünsche in die Seifenblasen.

Halt die Ohren steif!

Hals- und Beinbruch!

Toi, toi, toi!

Ich drück dir
die Daumen!

Kopf
hoch!

Der Weg ist
das Ziel.

Wird schon
schiefgehen!

1 Sich auf das Gespräch vorbereiten: Was hilft?

Schritt 1 Welche Fragen sind zu erwarten? Was antworte ich darauf? KB 27/5, AB 27/6

Schritt 2 Was möchte ich wissen? Welche Fragen möchte ich stellen? KB 21/16, KB 27/5

Schritt 3 Welchen Einstieg gibt es in das Gespräch? Was sage ich am Schluss? KB 21/17

2 Probieren Sie Schritt 1 aus: sich auf Fragen vorbereiten

a | Indrani Ottelsdorf ist zum Vorstellungsgespräch eingeladen. Lesen Sie den Brief. Überlegen Sie sich Fragen, die Indrani im Vorstellungsgespräch vielleicht beantworten muss. (Sie können die Anzeige und das Bewerbungsschreiben im Strategietraining 21–25 nachschlagen.)

Städtische Bühnen Neustadt
Verwaltung und Personal
Theaterplatz 2
87658 Neustadt

Frau
Ottelsdorf
Parkstraße 1
33333 Glücksstadt

Neustadt, 1. Dezember 2011

Einladung zum Vorstellungsgespräch am 9. Dezember 2011

Sehr geehrte Frau Ottelsdorf,

Sie haben sich auf die an unserem Theater ausgeschriebene Stelle als Ankleiderin/Garderobiere beworben.
Hiermit möchte ich Sie zu einem Vorstellungsgespräch am Freitag, den 9. Dezember 2011, 8.30 Uhr, in der Verwaltung der Städtischen Bühnen Neustadt, Theaterplatz 2, Raum 105 einladen.
Für Rückfragen stehe ich Ihnen gern per Mail oder auch telefonisch zur Verfügung.

Mit freundlichen Grüßen

Gerda Müller

Gerda Müller
Personalwesen

b | Vergleichen Sie Ihre Fragen mit der Fragenliste von Indrani.

Was hat Ihr Interesse für unsere Anzeige geweckt?

Wie gut kennen Sie uns bereits?

Wie stellen Sie sich Ihre Arbeit vor?

Was haben Sie in den letzten Jahren gemacht?

Wie kam es zu Ihrer Arbeitslosigkeit?

Was machen Sie zurzeit?

Welche Stärken / Schwächen haben Sie?

Was machen Sie in Ihrer Freizeit?

Warum sollen wir gerade Sie einstellen?

Welches war das schwierigste Problem, das Sie lösen mussten?

Auf welche berufliche Leistung sind Sie besonders stolz?

Wie war Ihr Verhältnis zu Ihren Kollegen und Vorgesetzten?

c | Wählen Sie drei Fragen von oben aus. Gehen Sie im Kursraum umher und stellen Sie den anderen diese Fragen. Sammeln Sie möglichst viele Antworten und notieren Sie sie.

d | Besprechen Sie gemeinsam im Kurs mögliche Antworten auf die Fragen. Schlagen Sie auch in den Strategierezepten nach.

3 Probieren Sie Schritt 2 aus: Fragen stellen

Welche Fragen möchte Indrani stellen? Lesen Sie den Notizzettel und formulieren Sie ihre Fragen. Ergänzen Sie auch weitere Fragen.

– genaue Aufgaben?
– Gehalt?
– Entwicklungsmöglichkeiten?
– Sozialleistungen (Fahrtkostenzuschuss, Kantine, ...)
– Einstieg: wann? wie?
– ...
– ...
– ...

- Können Sie mir genauer erklären, ...?
- Ich hätte noch eine Frage zum ...
- Würden Sie mir erklären, ...?
- Darf ich Sie fragen, ...?
- Ich würde gern wissen, ...

4 Probieren Sie Schritt 3 aus: Einstieg und Abschluss

a | Die ersten Sekunden beim Vorstellungsgespräch: Wie wird das Eis gebrochen? Wie steigt man ein? Was könnten Sie sagen und was eher nicht? Warum?

> Schön haben Sie es hier, so groß und hell, sehr freundlich …

> Schönes Wetter heute, nicht wahr?

> Entschuldigung, aber ich bin völlig fertig, also die Fahrt hierhin, die ging ja überhaupt nicht, und das alles bei der Hitze, Bus verpasst, dann völlig verirrt. Kann ich bitte etwas zu trinken haben?

 b | Überlegen Sie mit Ihrer Lernpartnerin / Ihrem Lernpartner, was noch ein guter Einstieg wäre. Notieren Sie Ihren Vorschlag in die leere Sprechblase. Vergleichen Sie dann im Kurs.

 c | Und zum Schluss? Wie können Sie auf folgende Sätze reagieren? Sammeln Sie passende Reaktionen und besprechen Sie sie im Kurs.

> Frau / Herr …, es war schön, Sie kennen gelernt zu haben.

> Das war's von meiner Seite erst einmal. Wir melden uns dann in circa zwei Wochen bei Ihnen.

> Wir danken Ihnen für das Gespräch.

5 Was hilft beim Sprechen?

a | Was kann man im Vorstellungsgespräch sagen, wenn
man Inhalte zusammenfassen oder etwas wiederholen
möchte, wenn man nachfragen oder sich selbst korrigieren
möchte? Sortieren Sie die Redemittel.

> Nein, das habe ich so nicht gemeint. Äh … Ja … Wie soll ich das jetzt sagen? … Also …

A Inhalte zusammenfassen / etwas wiederholen
B nachfragen / Verständnis sichern
C eigene Fragen einbringen
D sich selbst korrigieren

☐ Also, ich fasse nochmal kurz zusammen …
☐ Ist das so korrekt?
☐ Darf ich Ihnen direkt dazu eine Frage stellen: …?
☐ Darf ich kurz etwas richtigstellen?
☐ Darf ich kurz nachfragen: …?
☐ Erlauben Sie eine Zwischenfrage?
☐ Es ist mir noch nicht klar, was Sie meinen, wenn Sie sagen, dass …
☐ Habe ich richtig verstanden, …?
☐ Ich habe mich eben vielleicht nicht ganz klar / korrekt ausgedrückt …
☐ Ich habe vorhin gesagt, dass … Das war vielleicht etwas missverständlich.
☐ Ich hätte noch eine Frage zum …
☐ Ich meine natürlich …
☐ Ich möchte noch wissen …
☐ Ich wollte eigentlich Folgendes sagen: …
☐ Können Sie mir genauer erklären, …
☐ Könnten Sie das Letzte vielleicht noch einmal wiederholen?
☐ Lassen Sie es mich noch einmal anders formulieren: …
☐ Sie meinen / finden also, dass …
☐ Sie möchten / suchen / wollen also …
☐ Sie sagten gerade: „…" Könnten Sie das vielleicht kurz erläutern?
☐ Wenn ich Sie richtig verstanden habe, vertreten Sie die Auffassung, dass …
☐ Könnten Sie mir kurz erklären, was Sie unter … verstehen?

b | Arbeiten Sie zu viert zusammen und üben Sie die Redemittel. Person A sagt einen typischen Satz aus einem
Vorstellungsgespräch und korrigiert sich dabei. Person B sichert das Verständnis, Person C fasst den Inhalt
zusammen, Person D fragt nach.

6 **Probieren Sie es aus.**

Hören Sie das Vorstellungsgespräch von Indrani in Abschnitten. Notieren Sie zu jedem Abschnitt, was sie gut macht, und geben Sie Tipps, was sie besser machen könnte. Tauschen Sie sich dann im Kurs aus.

	gut gemacht	Tipps
2 _40 Begrüßung, Vorstellung, Gesprächseröffnung	- fragt bei unklaren Fragen gleich nach	
2 _41 Darstellung des beruflichen Werdegangs		
Darstellung der Berufserfahrung und der Motivation		
Darstellung der Persönlichkeit		
2 _42 Gesprächsende		

7 **Jetzt sind Sie dran.**

a | Suchen Sie Stellenanzeigen, die Sie interessieren könnten. Stellen Sie sich vor, Sie sind zum Vorstellungsgespräch eingeladen. Nehmen Sie sich Zeit und bereiten Sie sich Schritt für Schritt auf das Vorstellungsgespräch vor: Notieren Sie mögliche Fragen und Antworten sowie Floskeln.

b | Tauschen Sie mit Ihrer Lernpartnerin / Ihrem Lernpartner die Stellenanzeigen und Ihre Notizen. Ergänzen und verbessern Sie Ihre Notizen.

c | Arbeiten Sie zu viert (= 2 Paare) zusammen. Spielen Sie zu zweit ein Vorstellungsgespräch, wechseln Sie sich bei den Rollen ab, jeder ist einmal Bewerber und einmal Personalchef. Die anderen beiden beobachten das Gespräch und notieren, was gut gelingt, und geben Tipps, was besser gemacht werden könnte.

8 Was trifft auf Sie zu?

Kreuzen Sie bitte an.

☐ Ich kann mir gut vorstellen, welche Fragen mir in einem Vorstellungsgespräch gestellt werden.

☐ Ich kann diese Fragen gut und begründet beantworten.

☐ Ich kann etwas über den Arbeitgeber / das Unternehmen berichten.

☐ Ich kann formulieren, was ich noch über das Unternehmen / die Stelle wissen möchte, und begründen, warum.

☐ Ich kann leicht gute Gesprächseinstiege finden.

Warum? Kreuzen Sie an und ergänzen Sie.

☐ Ich weiß, welche Informationen für den Arbeitgeber wichtig sind.

☐ Ich habe mich gut über den Arbeitgeber / das Unternehmen informiert.

☐ Ich habe mir vorab mögliche Antworten und Fragen überlegt.

☐ Wichtige, unbekannte Wörter habe ich nachgeschlagen und gelernt.

☐ Ich kenne typische Floskeln und Wendungen.

☐ Ich kenne genug Wörter, um etwas mit eigenen Worten zu formulieren.

☐ _____

☐ _____

Checkliste: Vorbereitung auf ein Vorstellungsgespräch

gut informiert sein:	Informationen über das Unternehmen sammeln sich über das mögliche Gehalt informieren
sprachlich und inhaltlich überzeugen:	sich Fragen zu der Stelle überlegen Antworten auf Standardfragen vorbereiten Reaktionen auf schwierige Fragen üben Smalltalk üben
Sicherheit ausstrahlen:	die eigenen Bewerbungsunterlagen gut kennen den eigenen Werdegang gut darstellen können Lücken in der Biografie überzeugend erklären die Eignung für die Stelle herausstellen
einen guten Eindruck machen:	pünktlich sein, den Anfahrtsweg vorher berechnen angemessene Kleidung auswählen

Bewerbungsanschreiben

Den ersten Satz schreiben

> Ich habe … gelesen, dass Sie … suchen / brauchen.
>
> Mit großem Interesse habe ich … gesehen und möchte mich hierauf bei Ihnen bewerben.
>
> Ihre Stellenanzeige … hat mein Interesse geweckt / passt zu meinem Profil / hat mich sehr angesprochen.
>
> Als … bin ich eine gute Verstärkung für …, da ich …

weitere Qualifikationen darstellen

> Ich verfüge (auch) über …kenntnisse.
>
> Durch … beherrsche / kann ich …
>
> Die …prüfung habe ich erfolgreich bestanden.
>
> Im …bereich habe ich mich weitergebildet.
>
> Ich habe aktiv / ehrenamtlich … mitgearbeitet.
>
> Dabei habe ich … gelernt.

Fachqualifikationen benennen

> Meine Ausbildung zum / als … habe ich erfolgreich abgeschlossen.
>
> Mein Abschluss entspricht …
>
> Kenntnisse in … eignete ich mir … an.
>
> Hierbei sammelte ich auch Erfahrungen im Bereich …
>
> Durch meine Tätigkeit als … verfüge ich über …
>
> Ich bringe Erfahrung im …bereich mit.

Was gehört zu einer Bewerbung?

Deckblatt

Anschreiben

Lebenslauf

Motivation zeigen

> Gern möchte ich Sie durch … unterstützen.
>
> Sehr gern will ich gerade in Ihrem Unternehmen …
>
> Ich bin hoch motiviert und möchte zeigen, dass …
>
> Mein … ist eine Bereicherung für Ihr Unternehmen.
>
> Es wäre mir eine große Freude, … in Ihrem Unternehmen zu übernehmen.

TIPP

Formulieren Sie mit eigenen Worten und in Ihrem eigenen Stil. Die Redemittel-Bausteine können helfen, aber vermeiden Sie zu viele Floskeln im Anschreiben.

den letzten Satz schreiben

> Ich hoffe, mit meiner Bewerbung Ihr Interesse geweckt zu haben.
>
> Über eine Einladung zu einem Vorstellungsgespräch freue ich mich sehr.
>
> Für alle weiteren Auskünfte stehe ich Ihnen gern in einem persönlichen Gespräch zur Verfügung.
>
> Wenn Sie mich kennen lernen wollen, freue ich mich über …

mit Brüchen im Lebenslauf umgehen

> Nach einer …jährigen Elternzeit / Familienphase möchte ich nun wieder ins Berufsleben zurückkehren.
>
> Ich will gern wieder eine anspruchsvolle Berufstätigkeit ausüben / in meinen Beruf zurückkehren.
>
> In den vergangenen zwei Jahren habe ich mich auf dem Arbeitsmarkt neu orientiert.
>
> Durch verschiedene Praktika habe ich einen Einstieg in … erhalten.
>
> Als ich …, habe ich zunächst … In dieser Zeit konnte ich viele Erfahrungen in … sammeln.

Referenzen

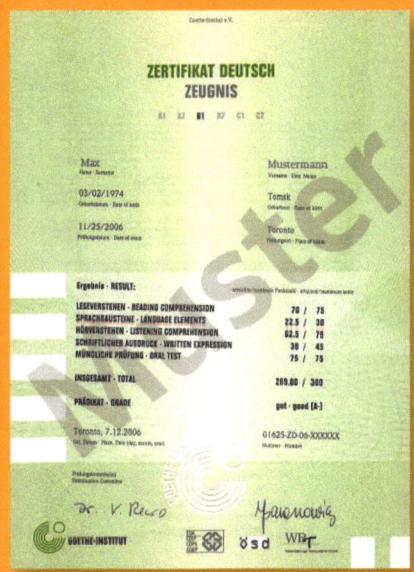

Zeugnisse

Arbeitsproben

■ Situationen im Bewerbungsgespräch

über das Unternehmen Bescheid wissen

> A   Wie gut kennen Sie uns bereits?
>
> B   Ich habe mich auf Ihrer Webseite informiert, sie ist sehr gut aufgebaut, man findet schnell alle Informationen zu …
>
> A   Und was genau gefällt Ihnen?
>
> B   …

Einstieg

> A   Haben Sie gut zu uns gefunden?
>
> B   Danke, die Anreise war sehr angenehm, ich bin mit der Bahn gekommen … / Ja, ich habe mir die Wegbeschreibung von Ihrer Webseite ausgedruckt.
>
> A   Wie lange haben Sie zu uns gebraucht? Wo wohnen Sie noch?
>
> B   …

Interesse begründen

> A   Warum bewerben Sie sich gerade bei uns?
>
> B   Ihr Unternehmen / Betrieb ist bekannt für … / steht für … Vor allem … hat mich sehr begeistert / ist sehr überzeugend.
>
> A   Und was reizt Sie an der ausgeschriebenen Stelle?
>
> B   …

■ Fragen im Bewerbungsgespräch

zur Persönlichkeit

Wie würden Sie sich selbst beschreiben?
Was schätzen andere an Ihnen besonders?
Was sind Ihre drei größten Stärken / Schwächen?
Was schätzen Sie an anderen Menschen, was nicht?
Wie wurden Sie mit Ihrem letzten Misserfolg fertig?
Wie entspannen Sie nach der Arbeit?
Wie gehen Sie mit Kritik um?
Wie kann man Sie so richtig „auf die Palme" bringen?
Wenn Sie ein schwieriges Problem haben, wie lösen Sie das?

zur beruflichen Laufbahn und zu Berufserfahrungen

Warum haben Sie diesen Beruf gewählt?
Geben Sie einen kurzen Überblick über Ihre beruflichen Stationen.
Was machen Sie zurzeit?
Was hat Ihnen an Ihrer bisherigen Aufgabe besonders gefallen, was nicht?
Was würden Sie anders machen, wenn Sie Ihren beruflichen Werdegang noch einmal planen könnten?
Wie ist es zu Ihrer Arbeitslosigkeit gekommen?
An welchen Fortbildungsmaßnahmen haben Sie teilgenommen?
Wie halten Sie Ihr Fachwissen auf dem neuesten Stand?
Auf welche berufliche Leistung sind Sie besonders stolz?

> Das hat nun wirklich nichts mit der Stelle zu tun!

überzeugen

A Was glauben Sie, warum sind Sie der / die Richtige für die Stelle?

B Ich habe langjährige Erfahrung …
Ich möchte (auch) betonen, dass …

A Aber in diesem Bereich / … haben Sie bisher noch nicht gearbeitet / haben Sie keine Erfahrungen / …

B Sicher werde ich am Anfang noch dazu-lernen müssen, aber ich bin überzeugt, dass ich mich sehr schnell in … einar-beiten kann.

auf schwierige Fragen reagieren

A Was sagt Ihre Lebenspartnerin / Ihr Lebens-partner zu Ihren Plänen?

B Natürlich habe ich mit meiner Partnerin / meinem Partner darüber gesprochen und sie / er findet es richtig, dass ich nach einer neuen beruflichen Herausforderung suche, und unterstützt mich dabei voll und ganz.

A …

Abschluss

A Von unserer Seite wäre es das. Haben Sie noch Fragen?

B Ja, wie geht es denn jetzt weiter?

A Wir melden uns im Laufe der nächsten Woche bei Ihnen. Vorerst aber vielen Dank für das Gespräch.

B Ich habe zu danken. Vielen Dank, dass Sie mir die Gelegenheit gegeben haben, mich vorzustellen.

zum Unternehmen und zur Stelle

Was wissen Sie bereits über unser Unternehmen?
Was erwarten Sie speziell von uns, was erhoffen Sie sich?
Wie stellen Sie sich Ihre Arbeit vor?
Warum bewerben Sie sich gerade bei unserem Unternehmen?
Was reizt Sie an der Stelle?
Warum sollen wir gerade Sie einstel-len?
Wie sind Ihre Gehaltsvorstellungen?

unangenehme Fragen

Was sagt Ihr/e Lebenspartner/in zu Ihren Plänen?
Glauben Sie, dass diese Krawatte / dieses Tuch / … passend ist?
Sie sind sehr nervös, oder?
Sind Sie nicht etwas zu jung / zu alt für die Stelle?
Waren Sie arbeitslos, weil Sie sich nicht um eine Stelle bemüht haben?
Sind Sie häufig krank?
Sind Sie den Arbeitsaufgaben trotz Ihrer privaten Situation gewachsen?

eigene Fragen

Gibt es diese Stelle bereits oder soll sie neu geschaffen werden?
Gibt es eine (detaillierte) Stellen-beschreibung?
Welche konkreten Aufgaben sind vorgesehen?
Wie ist die Abteilung in das Unterneh-men eingebunden?
Welche Entwicklungsmöglichkeiten gibt es bei der Stelle?
Welche Sozialleistungen bieten Sie?
Wie ist der Einstieg geplant?
Wie sind die Arbeitszeiten?

1 Sätze

Satzarten

Aussagesatz

	Position 1	Position 2 Verb Teil 1		Satzende Verb Teil 2
	Ich	bin	Alexis.	
	Am Wochenende	haben	wir frei.	
Trennbare Verben	Sie	steht	morgens früh	auf.
Nicht trennbare Verben	Er	besucht	einen Deutschkurs.	
Verb + Infinitiv	Am Abend	gehen	die Freunde	tanzen.
Modalverb + Infinitiv	Chao	kann	Auto	fahren.
Perfekt	Lisa	ist	mit dem Bus	gefahren.
Passiv	Abends	wird	ein 3-Gänge-Menü	serviert.

W-Frage

	Position 1	Position 2 Verb Teil 1		Satzende Verb Teil 2
	Wo	wohnst	du?	
Trennbare Verben	Wann	steht	Herr Langner	auf?
Nicht trennbare Verben	Wie viel	verdienen	Sie?	
Verb + Infinitiv	Wie oft	geht	sie im Supermarkt	einkaufen?
Modalverb + Infinitiv	Was	möchtet	ihr heute	essen?
Perfekt	Wer	hat	die Rechnung	bezahlt?
Passiv	Wo	wird	das Auto	geparkt?

Ja- / Nein-Frage

	Position 1	Position 2 Verb Teil 1		Satzende Verb Teil 2
	Haben	Sie	heute Abend Zeit?	
Trennbare Verben	Siehst	du	auch so gern	fern?
Nicht trennbare Verben	Gefällt	Ihnen	die Wohnung?	
Verb + Infinitiv	Geht	ihr	mittags zusammen	essen?
Modalverb + Infinitiv	Können	Sie	gut im Team	arbeiten?
Perfekt	Hat	es	sehr	wehgetan?
Passiv	Werden	die Koffer	aufs Zimmer	gebracht?

Imperativ-Satz

	Position 1	Position 2 Verb Teil 1		Satzende Verb Teil 2
Bitte	denk	an die Briefe!		
	Räumt	endlich das Geschirr	weg!	
Bitte	entnehmen	Sie die Karte.		

Positionen im Satz

Position 1	Position 2 Verb Teil 1	Mittelfeld	Satzende Verb Teil 2
Cynthia	lebt	seit Sommer 1985 in Berlin.	
Im Sommer 1985	ist	Cynthia nach Berlin	gekommen.

Auf Position 1 steht meistens das Subjekt. Wenn eine Information besonders wichtig oder neu ist, kann diese Information Position 1 besetzen. Im Mittelfeld stehen Temporalangaben meist vor Lokalangaben. Wenn es im Mittelfeld mehrere Angaben gibt, dann stehen sie meist in folgender Reihenfolge: temporal – kausal – modal – lokal. Temporalangaben stehen oft auf Position 1.

Position 1	Position 2 Verb Teil 1	Mittelfeld					Satzende Verb Teil 2
			temporal	kausal	modal	lokal	
Kira	lebt		seit einem Jahr		mit ihrem Sohn	in Berlin.	
Heute	ist	Kira		wegen des schlechten Wetters	mit ihrem Sohn	zu Hause	geblieben.
Am Samstag	werde	ich		trotz meiner Erkältung	unbedingt	in die Berge	fahren.

Satzteile und Sätze verbinden

Satzteile verbinden

Das sind Lena **und** Pjotr.

Fährst du mit dem Zug **oder** mit dem Auto?

Martina möchte einen Kuchen backen, **aber** ohne Ei.

Viele Mütter wollen **sowohl** Kinder **als auch** einen Job.

Sie möchten **weder** auf das eine **noch** auf das andere verzichten.

Denn sie lieben **nicht nur** die Familie, **sondern auch** ihren Beruf.

Aber viele Frauen entscheiden sich immer noch **entweder** für das eine **oder** für das andere.

Die Wohnung ist **zwar** klein, **aber** hell.

Vor *aber* und zwischen *nicht nur* und *sondern auch* steht ein Komma.

Die Konnektoren können auch ganze Sätze verbinden.

Sie lieben **nicht nur** ihre Familie, **sondern** sie arbeiten **auch** sehr gerne.

Die Wohnung ist **zwar** klein, **aber** sie hat eine große moderne Küche.

Hauptsatz + Hauptsatz mit *und, oder, aber, denn*

Hauptsatz		Hauptsatz		
			Position 2	
Ich bin Lena	und	das	ist	Pjotr.
Er fährt mit dem Zug	oder	er	geht	zu Fuß.
Martina möchte backen,	aber	sie	hat	kein Mehl.
Ich arbeite sehr viel,	denn	meine Arbeit	macht	mir Spaß.

Vor *aber* und *denn* steht ein Komma.

Hauptsatz + Hauptsatz mit *deshalb / darum / deswegen*

Frage: Warum? Weshalb?

Hauptsatz		Hauptsatz		
			Position 2	
Meine Arbeit macht mir Spaß,	deshalb	arbeite	ich sehr viel.	
Ich arbeite sehr viel,	darum	bin	ich oft müde.	
Oft bin ich müde,	deswegen	schlafe	ich sonntags aus.	

Hauptsatz + Hauptsatz mit *trotzdem*

Drückt eine unerwartete Reaktion aus.

Hauptsatz	Hauptsatz		
		Position 2	
Seine Ausbildung ist nicht anerkannt.	Trotzdem	arbeitet	er in seinem Beruf.

Trotzdem kann auch in der Satzmitte stehen.

Sie arbeitet nicht in ihrem Beruf. Die Arbeit macht ihr trotzdem Spaß.

Hauptsatz + Nebensatz mit *weil, da*

Frage: Warum?

Hauptsatz	Nebensatz		
Wir fahren mit dem Auto in den Urlaub,	weil	wir immer viel Gepäck	haben.
Wir reisen mit viel Gepäck,	da	wir eine große Familie	sind.

Hauptsatz + Nebensatz mit *dass*

Frage: Was?

Hauptsatz	Nebensatz		
Es ist sehr wichtig,	dass	die Schule Spaß	macht.
Alle Eltern hoffen,	dass	ihre Kinder glücklich	werden.
Ich glaube,	dass	Petra einen Job	gefunden hat.

Hauptsatz + Nebensatz mit *damit / um zu* + Infinitiv

Frage: Warum? Wozu?

Hauptsatz	Nebensatz		
Ich rufe meinen Mann an,	damit	er unsere Tochter von der Schule	abholt.
Sofia macht einen Deutschkurs,	damit	ihre Sprachkenntnisse besser	werden.

Hauptsatz	Nebensatz		
Sofia macht einen Deutschkurs,	um	ihre Sprachkenntnisse	zu verbessern.

Bei *um zu* steht kein Subjekt, das Subjekt ist dasselbe wie im Hauptsatz. Bei *damit* stehen meist zwei verschiedene Subjekte.

Hauptsatz + Nebensatz mit *ohne zu* + Infinitiv

Frage: Wie?

Hauptsatz	Nebensatz		
Er verlässt das Zimmer,	ohne	sich	zu verabschieden.

Ohne zu wird anstelle einer Negation benutzt.

Hauptsatz + Nebensatz mit *statt zu* + Infinitiv

Drückt aus, dass etwas anderes passiert, als erwartet.

Hauptsatz	Nebensatz		
Sebastian schreibt mir eine E-Mail,	statt	mich	anzurufen.

Bei *ohne* und *statt zu* steht kein Subjekt, es ist dasselbe wie im Hauptsatz.

Hauptsatz + Nebensatz mit *obwohl*

Drückt eine unerwartete Reaktion aus.

Hauptsatz	Nebensatz		
Er arbeitet in seinem Beruf,	obwohl	sein Abschluss nicht anerkannt	ist.

Hauptsatz + realer / irrealer Bedingungssatz mit *wenn*

Frage: Unter welcher Bedingung?

Hauptsatz	Nebensatz		
Sie macht eine Weltreise,	wenn	sie genug Zeit und Geld	hat.
Er wäre glücklich,	wenn	er im Lotto	gewinnen würde.

Der Bedingungssatz kann auch ohne *wenn* gebildet werden. Er steht dann meist vorn.

Hätte ich mehr Zeit, **würde** ich Vokabeln **lernen**.

Hauptsatz + Nebensatz mit *wie* und *als*

Frage: Wie?

Hauptsatz	Nebensatz		
Das Hotel war genauso schön,	wie	die Reiseleiterin es uns	beschrieben hat.
Das Hotel war noch schöner,	als	ich	erwartet hatte.

Hauptsatz + Nebensatz mit *je ... desto / umso*

Nebensatz			Hauptsatz	
Je regelmäßiger	ich Sport	mache,	desto besser	fühle ich mich.
Je fließender	wir die Sprache	sprechen,	umso besser	werden unsere Chancen im Job.

Der Nebensatz mit *je* + Komparativ steht immer vor dem Hauptsatz mit *desto / umso* + Komparativ.

Hauptsatz + temporaler Nebensatz mit *wenn, als, während, bevor, bis, seit / seitdem, nachdem*

Frage: Wann?

Hauptsatz	Nebensatz		
Ich freue mich immer,	wenn	meine Tochter mich	besucht.
Einmal ist sie gekommen,	als	ich gerade unter der Dusche	war.
Ich konnte sie nicht hören,	während	sie 20 Minuten lang	klingelte.
Jetzt ruft sie immer an,	bevor	sie zu Besuch	kommt.
Ich musste warten,	bis	der Unterricht zu Ende	war.
Ich spreche viel besser Deutsch,	seit / seitdem	ich einen Sprachkurs	besuche.
Ich schaute jeden Tag aufgeregt in die Post,	nachdem	ich mich beworben	hatte.

Einmalige Ereignisse in Gegenwart / Zukunft und wiederkehrende Ereignisse in allen Zeiten: *wenn*.
Einmalige Ereignisse in der Vergangenheit: *als*.
Etwas passiert gleichzeitig: *während*.
Zwei Ereignisse passieren nacheinander: *bevor, nachdem*.

Manche Nebensätze können vor dem Hauptsatz stehen, z.B. der *wenn*-Satz, der *damit*-Satz oder die temporalen Nebensätze. Dann steht der Nebensatz auf Position 1 und das konjugierte Verb des Hauptsatzes auf Position 2.

Nebensatz			Hauptsatz
Wenn	das Wetter so schön	bleibt,	fahren wir in die Berge.
Damit	deine Deutschkenntnisse besser	werden,	musst du viel lernen.
Seit	ich mit diesem Buch	lerne,	verstehe ich alles viel besser.

Hauptsatz + Relativsatz
Frage: Welche/r/s? Was für ein/e?

Hauptsatz	Nebensatz		
Das ist die Lehrerin,	die	Mar im Deutschkurs	unterrichtet.
Wer ist der Mann,	den	du gegrüßt	hast?
Das ist die Ärztin,	der	ich den Überweisungsschein	gebracht habe.
Und das ist der Kollege,	mit dem	ich morgen nach Nürnberg	fahre.

Die Nordsee ist der Ort,	wo / an dem	wir am liebsten Urlaub	machen.
Das kann nur verstehen,	wer	schon dort	war.
Ein bisschen Sonne ist alles,	was	man für den Urlaub dort	braucht.

Relativpronomen → S. 197

Indirekte Frage: Hauptsatz + Nebensatz mit Fragewort

Hauptsatz	Nebensatz		
Yusuf weiß noch nicht,	wohin	er im Urlaub	fährt.
Wir möchten gerne wissen,	wann	der Betriebsausflug	stattfindet.

Die indirekte Frage mit Fragewort kann auch verkürzt sein. Was gemeint ist, ergibt sich aus dem Kontext.

Yusuf weiß noch nicht,	wohin.		
Wir möchten gerne wissen,	wann.		

Indirekte Frage: Hauptsatz + Nebensatz mit *ob*

Hauptsatz	Nebensatz		
Können Sie mir sagen,	ob	dieser Zug nach Schwerin	fährt?

zu + Infinitiv
nach Verben und Wendungen mit Adjektiven und Nomen

Hauptsatz	*zu* + Infinitiv	
Er hat beschlossen,	eine Weiterbildung in Buchhaltung	zu machen.
Für die Arbeit ist es wichtig,	neueste Entwicklungen	zu kennen.
Außerdem macht es ihm Freude,	neue EDV-Programme	auszuprobieren.

2 Verben

Verben im Präsens

haben, sein und werden

	haben	sein	werden
ich	habe	bin	werde
du	hast	bist	wirst
er / es / sie	hat	ist	wird
wir	haben	sind	werden
ihr	habt	seid	werdet
sie	haben	sind	werden
Sie	haben	sind	werden

Die Verben *haben* und *sein* brauchen Sie auch zur Bildung von Perfekt und Plusquamperfekt. ➥ S. 190, 191
Das Verb *werden* brauchen Sie zur Bildung von Passiv und von Futur I. ➥ S. 191, 192

Regelmäßige und unregelmäßige Verben, trennbare und nicht trennbare Verben

regelmäßig			unregelmäßig a → ä , e → i / ie		trennbar	nicht trennbar
Personalpronomen	kochen	antworten	fahren	nehmen	ein|steigen	bezahlen
ich	koche	antworte	fahre	nehme	steige ein	bezahle
du	kochst	antwortest	fährst	nimmst	steigst ein	bezahlst
er / es / sie	kocht	antwortet	fährt	nimmt	steigt ein	bezahlt
wir	kochen	antworten	fahren	nehmen	steigen ein	bezahlen
ihr	kocht	antwortet	fahrt	nehmt	steigt ein	bezahlt
sie	kochen	antworten	fahren	nehmen	steigen ein	bezahlen
Sie	kochen	antworten	fahren	nehmen	steigen ein	bezahlen
auch:		warten, finden, rechnen, …	schlafen, laufen, …	essen, sehen, …		

- Verbstamm auf *-eln*: ich lächle, ich klingle, …
- Verbstamm auf *-ß*, *-s*, *-z*: du heißt, er heißt, … du liest, er liest, …

Trennbare Verben

Die trennbaren Verben haben zwei Teile. Im Infinitiv bilden sie ein Wort, im Satz werden sie oft getrennt. Der Wortakzent liegt auf dem Präfix.

Machen Sie bitte den Mund auf! Wann zieht Markus bei Jan ein? Können Sie bitte die Tür aufmachen?

ab-	absagen, …
an-	anfangen, …
auf-	aufstehen, …
aus-	aussehen, …
ein-	einladen, …
hin- / her-	hingehen, …
los-	losfahren, …
mit-	mitmachen, …

nach-	nachsprechen
rein- / raus-	reinkommen, …
vor-	vorstellen, …
weg-	weggehen, …
weiter-	weiterfahren, …
zu-	zuhören, …
zurück-	zurückkommen, …
zusammen-	zusammenleben, …

auch:
fern|sehen, statt|finden, teil|nehmen, …

Nicht trennbare Verben

Bei den nicht trennbaren Verben bleiben Präfix und Verb in allen Formen zusammen. Der Wortakzent liegt auf dem Verbstamm.

Bestätigen Sie die Eingabe. Das **gefällt** mir. Was hast du **erlebt**? **Erzähl** mal.

be-	bekommen, …
emp-	empfehlen, …
ent-	entschuldigen, …
er-	erzählen, …

ge-	gefallen, …
miss-	missverstehen, …
ver-	verdienen, …
zer-	zerbrechen, …

auch: übersetzen, sich unterhalten, widerrufen, …

sich-Verben

Es gibt zwei Arten von *sich*-Verben:

▪ Manche stehen immer mit dem Reflexivpronomen: **Ich** freue **mich**. **Wir** beeilen **uns**.

▪ Viele können mit oder ohne das Reflexivpronomen stehen: Ich wasche die Wäsche bei 40 Grad.

Ich wasche **mich** kalt.

Das Reflexivpronomen steht meistens im Akkusativ, nur selten im Dativ: **Ich** wasche **mir** die Hände.

sich beeilen		
ich	beeile	mich
du	beeilst	dich
er / es / sie	beeilt	sich
wir	beeilen	uns
ihr	beeilt	euch
sie	beeilen	sich
Sie	beeilen	sich

heute Morgen

sich (das Wort) merken		
ich	merke	mir
du	merkst	dir
er / es / sie	merkt	sich
wir	merken	uns
ihr	merkt	euch
sie	merken	sich
Sie	merken	sich

das Wort

Die Reflexivpronomen im Plural können eine wechselseitige Beziehung ausdrücken.

Er liebt sie. Sie liebt ihn. = **Sie lieben sich**.

Deshalb **schreiben sie sich** viele Briefe und **schenken sich** schöne Sachen.

Modalverben

Mit den Modalverben können Sie verschiedene Einstellungen ausdrücken:

Ich **kann / will / muss / darf / möchte** einen Deutschkurs **besuchen**.

Sie stehen meist mit dem Infinitiv.

	können	wollen	müssen	dürfen	sollen	möchte-
ich	kann	will	muss	darf	soll	möchte
du	kannst	willst	musst	darfst	sollst	möchtest
er / es / sie	kann	will	muss	darf	soll	möchte
wir	können	wollen	müssen	dürfen	sollen	möchten
ihr	könnt	wollt	müsst	dürft	sollt	möchtet
sie	können	wollen	müssen	dürfen	sollen	möchten
Sie	können	wollen	müssen	dürfen	sollen	möchten

Bedeutungen

Anna **will** ihre Wohnung renovieren.	Absicht, Plan, starker Wunsch
Am Samstag **möchte** ich mit dir ins Kino gehen.	Wunsch (Ich habe Lust.)
Milan **kann** sehr gut kochen.	Fähigkeit
Kann man in der VHS auch Yoga machen?	Möglichkeit
Dieser Film **könnte** von Fatih Akin sein.	Vermutung
In einer Familie **müssen** alle mithelfen.	Aufgabe, Pflicht
Ich **muss** zu Hause bleiben, mein Kind ist krank.	Notwendigkeit
Du kannst mir beim Umzug helfen, aber du **musst nicht**.*	keine Notwendigkeit
Beim Autofahren **dürfen** Sie Musik hören und rauchen.	Erlaubnis
Aber Sie **dürfen nicht** mit dem Handy telefonieren.	Verbot
Soll ich das Fenster aufmachen?	Frage nach einem Auftrag
Der Koch **soll** zwei Pizzas backen.	Wunsch / Aufforderung einer anderen Person
Der Trainer **soll** den Skandal verursacht haben.	fremde Behauptung

*Mit *nicht brauchen zu* + Infinitiv kann man *nicht müssen* ausdrücken.

Martin **muss** viel lernen. Maria **braucht** nicht viel **zu lernen**.

Verben mit Infinitiv

Auf die Verben **bleiben, gehen, fahren, hören, sehen, lernen, lassen** folgt ein Verb im Infinitiv.

	Position 2 Verb 1 konjugiert		Satzende Verb 2 im Infinitiv
Sie	geht	hier gerne	wandern.
Außerdem	lernt	sie jeden Tag besser Deutsch	sprechen.

Verben im Imperativ

Mit dem Imperativ können Sie eine Bitte, eine Aufforderung, eine Anweisung formulieren.
Bringt bitte Bananen mit. **Biegen Sie** jetzt rechts **ab**. **Iss** mehr Obst und Gemüse.

Infinitiv	du-Imperativ	ihr-Imperativ	Sie-Imperativ (Sg. + Pl.)
kommen	Komm!	Kommt bitte!	Kommen Sie bitte!
lesen, du **lie**st	**Lie**s bitte laut!*	Lest bitte laut!	Lesen Sie bitte laut!
los|fahren (trennbare Verben)	Fahr jetzt los!	Fahrt jetzt los!	Fahren Sie jetzt los!
beschreiben (nicht trennbare Verben)	Beschreib bitte das Bild.	Beschreibt bitte das Bild.	Beschreiben Sie bitte das Bild.
sich freuen (*sich* im Akkusativ)	Freu dich doch!	Freut euch doch!	Freuen Sie sich doch!
sich merken (*sich* im Dativ)	Merk dir die Telefonnummer!	Merkt euch die Telefonnummer!	Merken Sie sich die Telefonnummer!

* Ebenso: sprechen, du sprichst → Sprich!; essen, du isst → Iss!, helfen, du hilfst → Hilf!

Manche Verben haben im Imperativ Singular *-e*, im Plural *-et*.

Antwort**e** / Antwort**et** bitte! Lad**e** / Lad**et** Verena auch ein! Zeichn**e** / Zeichn**et** bitte ein Bild!

Verben im Perfekt

Das Perfekt besteht aus dem Partizip Perfekt und den Hilfsverben *sein* und *haben*.
Perfekt mit *haben*: Die meisten Verben, alle Verben mit Akkusativ und alle *sich*-Verben.
Perfekt mit *sein*: Verben der Bewegung (*fahren, gehen, laufen, rennen, …*), Verben der Veränderung
(*aufwachen, aufstehen, einschlafen, …*) und die Verben *passieren, bleiben, sein*.

Partizip Perfekt

regelmäßige Verben	
	ge … t / et
hat	ge**kauf**t
hat	ge**macht**·
hat	ge**feier**t
hat	ge**antwort**et*
ist	ge**stürz**t
	… ge … t (trennbare Verben)
hat	an**ge**mach**t**
hat	ab**ge**hör**t**
ist	auf**ge**wach**t**
	… t (nicht trennbare Verben)
hat	bezahl**t**
hat	erzähl**t**
hat	verdien**t**
	… t (Verben auf -ieren)
hat	telefonier**t**
ist	passier**t**

unregelmäßige Verben	
	ge … (Vokalwechsel) … en
hat	ge**les**en
hat	ge**nomm**en
hat	ge**fund**en
ist	ge**fahr**en
ist	ge**komm**en
	… ge … en (trennbare Verben)
hat	ab**ge**h**ob**en
hat	an**ge**ruf**en**
ist	an**ge**komm**en**
	… en (nicht trennbare Verben)
hat	beschr**ieb**en
hat	ent**nomm**en
hat	verb**und**en

*Verbstamm auf -t, -d, -chn: hat gearbei**te**t, gebild**e**t, gezeichn**e**t, …

Verben im Präteritum

Wenn Sie etwas Vergangenes erzählen, benutzen Sie meist das Perfekt, bei den Verben *sein* und
haben und bei den Modalverben das Präteritum.

	haben	sein	können	wollen	müssen	dürfen	sollen
ich	hat**te**	war	konn**te**	woll**te**	muss**te**	durf**te**	soll**te**
du	hat**test**	war**st**	konn**test**	woll**test**	muss**test**	durf**test**	soll**test**
er / es / sie	hat**te**	war	konn**te**	woll**te**	muss**te**	durf**te**	soll**te**
wir	hat**ten**	war**en**	konn**ten**	woll**ten**	muss**ten**	durf**ten**	soll**ten**
ihr	hat**tet**	war**t**	konn**tet**	woll**tet**	muss**tet**	durf**tet**	soll**tet**
sie	hat**ten**	war**en**	konn**ten**	woll**ten**	muss**ten**	durf**ten**	soll**ten**
Sie	hat**ten**	war**en**	konn**ten**	woll**ten**	muss**ten**	durf**ten**	soll**ten**

In der Schriftsprache benutzt man für Vergangenes meistens das Präteritum für alle Verben.

	regelmäßige Verben	unregelmäßige Verben		Mischverben
	spielen	**gehen**	**kommen**	**kennen**
ich	spielte	ging	kam	kannte
du	spieltest	gingst	kamst	kanntest
er / es / sie	spielte	ging	kam	kannte
wir	spielten	gingen	kamen	kannten
ihr	spieltet	gingt	kamt	kanntet
sie	spielten	gingen	kamen	kannten
Sie	spielten	gingen	kamen	kannten

Verbstamm auf -t, -d, -chn: du antwortetest, er badete, sie rechnete, …

Verben im Plusquamperfekt

Das Plusquamperfekt ist die Zeitform der Vorzeitigkeit gegenüber dem Präteritum und dem Perfekt. Es gibt die Vergangenheit wieder, die vor dem Präteritum / Perfekt geschehen ist und die für die Handlung im Präteritum / Perfekt wichtig ist. Das Plusquamperfekt besteht aus dem Partizip Perfekt und den Hilfsverben *sein* und *haben* im Präteritum.
Nachdem ich mein Studium abgeschlossen hatte, ging ich für ein paar Monate nach Spanien.
Er begann zu schreiben, nachdem er in den Ruhestand gegangen war.

Verben im Futur I

Das Futur I besteht aus dem Infinitiv und dem Hilfsverb *werden* und drückt Versprechen / Absicht oder Sicherheit / Vermutung aus.
Ich werde ein Lerntagebuch führen.
Ich werde auf jeden Fall studieren.
Die Lehrerin ist nicht da. Sie wird wohl krank sein.

Verben im Konjunktiv II

Sein, haben und die Modalverben haben eigene Formen (abgeleitet von der Präteritum-Form).
Die anderen Verben benutzt man mit *würde* + Infinitiv.

	sein	**haben**	**können**	**müssen**	**dürfen**	**sollen**	**werden**
ich	wäre	hätte	könnte	müsste	dürfte	sollte	würde
du	wärst	hättest	könntest	müsstest	dürftest	solltest	würdest
er / es / sie	wäre	hätte	könnte	müsste	dürfte	sollte	würde
wir	wären	hätten	könnten	müssten	dürften	sollten	würden
ihr	wärt	hättet	könntet	müsstet	dürftet	solltet	würdet
sie	wären	hätten	könnten	müssten	dürften	sollten	würden
Sie	wären	hätten	könnten	müssten	dürften	sollten	würden

auch: wollen

Funktionen

Ich würde jetzt gern etwas essen. Wir könnten doch ins Kino gehen. Möchten Sie zum Fest kommen?	Vorschlag oder Wunsch
Du solltest nach der Arbeit Sport treiben, das ist gut für die Gesundheit. Ihr solltet eure Nachbarn kennen lernen.	Ratschlag
Könnten Sie mir bitte helfen? Würden Sie mir die Tür aufmachen? Dürfte ich Sie kurz stören?	höfliche Bitten und Aufforderungen
Er könnte den Termin vergessen haben.	Vermutung
Wenn ich der König von Deutschland wäre, würde ich alle gut bezahlen. Niemand wäre arbeitslos und alle könnten Urlaub machen. Hätte ich die Macht, müsste niemand Steuern zahlen.	irreale Bedingungen

Verben im Passiv

Beim Passiv steht nicht ein Subjekt bzw. Akteur, sondern eine Aktion im Mittelpunkt.
Aktiv: Der Arzt operiert den Jungen. – Passiv: Der Junge wird operiert.
Der Akteur kann mit der Präposition *von* genannt werden: Der Junge wird vom Chefarzt operiert.
Das Passiv bildet man mit *werden* + Partizip Perfekt.

	Position 2		**Satzende**
Deutsch	wird	in vielen Ländern	gelernt.
Das Auto	wurde	schnell	repariert.
Der Junge	muss	sofort	operiert werden.

3 Nomen

Nomen bezeichnen Lebewesen, Gegenstände oder Abstraktes. Es gibt maskuline, neutrale und feminine Nomen (= Genus).

Bestimmter und unbestimmter Artikel

Unbestimmter Artikel: zum ersten Mal genannt / nicht näher definiert
Bestimmter Artikel: schon bekannt / schon genannt / näher definiert
Gibt es hier ein Café? – Ja, da vorn, das Café Einstein.

Artikel	maskulin (m)	neutral (n)	feminin (f)	Plural (m, n, f)
bestimmt	der Bruder	das Mädchen	die Schwester	die Brüder, Mädchen, Schwestern
unbestimmt	ein Bruder	ein Mädchen	eine Schwester	Brüder, Mädchen, Schwestern

Negation des unbestimmten Artikels (kein / keine) ➜ S. 194
Bestimmter Artikel als Demonstrativpronomen ➜ S. 196

Possessivartikel

Der Possessivartikel nennt Zugehörigkeit, Besitz. Er hat dieselben Endungen wie *ein/kein*.

ich	mein Onkel, meine Tante	wir	unser Onkel, uns(e)re Tante
du	dein Onkel, deine Tante	ihr	euer Onkel, eu(e)re Tante
er/es sie	sein Onkel, seine Tante ihr Onkel, ihre Tante	sie Sie	ihr Onkel, ihre Tante Ihr Onkel, Ihre Tante

er/es → sein: Er trinkt **sein**e Cola. (die Cola)   sie → ihr: Sie trinkt **ihr**en Kaffee. (der Kaffee)

Zugehörigkeit bei Namen auch mit *-s/'* oder *von*:
Driss ist Carmen**s** Mann. Leila ist Driss' Tochter. Lisa ist die Tochter **von** Sabine und Günther.

Demonstrativartikel

Mit dem Demonstrativartikel *dieser/dieses/diese* kann man etwas betonen und es als wichtig hervorheben.

Mein Sohn geht auf eine Realschule. **Diese** Realschule hat einen guten Ruf.

Der Demonstrativartikel hat die gleichen Endungen wie der bestimmte Artikel.

	maskulin (m)	neutral (n)	feminin (f)	Plural (m, n, f)
Nominativ	dieser Mann	dieses Kind	diese Frau	diese Männer, Kinder, …
Akkusativ	diesen Mann	dieses Kind	diese Frau	diese Männer, Kinder, …
Dativ	diesem Mann	diesem Kind	dieser Frau	diesen Männern, Kindern, …
Genitiv	dieses Mannes	dieses Kindes	dieser Frau	dieser Männer, Kinder, …

Der Demonstrativartikel *derselbe/dasselbe/dieselbe* verweist auf etwas, das mit dem vorher genannten identisch ist.
Das ist **derselbe** Mann, der gestern auch schon da war.

	maskulin (m)	neutral (n)	feminin (f)	Plural (m, n, f)
Nominativ	derselbe Mann	dasselbe Kind	dieselbe Frau	dieselben Männer, Kinder, …
Akkusativ	denselben Mann	dasselbe Kind	dieselbe Frau	dieselben Männer, Kinder, …
Dativ	demselben Mann	demselben Kind	derselben Frau	denselben Männern, Kindern, …
Genitiv	desselben Mannes	desselben Kindes	derselben Frau	derselben Männer, Kinder, …

Nomen im Satz

Nomen haben verschiedene Funktionen im Satz, z.B. Subjekt (Nominativ) oder Ergänzung. Es gibt verschiedene Ergänzungen. Das Verb bestimmt die Art der Ergänzung.

Nominativ: Wo ist der Arzt?
Akkusativ: Bitte holen Sie den Arzt / ihn.   (jemanden holen: holen + A)
Dativ: Der Arzt hilft der Patientin / ihr.   (jemandem helfen: helfen + D)
D + A: Der Arzt gibt der Patientin / ihr ein Rezept.   (jemandem etwas geben: geben + D + A)

Es gibt nur wenige Verben mit einer Dativ-Ergänzung. Diese muss man lernen:
antworten, danken, fehlen, folgen, gefallen, gehören, glauben, gratulieren, helfen, schmecken.

Die Akkusativ-Ergänzung steht als Nomen nach dem Dativ, als Pronomen vor dem Dativ.
Die Gäste schenken dem Gastgeber / ihm einen guten Wein.
Die Gäste schenken ihn dem Gastgeber / ihm.

Die Präpositional-Ergänzung ist im Dativ oder im Akkusativ.

warten auf + A	Wir warten auf den Bus.
sich interessieren für + A	Ich interessiere mich für die deutsche Sprache.
sich freuen über + A	Ich habe mich über deinen Brief gefreut. Danke.
sich bewerben um + A	Kira bewirbt sich um eine Stelle als Arzthelferin.
träumen von + D	Erika träumt von einem Haus am Strand.
sich bewerben bei + D	Ben will sich bei der Firma Siemens bewerben.
sich entschuldigen bei + D für + A	Der Lehrer entschuldigt sich bei den Schülern für den Fehler.
sich bedanken bei + D für + A	Die Mitarbeiter bedanken sich beim Chef für das Sommerfest.

Fragewörter mit Präposition ↪ S. 202

Artikelwörter im Nominativ

	maskulin (m)	neutral (n)	feminin (f)	Plural (m, n, f)
bestimmter Artikel	der Sohn	das Kind	die Tochter	die Söhne, Kinder, …
unbestimmter Artikel	ein Sohn	ein Kind	eine Tochter	Söhne, Kinder, …
Negativartikel	kein Sohn	kein Kind	keine Tochter	keine Söhne, Kinder, …
Possessivartikel	mein Sohn	mein Kind	meine Tochter	meine Söhne, Kinder, …

Artikelwörter im Akkusativ

	maskulin (m)	neutral (n)	feminin (f)	Plural (m, n, f)
bestimmter Artikel	den Sohn	das Kind	die Tochter	die Söhne, Kinder, …
unbestimmter Artikel	einen Sohn	ein Kind	eine Tochter	Söhne, Kinder, …
Negativartikel	keinen Sohn	kein Kind	keine Tochter	keine Söhne, Kinder, …
Possessivartikel	meinen Sohn	mein Kind	meine Tochter	meine Söhne, Kinder, …

Artikelwörter im Dativ

	maskulin (m)	neutral (n)	feminin (f)	Plural (m, n, f)
bestimmter Artikel	dem Sohn	dem Kind	der Tochter	den Söhnen, Kindern, …
unbestimmter Artikel	einem Sohn	einem Kind	einer Tochter	Söhnen, Kindern, …
Negativartikel	keinem Sohn	keinem Kind	keiner Tochter	keinen Söhnen, Kindern, …
Possessivartikel	meinem Sohn	meinem Kind	meiner Tochter	meinen Söhnen, Kindern, …

Artikelwörter im Genitiv

	maskulin (m)	neutral (n)	feminin (f)	Plural (m, n, f)
bestimmter Artikel	des Sohnes	des Kindes	der Tochter	der Söhne, Kinder, …
unbestimmter Artikel	eines Sohnes	eines Kindes	einer Tochter	erwachsener Söhne, kleiner Kinder, …*
Negativartikel	keines Sohnes	keines Kindes	keiner Tochter	keiner Söhne, Kinder, …
Possessivartikel	meines Sohnes	meines Kindes	meiner Tochter	meiner Söhne, Kinder, …

* nur mit Adjektiv, sonst *von* + Nomen im Dativ

n-Deklination

Zu der n-Deklination gehören
- alle maskulinen Nomen, die auf -e enden *(der Kunde, der Schwede, der Hase)*
- einige andere maskuline Nomen, die ein Lebewesen bezeichnen *(der Herr, der Prinz, der Nachbar)*
- alle maskulinen Nomen aus dem Lateinischen und Griechischen, die auf *-ist, -ent, -ant, -at, -oge* usw. enden *(der Student, der Praktikant, der Christ, der Biologe)*.

	Singular	Plural
Nominativ	der Mensch, der Bär, der Polizist	die Menschen, die Bären, die Polizisten
Akkusativ	den Menschen, den Bären, den Polizisten	die Menschen, die Bären, die Polizisten
Dativ	dem Menschen, dem Bären, dem Polizisten	den Menschen, den Bären, den Polizisten
Genitiv	des Menschen, des Bären, des Polizisten	der Menschen, der Bären, der Polizisten

Plural

der Apfel – drei Äpfel – 1 Kilo Äpfel

-n / -en	Schulen, Kisten, Kollegen, Familien, Schwestern, Studenten, Türen, Zeichnungen, …
-e / ̈e	Tage, Tiere, Filme, Kurse, Freunde, Söhne, Plätze, Züge, Bahnhöfe, …
-er / ̈er	Kinder, Fahrräder, Länder, Schwimmbäder, …
- / ̈	Lehrer, Computer, Kugelschreiber, Kuchen, Lebensmittel, Äpfel, Brüder, Väter, Kindergärten, …
-s	Taxis, Autos, Fotos, Handys, Babys, Partys, DVDs, iPods, Notebooks, …
-nen	Lehrerinnen, Psychologinnen, Studentinnen, Lernpartnerinnen, Schwägerinnen, …

Manche Nomen haben nur Singular, z. B. das Salz, das Gemüse, der Sport, die Polizei, …
Manche Nomen haben nur Plural, z. B. die Leute, die Geschwister, die Möbel, …

4 Pronomen

Personalpronomen

Das Personalpronomen steht für (= pro) Personen und Nomen.

Nominativ	ich	du	er	es	sie	wir	ihr	sie	Sie
Akkusativ	mich	dich	ihn	es	sie	uns	euch	sie	Sie
Dativ	mir	dir	ihm	ihm	ihr	uns	euch	ihnen	Ihnen

Für Personen:
Ich mag ihn und er mag **mich** auch. Er will mit **mir** zusammen sein.
Frau Moor, wann kommen **Sie**? Soll ich **Ihnen** helfen?

Für Nomen:
Wo ist **der Leergutautomat**? – **Er** ist dort hinten.
Die Leute lachen. Der Film gefällt **ihnen**.

Unpersönliches Pronomen *man*

Generelle Aussage: In der Volkshochschule kann **man** viele verschiedene Kurse besuchen.
Allgemeine Regel (Erlaubnis / Verbot): Hier darf **man** (nicht) rauchen.

Unpersönliches Pronomen *es*

Aussagen über das Wetter:
Verben: **Es** regnet.   **Es** schneit.   (**Es** hat geregnet. / **Es** hat geschneit.)
Adjektive: **Es** ist sonnig.   **Es** ist windig.   **Es** ist kalt / warm.

Possessivpronomen

Das Possessivpronomen ist wie der Possessivartikel – außer im Nominativ maskulin und neutrum.
Hier trägt das Pronomen die Signalendungen **R** (Nominativ maskulin) oder **S** (Nominativ neutrum).
Ist das dein Schal? – Nein, das ist nicht meine**r**, meine**r** ist nicht blau, sondern schwarz.
Du hast ein tolles Fahrrad! – Ja, das ist toll, aber es ist nicht mein**s**. – Ach, ich dachte, es ist dein**s**.

Demonstrativpronomen

Bestimmter Artikel *der / das / die* als Demonstrativpronomen
Welcher Fernseher gefällt Ihnen? – **Der** hier, aber auch **der** da.
Welchen wollen Sie nehmen? Ich glaube, **den** da, **der** ist nicht so teuer.
Welche Kamera empfehlen Sie mir? **Die** da, **die** ist sehr gut getestet.
Deklination ➥ S. 194

Demonstrativartikel *dieser / dieses / diese* und *derselbe / dasselbe / dieselbe* als Pronomen
Welches Hemd möchtest du anprobieren? – **Dieses** da.
Ist das derselbe Mann, der gestern auch schon da war? – Ja, das ist **derselbe.**
Deklination ➥ S. 193

Indefinitpronomen

Unbestimmte Personen
Jeder denkt nur an sich.   **Alle** wollen nur feiern.
Keiner will aufräumen.   **Einige / Manche** haben gerne Gäste.
Einer hilft schließlich doch.   **Viele** haben ungern Gäste.

Unbestimmte Angaben

Hast du schon etwas gegessen? – Nein, ich habe noch nichts gegessen. (Negation)
Er hat mir alles erzählt, alles. – Mir hat er leider nichts erzählt.
Er hat gestern Abend viel getrunken. – Ich habe nichts getrunken.
Ich brauche einen Kuli. – Hier ist einer.
Und dann brauche ich auch noch ein Blatt Papier. – Hier ist eins.
Haben Sie auch Briefumschläge? – Hier sind welche.
Und Briefmarken? – Da habe ich leider keine.

Jeder, alle, viele, einige, manche, etwas, alles und *viel* können auch als Artikelwort in Verbindung mit einem Nomen stehen.
Einige Arbeitgeber erlauben die private Internetnutzung am Arbeitsplatz. Jeder Arbeitnehmer muss die Regeln beachten.

Relativpronomen

	maskulin (m)	neutral (n)	feminin (f)	Plural (m, n, f)
Nominativ	der	das	die	die
Akkusativ	den	das	die	die
Dativ	dem	dem	der	denen
Genitiv	dessen	dessen	deren	deren

Die Relativpronomen sind – außer im Dativ Plural und im Genitiv – identisch mit dem bestimmten Artikel.

maskulin   feminin
Wer ist der Mann, **den** du gegrüßt hast?   Das ist die Frau, **die** an der Tür steht.
                    Akkusativ   Nominativ

Pronomen *einander*

Das Pronomen *einander* drückt eine wechselseitige Beziehung aus. Es steht oft in Kombination mit einer Präposition.
Ich feiere mit meiner Familie und meine Familie feiert mit mir. = Wir feiern miteinander.
Unsere Kinder lernen von uns und wir lernen von ihnen. = Wir lernen voneinander.

5 Negation

Bei Verben: Heute Abend koche ich nicht. Wir gehen ins Restaurant. – Ich gehe nicht mit.
Bei Nomen: Sie kann keinen Kuchen backen, sie hat kein Mehl und keine Eier.
Bei Adjektiven: Er ist nicht nervös.

Mit *nicht mehr, noch nicht* kann man eine Negation differenzieren.
Er ist nicht mehr nervös. Ich habe noch nicht gekocht. Sie hat kein Mehl mehr.

6   Adjektive

Adjektive nach Nomen

Wenn das Adjektiv rechts vom Nomen steht, hat es keine Endung.
Die Schuhe sind neu. Das Kleid ist teuer.

Adjektive vor Nomen

Wenn das Adjektiv links vom Nomen steht, hat es eine Endung. Die Endung hängt vom Artikelwort ab.

	maskulin (m)	neutral (n)	feminin (f)	Plural (m, n, f)
Nominativ	Re	Se	Ee	Een
Akkusativ	Nen	Se	Ee	Een
Dativ	Men	Men	Ren	Nen
Genitiv	Sen	Sen	Ren	Ren

Die Signalendungen (R, S, E, N, M) können entweder am Artikel oder am Adjektiv stehen.
- Wenn das Artikelwort keine Signalendung hat oder wenn es kein Artikelwort gibt, dann hat das Adjektiv die Signalendung: ein großer Mann; sein kleines Haus; schönes Auto!
- Wenn das Artikelwort die Signalendung hat, dann hat das Adjektiv die Endungen *e* oder *en*:
  der große Mann, unsere kleinen Häuser

Adjektive als Nomen

Einige Adjektive werden oft als Nomen verwendet. Sie haben dieselben Endungen wie das Adjektiv.
Die Ärztin behandelt die Obdachlosen kostenlos.
Im Wartezimmer sitzen viele Kranke.
Ein Studienplatz wäre für mich das Größte.

Komparation

Komparativ und Superlativ
Mit Komparativ und Superlativ zieht man Vergleiche. Wenn die Adjektive im Komparativ oder Superlativ rechts vom Nomen stehen, haben sie keine Endung.

	Komparativ	Superlativ
klein	kleiner	am kleinsten
warm	wärmer	am wärmsten
laut	lauter	am lautesten

Eine Maus ist klein, eine Fliege ist kleiner, ein Floh ist am kleinsten.

Umlaut: kurze Adjektive mit *a, o, u* z. B. lang / länger, kurz / kürzer
+ -e: Adjektive auf -d / -t und S-Laute (-s, -ß, -x, -z, -sch) z. B. am süßesten, am hübschesten, am kürzesten

unregelmäßige Formen: hoch–höher–am höchsten, nah–näher–am nächsten, groß–größer–am größten, teuer–teurer–am teuersten, dunkel–dunkler–am dunkelsten, gut–besser–am besten, sehr / viel–mehr– am meisten, gern–lieber–am liebsten

Vor Nomen werden Komparativ und Superlativ dekliniert:

München hat **die schönsten** Biergärten. Aber Hamburg hat **die schöneren** Brücken.

Vergleich mit *wie* und *als*

Es gibt zwei Arten von Vergleichen:

▪ Bei Gleichheit benutzt man *(genau)so* + Adjektiv in der Grundform + *wie*.
▪ Bei Unterschiedlichkeit benutzt man Adjektiv im Komparativ + *als*.

Markus ist **(genau)so alt wie** Sabine, nämlich 28. Aber er ist 30 cm **größer als** sie.

Vergleichssatz (Nebensatz mit *wie, als* und mit *je … desto / umso*) ➡ S. 185

7 Partizipien

Partizipien werden vom Verb abgeleitet. Man unterscheidet zwei Arten von Partizipien:

▪ Partizip Präsens: etwas passiert gleichzeitig mit einer anderen Sache
  koche**n**d, falle**n**d, singe**n**d, verkaufe**n**d, vortrage**n**d, …
  Die Kinder liefen **singend** auf der Straße.
▪ Partizip Perfekt: etwas ist vor einer anderen Sache passiert (meist passivisch)
  gekoch**t**, **ge**fall**en**, **ge**sung**en**, verkauf**t**, vor**ge**trag**en**, …
  Das Denkmal erinnert an die im Krieg **gefallenen** Soldaten.

Beide Partizipien können links vom Nomen stehen und werden dann wie ein Adjektiv dekliniert.
kochend**es** Wasser, die gekocht**en** Kartoffeln

8 Präpositionen

Präpositionen stehen vor einem Nomen (mit oder ohne Artikelwort) oder vor einem Pronomen. Die Präposition bestimmt den Kasus.

Präpositionen mit Akkusativ	gegen, für, ohne
Präpositionen mit Dativ	mit, nach, aus, zu, von, bei, seit
Präpositionen mit Akkusativ oder Dativ (Wechselpräpositionen)	an, auf, in, neben, vor, hinter, über, unter, zwischen
Präpositionen mit Genitiv	trotz, wegen, während

Gülnur kommt **aus der** Türkei, aber sie lebt **seit einem** Jahr **mit ihrem** Mann in Deutschland.
Spartak Moskau spielt heute **gegen den** SV Werder Bremen. Es steht 1:0 **für** Spartak.
Der Teppich liegt **im** Wohnzimmer **vor dem** Bett.
Während des gesamten Schuljahres war das Hallenbad **wegen der** Renovierungsarbeiten geschlossen.

Einige Präpositionen bilden zusammen mit dem bestimmten Artikel eine Kurzform.
in dem = **im**, an dem = **am**, von dem = **vom**, bei dem = **beim**, zu dem = **zum**, zu der – **zur**,
in das = **ins**, an das = **ans**, auf das = **aufs**

9 Lokalangaben

Mit Wechselpräpositionen

	Akkusativ: Wohin stellt / legt / kommt / gehört …?	Dativ: Wo ist / steht / liegt / hängt …?
in	Der Kühlschrank gehört in die Küche.	Der Kühlschrank ist in der Küche.
an	Wir hängen das Bild an die Wand.	Das Bild hängt an der Wand.
auf	Der Fernseher kommt auf den Schrank.	Der Fernseher steht auf dem Schrank.
neben	Das Regal hängen wir neben das Fenster.	Das Regal hängt neben dem Fenster.
über	Der Poster gehört über das Bett.	Der Poster hängt über dem Bett.
unter	Wir stellen die Schuhe unter den Tisch.	Die Schuhe sind unter dem Tisch.
vor	Der Tisch gehört vor das Regal.	Der Tisch steht vor dem Regal.
hinter	Der Papierkorb kommt hinter den Schrank.	Der Papierkorb ist hinter dem Schrank.
zwischen	Die Zeitung kommt zwischen die Bücher.	Die Zeitung ist zwischen den Büchern.

Mit anderen Präpositionen

nach + Ortsname	Wohin?	Wir fahren im Sommer nach Spanien.
zu + D	Wohin?	Geh doch bitte zum Arzt.
bei + D	Wo?	Warst du beim Frisör?
aus + D	Woher?	Lars kommt um 12 aus der Schule.
von + D	Woher?	Wann kommen Sie von der Arbeit nach Hause?
um + A herum	Wo?	Meine Freundin joggt um den See herum.
an + D entlang	Wo?	Wir laufen am Fluss entlang.*
gegen + A	Wohin?	Das Auto ist gegen einen Baum gefahren.
von + D aus	Woher?	Vom Parkplatz aus erreichen Sie uns in 5 Minuten.
bis zu + D	Bis wohin?	Nehmen Sie die S-Bahn 8 bis zum Flughafen.
an + D vorbei	Wo?	Ich gehe jeden Tag an einem Obstmarkt vorbei.

*Die Präposition *entlang* steht hinter dem Bezugswort. Sie kann aber auch mit dem Akkusativ oder dem Genitiv stehen: Ich gehe die Straße entlang. Entlang der Küste ist die Landschaft besonders schön.

Geografische Angaben ➝ Aussichten A1 / A2   Lokalangaben mit Adverbien ➝ S. 201

10 Temporalangaben

Zeitpunkt

um + A	genaue Uhrzeit	Ich stehe um halb acht auf.
gegen + A	ungenaue Uhrzeit	Wir kommen erst gegen Abend. Das Fest beginnt so gegen 9.
an + D	Tag	Wir fahren am Donnerstag nach Berlin.
	Tageszeit	Ich habe am Nachmittag Zeit. aber: In der Nacht hat es geregnet.
	Datum	Silke ist am 12. Januar geboren.
	Feiertag	An Weihnachten kommt die ganze Familie zusammen.
in + D	Woche	In der nächsten Woche schreiben wir einen Test.
	Monat	Im August habe ich Urlaub.
	Jahreszeit	Ostern ist im Frühling.
nach + D		Nach dem Abendessen sieht er oft fern.

vor + D		Wasch deine Hände vor dem Essen. Wir sind vor einem Jahr nach München gekommen.
zwischen + D		Man soll zwischen den Mahlzeiten nichts essen.
– + A		Einen Vormittag / Einen Tag / Eine Woche / Einen Monat vor dem Urlaub. Diese Woche. Letztes Jahr.

Zeitdauer

ab + D	Beginn in der Gegenwart / Zukunft	Ab morgen gelten andere Regeln.
seit + D	Beginn in der Vergangenheit	Wir wohnen seit einem halben Jahr in der Mozartstraße.
von + D … bis (zu) + D		Von neun bis eins. Vom Frühstück bis zum Mittagessen. Von Mittwoch bis Freitag. Von Januar bis März.
bei + D		Beim Joggen höre ich iPod.
– + A		Einen Tag / Eine Woche / Einen Monat (lang).

Temporalangaben mit Adverbien → **11**

11 Adverbien

Lokale Adverbien

hier	rechts	(he)rauf
dort	links	(he)raus
da	oben	(he)rein
	unten	(he)runter
	vorn	(he)rüber
	hinten	

Temporale Adverbien

Zeitpunkt	zeitliche Abfolge	Häufigkeit	Wiederholung	zeitliche Einordnung
heute	zuerst	immer	täglich	schon
gestern	dann	oft	jährlich	noch
morgen	danach	manchmal	dienstags	erst
	zum Schluss	selten	abends	
		nie	nachmittags	

Modaladverbien

sicher(lich)	hoffentlich	gut / schlecht
bestimmt	zum Glück	laut, schnell, …
wahrscheinlich	leider	gern
vermutlich	wirklich	anders
vielleicht	natürlich	…
	…	

Manche Adverbien kann man steigern: oft–öfter, gern–lieber–am liebsten, …

12 Fragewörter

	Nach Personen fragen:	Nach Sachen fragen:
Nominativ	Wer zieht bei Jan ein?	Was ist das?
Akkusativ	Wen ladet ihr ein?	Was brauchst du noch?
Dativ	Wem helfen die Erklärungen?	
Genitiv	Wessen Buch ist das?	

Nach Angaben fragen:

Lokalangaben: Woher kommen Sie? Wo wohnen Sie? Wohin fahren Sie im Sommer?

Temporalangaben: Wann ist der Kurs? Wie oft hast du Kurs? Wie viel Uhr ist es?

Art und Weise: Wie findest du die Musik?

Grund, Ziel: Warum lernst du Deutsch? Wozu machst du diesen Job?

Menge: Wie viel Geld haben Sie dabei?

Typ, Art: **Was für ein** Buch würden Sie gern lesen?

Auswahl (genauer fragen): **Welches** Land besuchen Sie im Sommer?

Das Fragewort *was für (ein/e)* dekliniert man wie den unbestimmten Artikel.

Was für einen Fernseher möchtest du dir kaufen?

Das Fragewort *welche/r/s* dekliniert man wie den bestimmten Artikel.

Welches Handy können Sie mir empfehlen?

Fragewörter mit Präpositionen

Wofür interessieren Sie sich? – **Für** Sprachen. – **Dafür** interessiere ich mich auch. (Sache)

Auf wen warten Sie? – **Auf** meinen Mann. – **Auf den** warte ich auch. (Person)

13 Partikeln

Partikeln werden in einem Gespräch häufig benutzt. Sie drücken sehr viele verschiedene Emotionen aus und geben dem Sprecher die Möglichkeit, das Gesprochene für den Zuhörenden interessanter zu gestalten, die Aussage emotional zu verstärken. Zum Beispiel:

denn	macht eine Frage freundlich oder vorwurfsvoll	Wie heißt du **denn**? Was ist **denn** los? Was soll **denn** das? Wie lange dauert das **denn**?
ja	drückt Überraschung aus, klingt verärgert	Das ist **ja** toll! Du hast **ja** eine neue Brille! Ich komme **ja** schon! Wir konnten das **ja** nicht wissen.
aber	drückt Überraschung aus	Sie können **aber** gut Englisch. Du bist **aber** groß geworden!
doch	klingt vorwurfsvoll	Das gibt's **doch** nicht! Das kann **doch** nicht wahr sein!
mal	macht eine Frage oder eine Aufforderung freundlicher	Kannst du mir bitte **mal** helfen? Komm **mal** her! Essen Sie doch **mal** mehr Obst und Gemüse. Hätten Sie **mal** einen Moment Zeit?
einfach	drückt Verärgerung aus	Den Text verstehe ich **einfach** nicht. Das ist mir **einfach** zu viel.
eben / halt	drücken einen logischen Schluss mit Resignation aus	Das Leben ist **halt** nicht einfach. Dann muss ich **eben** einen neuen Job suchen.
schon	drückt Ermunterung aus	Du schaffst das **schon**!
bloß / nur	drücken eine Warnung aus	Tu das **bloß** nicht!

14 Wortbildung

Zusammensetzungen	**das** Arbeitszimmer (Nomen + Nomen) **der** Wickelraum (Verb + Nomen) **das** Kleinkind (Adjektiv + Nomen) **die** Nebenkosten (Präposition + Nomen) dunkelblau (Adjektiv + Adjektiv) todlangweilig (Nomen + Adjektiv)
Nomen aus Verben	das Schwimmen, das Lesen, … der Wunsch, der Besuch, …
Nomen aus Adjektiven	der Kranke / ein Kranker
Adjektive aus Verben	das Kind ist **verwöhnt**, das **verwöhnte** Kind
Wortbildung mit Präfixen	**un**sympathisch, **un**modern, **un**praktisch, …
Wortbildung mit Suffixen	Nomen: der Lehr**er**, die Mitarbeiter**in**, die Frag**e**, die Fahr**t**, die Wohn**ung**, die Frei**heit**, die Höflich**keit**, die Wissen**schaft**, das Wachs**tum**, das Schwein**chen**, das Kind**lein** Adjektive aus Verben: verstell**bar**, liefer**bar**, spar**sam**, … Adjektive aus Nomen: geduld**ig**, glück**lich**, krit**isch**, alkohol**frei**, erfolg**reich**, humor**voll**, aussichts**los**, …

Die Wortliste enthält alle Wörter und Ausdrücke der Basisaufgaben in *Aussichten B1* (bei Lese- und Hörtexten nur die Wörter, die für das Lösen der Aufgaben wichtig sind).

Die Worteinträge enthalten folgende Informationen:

■ Nomen

Fabrik, die, -en

Wortakzent (lang) Artikel Pluralform

Ärger, der *(nur Sg.)*

Wortakzent (kurz)   kein Plural

■ Verben

beleidigen

Infinitiv

abbauen, baut ab

bei trennbaren und unregelmäßigen Verben auch 3. Person Singular

halten, hält von + D

bei Verben mit Präpositionalergänzung Hinweis auf Präposition und Kasus

Presse, die, -n *(Werkzeug)*

bei Wörtern mit mehreren Bedeutungen Hinweis zur Unterscheidung

Die Zahl hinter dem Wort zeigt, auf welcher Seite das Wort zum ersten Mal vorkommt.
Wörter für die Prüfung *Zertifikat Deutsch* sind mit einem Punkt markiert.

Abkürzungen:
Sg. = Singular
Pl. = Plural
jmdn. = jemanden
jmdm. = jemandem
etw. = etwas
A = Akkusativ
D = Dativ
ugs. = umgangssprachlich

A Abbau, der *(nur Sg.)* 60
abbauen, baut ab 60
• Abfall, der, -̈e 77
abfragen, fragt ab 50
• Abgeordnete, der / die, -n 119
abknipsen, knipst ab 165

Ablauf, der, -̈e 60
ablegen, legt ab *(Prüfung)* 17
• abnehmen, nimmt ab 53
Abonnement, das, -s 48
abschalten, schaltet ab 77
abschleppen, schleppt ab 67
Absendung, die *(nur Sg.)* 49
• Absicht, die, -en 116
absolvieren 85
Abteil, das, -e 65
Abteilungsleiter, der, - 59
abwechselnd 144
Abwechslung, die *(nur Sg.)* 15
abwechslungsreich 68
abwehren, wehrt ab 52
abweichen, weicht ab von + D 49
Abwicklung, die *(nur Sg.)* 83
• ähnlich 99
ahnungsvoll 50
aktualisieren 76
Akzent, der, -e 133
akzeptieren 138
allergisch 30
• Alltag, der *(nur Sg.)* 106
• als *(Konnektor)* 44
Altenpflegerin, die, -nen 84
altersgerecht 46
Altersvorsorge, die *(nur Sg.)* 12
Altstadt, die, -̈e 145
ambulant 17
amerikanisch 99
an … vorbei 114
Analyse, die, -n 118
andererseits 135
anderthalb 50
Andrang, der *(nur Sg.)* 117
anerkennen, erkennt an 154
Anerkennung, die, -en 154
Anfänger, der, - 75
anfertigen, fertigt an 17
anfühlen, sich, fühlt sich an 10
angeben, gibt an *(Daten)* 35
Angelegenheit, die, -en 147
angeln 152
angemessen 138
angreifen, greift an 138
• ängstlich 10
• anhaben, hat an 98
Anhänger, der, - 96
Anhöhe, die, -n 165
anhören, sich, hört sich an 47
anklopfen, klopft an 126
• ankommen, kommt an auf jmdn. / etw., 136
ankündigen, kündigt an 48
anlächeln, lächelt an 126
anlegen, legt an *(Geld)* 12
anlocken, lockt an 100
annähern, sich, nähert sich an 132
anpacken, packt an 168

anprobieren, probiert an 96
Anregung, die, -en 51
• anschaffen, schafft an 47
• anschauen, schaut an 98
• anscheinend 165
anschreien, schreit an 79
ansetzen, setzt an 112
Ansprechpartner, der, - 51
Ansprechpartnerin, die, -nen 51
anstarren, starrt an 79
anstellen, sich, stellt sich an 56
ansteuern, steuert an 131
• anwesend 60
Anzahlung, die, -en 35
• anzünden, zündet an 100
Arbeiterklasse, die (nur Sg.) 99
Arbeitsamt, das, ̈er 142
Arbeitskraft, die, ̈e 155
Arbeitsweise, die, -n 152
Arbeitszeiterfassung, die (nur Sg.) 61
Arbeitszeugnis, das, -se 152
Architekt, der, -en 43
Architektur, die (nur Sg.) 147
ARD, die (Abk. für Arbeitsgemein-
    schaft der öffentlich-rechtlichen
    Rundfunkanstalten der
    Bundesrepublik Deutschland) 130
• Ärger, der (nur Sg.) AB 4
• ärgerlich 64
Ärgernis, das, -se 62
Armee, die, -n 81
• Art, die -en 152
Arzneimittel, das, - 51
Aspekt, der, -e 129
Assoziation, die, -en 69
• Asyl, das, -e 111
• Atmosphäre, die (nur Sg.) 25
Atomkraft, die (nur Sg.) 77
Attraktion, die, -en 100
aufdecken, deckt auf 117
• auffordern, fordert auf 19
Aufforderung, die, -en 121
• aufgeben, gibt auf 119
aufhalten, hält auf (Tür) 126
aufheben, hebt auf (Termin) 36
auflisten, listet auf 60
• aufmerksam 137
• aufregen, sich, regt sich auf über
    + A 72
aufregend 18
aufreißen, reißt auf 121
Aufstieg, der, -e 42
auftreten, tritt auf 130
Auftritt, der, -e 136
• aufwachen, wacht auf 13
Aufwand, der (nur Sg.) 99
Augenoptiker, der, - 85
Ausblick, der, -e 100
ausgebucht 34
• ausgehen, geht aus 12

ausgelassen 163
• ausgezeichnet 152
Ausgleich, der (nur Sg.) 168
aushalten, hält aus 14
auskennen, sich, kennt sich aus 28
auskommen, kommt aus mit + D 43
auslaufen, läuft aus 104
Auslese, die, -n 118
auslösen, löst aus 30
ausmachen, macht aus (Anteil
    haben) 131
• ausmachen, macht aus (Gerät) 11
ausprobieren, probiert aus 12
Ausrede, die, -n 82
ausreden lassen, lässt ausreden 132
• ausreichend 150
ausrichten, richtet aus nach + D 131
Aussage, die, -n 11
Ausschank, der (nur Sg.) 105
ausschütten, schüttet aus 168
• außen 98
Außendienst, der (nur Sg.) 51
Außenpolitik, die (nur Sg.) 118
• außer 32
äußern, sich 135
• Aussicht, die, -en 158
aussichtslos 158
aussichtsreich 158
aussprechen, sich, spricht sich aus
    168
Ausschreibung, die, -en 82
• Ausstellung, die, -en 58
• aussuchen, sucht aus (sich) 65
Austausch, der (nur Sg.) 75
• Ausweis, der, -e 48
auswendig 50
Auswertung, die, -en 138
auszahlen, sich, zahlt sich aus 168
Auszug, der, ̈e 8
• Autor, der, -en 68

B Babyfon, das, -e 18
Bach, der, ̈e 114
• Badewanne, die, -n 128
Bahnsteig, der, -e 164
banal 130
Band, das, ̈er 50
• Bank, die, ̈e 102
Bankleitzahl, die, -en 49
• Bar, die, -s 31
barfuß 100
barock 145
Barriere, die, -n 142
barsch 106
Basis, die, Basen 144
Bass, der, ̈e (Instrument) 21
Basteln, das (nur Sg.) 75
• Bau, der, -ten 147
Baudenkmal, das, ̈er 145
• Bauer, der, -n 100
Baumwolle, die (nur Sg.) 96

Bauwerk, das, -e 147
• Beamte, der, -n 63
• beantragen 60
beantworten 52
beauftragen 119
Beauftragte, der / die, -n 60
• Bedarf, der (nur Sg.)
    bei Bedarf 48
Bedeutung, die, -en 131
Bedienungsanleitung, die, -en 150
bedrängen 79
Bedürfnis, das, -se 84
Bedürftige, der / die, -n 110
beeinflussen 99
beerdigen 120
Beet, das, -e 162
befinden, sich 96
Begegnung, die, -en 106
Begehung, die, -en 60
begleiten 60
Begleitung, die, -en 74
Begriff, der, -e 150
Begründung, die, -en 49
Begrüßung, die, -en 52
• behandeln 110
beherrschen 152
• behindert 134
beibehalten, behält bei 131
beibringen, bringt bei 74
beinahe 131
beispielsweise 150
beitreten, tritt bei 147
belästigen 79
• beleidigen 62
Beleidigung, die, -en 63
beleuchten 99
bellen 150
belohnen (sich) 14
Belohnung, die, -en 31
belügen 134
bemängeln 137
• bemühen, sich, um + A 80
Benachteiligung, die, -en 134
Benehmen, das (nur Sg.) 28
beneidenswert 112
Benutzung, die (nur Sg.) 35
Beobachtung, die, -en 133
• bereit 52
Bereitschaft, die (nur Sg.) 36
Berufsabschluss, der, ̈e 154
Berufsunfähigkeit, die (nur Sg.) 103
Berufung, die, -en 112
• berühmt 67
berühren 28
• beschädigen 104
beschaulich 145
Bescheinigung, die, -en 20
Beschluss, der, ̈e 118
beschmutzen 104
Beschreibung, die, -en 49

empfinden 106
energisch 147
engagieren jmdn. 19
entfallen, entfällt 60
entfernen etw. 53
• Entfernung, die, -en 35
• enthalten, enthält 30
• entlang 114
entlegen 145
• entscheiden, sich 43
Entscheidungsprozess, der, -e 81
Entspannung, die (nur Sg.) 24
entsprechen, entspricht etw./
    jmdm. 49
• entstehen 104
• entweder … oder … 18
Entwicklung, die (hier nur Sg.) 51
entwicklungsfähig 152
Epoche, die, -n 69
Erdnuss, die, ‑e 29
erfassen 150
erfolgreich 82
erforschen 112
ergeben, ergibt 99
• Ergebnis, das, -se 118
Ergebnisprotokoll, das, -e 60
Erhalt, der (nur Sg.) 49
erhalten sein 144
erhalten, erhält 155
erheben 117
Erinnerung, die, -en 110
• erkennen 66
• erkundigen, sich 106
erläutern 52
• erledigen 137
erleichtern 154
erleichtert 164
Erleichterung, die (nur Sg.) 142
erleiden 120
Ermittler, der, - 119
ernennen 147
Ernst, der (nur Sg.) 135
• eröffnen 59
Eröffnung, die, -en 58
erraten, errät 106
Erschöpfung, die (nur Sg.) 120
• erschrecken, erschrickt 165
erschüttern 117
• erst mal 24
erstaunlich 68
erstaunt 10
Erstellung, die (nur Sg.) 113
erwachsen 13
• Erwachsene, der / die, -n 30
• erwarten etw. 49
erwarten von + D 83
Erwartung, die, -en 49
erwecken 98
erwerben, erwirbt 152
Erwerbsarbeit, die (nur Sg.) 112

etablieren, sich 152
ethnisch 134
europäisch 144
Europäische Union, die (nur Sg.) 80
europaweit 145
• eventuell 113
Examen, das, - 8
Experiment, das, -e 166
exportieren 117
Expressionismus, der (nur Sg.) 69
extern 82
extra 35
F • Fabrik, die, -en 77
Fachkraft, die, ‑e 154
Fachmann, der, Fachleute 51
Fahrzeugpapiere, die (nur Pl.) 62
• fair 31
Fälscher, der, - 117
familiär 144
fantastisch 18
Fass, das, ‑er 139
Fassade, die, -n 145
Fauna, die, Faunen 112
Feedback, das, -s 137
fegen 168
Fehler, der, - 52
• fein 32
Feindseligkeit, die, -en 118
Fels(en), der, -en (-) 114
Ferse, die, -n 119
fertig stellen 147
Fertigung, die (hier nur Sg.) 51
• festhalten, hält fest 169
festnehmen, nimmt fest 117
feststehen, steht fest 112
• feststellen, stellt fest 28
fettarm 32
Feuerwerk, das, -e 100
Filter, der, - 58
Finanzen, die (nur Pl.) 61
• Finger, der, - 63
flackern 164
Flair, das, -s 145
flattern 50
Fleiß, der (nur Sg.) 81
fleißig 21
fließend 84
Flora, die, Floren 112
Floskel, die, -n 152
Fluch, der, ‑e 121
flüchten 81
Flüchtigkeitsfehler, der, - 137
Flugblatt, das, ‑er 78
• Fluss, der, ‑e 114
folgend- 52
Folie, die, -n 137
Forderung, die, -en 49
Förderunterricht, der (nur Sg.) 17
Formalität, die, -en 20
Formulierung, die, -en 85

Forschung, die (hier nur Sg.) 80
Forstwirt, der, -e 113
Forstwirtin, die, -nen 113
Fortgeschrittene, der / die, -n 75
fortsetzen, setzt fort 56
Fotografieren, das (nur Sg.) 74
Fraktion, die, -en 120
Frechheit, die, -en 132
Freizeitausgleich, der (nur Sg.) 60
• Freundschaft, die, -en 144
friedlich 162
Frist, die, -en 49
frustriert 37
• führen 80
fundiert 51
• furchtbar 64
furios 106
Fußboden, der, ‑ 53
Futter, das (nur Sg.) 117
G Gang, der, ‑e (Essen) 26
garantieren 154
Gasse, die, -n 146
Gastgeber, der, - 28
Gaststätte, die, -n 31
Gatte, der, -n 18
• Gebiet, das, -e 112
gebildet 130
Gebrauch, der (nur Sg.)
    Gebrauch machen von + D 49
• Gedanke, der, -n 165
Gedenkort, der, -e 111
Gedicht, das, -e 50
geduldig 138
• gefallen lassen, sich, lässt sich
    gefallen etw. 64
Gefallen, der, - 36
gefedert 165
• gegenüber 144
Gegenüber, das (nur Sg.) 99
gegenüberstehen, steht gegenüber
    jmdm. / etw. 135
gehen um + A 123
Gehirn, das, -e 63
gekleidet sein 98
Geliebte, der / die, -n 120
• gelten, gilt 28
Gemälde, das, - 67
gemein 165
Gemeinde, die, -n 165
• Gemeinschaft, die, -en 74
• Genehmigung, die, -en 155
Generation, die, -en 45
Genie, das, -s 75
genießen 25
Gentechnik, die (nur Sg.) 77
genügen 49
Genuss, der, ‑e 26
gepflegt 99
Geräusch, das, -e 24
Gerichtsverfahren, das, - 63

gesamt- 28
Geschäftsführer, der, - 120
Geschick, das *(hier nur Sg.)* 83
• Geschmack, der, ⁼er 68
Geschnatter, das *(nur Sg.)* 118
Geselle, der, -n 154
gesetzlich 152
Gesichtsausdruck, der, ⁼e 66
gestattet 31
Geste, die, -n 126
gestreift 96
Gewächs, das, -e 115
gewährleisten 80
• Gewicht, das, -e 17
• Gewinn, der, -e 8
• Gewohnheit, die, -en 106
gewohnt 12
Gier, die *(nur Sg.)* 120
• Gift, das, -e 117
Giftmüll, der *(nur Sg.)* 117
Gipfel, der, - 165
Giraffe, die, -n 18
Glaube, der *(nur Sg.)* 113
• gleichberechtigt 72
Gleichgesinnte, der / die, -n 74
• gleichmäßig 131
Gleitzeit, die *(nur Sg.)* 61
Glocke, die, -n 139
gnädig 100
• Gott, der, ⁼er 100
Grafik, die, -en 52
grandios 68
• gratis 150
greifen
    in die Tasche greifen 63
grenzen an + A 144
• Griff, der, -e
    im Griff haben 135
großartig 18
Grundgesetz, das *(nur Sg.)* 134
grundsätzlich 48
Grünen, die *(nur Pl.)* 80
Grünkohl, der *(nur Sg.)* 100
gut gelaunt 37
Gute Nacht! 26
Guten Appetit! 26
H • Hafen, der, ⁼ 32
Haft, die *(nur Sg.)* 63
Haftpflicht, die *(nur Sg.)* 102
• Halbpension, die *(nur Sg.)* 34
Halle, die, -n 147
Hallig, die, -en 100
Halt! 67
• halten, hält von + D 80
halten, sich, hält sich an + A 139
• Handarbeit, die *(hier nur Sg.)* 75
• handeln *(agieren)* 37
handeln, sich um + A 118
Handlung, die, -en 123
Handout, das, -s 52

Häppchen, das, - 58
Harfe, die, -n 50
Haselnuss, die, ⁼e 29
• Hauptsache, die, -n 28
Hauptstadt, die, ⁼e 144
Hausrat, der *(nur Sg.)* 103
Hausverwaltung, die, -en 48
Hautausschlag, der, ⁼e 30
Hautfarbe, die, -n 134
heften, sich an + A 119
heidnisch 100
heimisch 115
Heirat, die, -en 8
Heizungsinstallateur, der, -e 85
Hektik, die *(nur Sg.)* 107
herausfinden, findet heraus 118
Herausforderung, die, -en 84
Herausgeber, der, - 123
Herausgeberin, die, -nen 123
herauskommen, kommt heraus 99
Herbergsmutter, die, ⁼ 146
Herkunft, die *(nur Sg.)* 134
herstellen, stellt her *(fertigen)* 113
Hersteller, der, - 150
Herstellung, die *(nur Sg.)* 110
hervorragend 85
hervorstechen, sticht hervor 144
hiermit 49
Hilfestellung, die, -en 138
Hintergrund, der, ⁼e 66
Hinterhof, ⁼e 147
• Hinweis, der, -e 30
hip 96
Hochschule, die, -n 154
Hochsprache, die, -n 148
• höchstens 128
• Hoffnung, die, -en 142
Höflichkeit, die *(nur Sg.)* 65
Höhe, die, -n
    in Höhe von 49
Höhepunkt, der, -e 131
Höhle, die, -n 114
holprig 150
Homosexuelle, der / die, -n 111
horchen 50
Hormon, das, -e 168
Horoskop, das, -e 168
Hospital, das, -e / ⁼er *(österr., schweiz.*
    für Krankenhaus) 165
• Huhn, das, ⁼er 30
Hülle, die, -n 98
I Idealist, der, -en 115
Idiot, der, -en 64
illegal 117
Immatrikulation, die, -en 8
immerhin 150
in sein 96
inbegriffen 35
indirekt 136
• Industrie, die, -n 51

informativ 123
Inhaber, der, - 80
Inhaberin, die, -nen 80
• Inhalt, der, -e 51
Initiativbewerbung, die, -en 82
Initiative, die, -n 72
Innenpolitik, die *(nur Sg.)* 118
• innerhalb 20
innerstädtisch 144
Innovation, die, -en 51
instand sein 112
interkulturell 106
intern 51
interpretieren 106
Interviewer, der, - 99
irre 113
irritiert 106
J Jahrhundert, das, -e 123
Jahrzehnt, das, -e 42
• je 96
• je ... desto / umso ... 130
• Journalist, der, -en 122
• Jude, der, -n 111
jüdisch 42
Jugendherberge, die, -n AB 28
Jungfrau, die, -en 168
Justiz, die *(nur Sg.)* 44
K Kabinett, das, -e 118
Kalb, das, ⁼er 150
Kalte Krieg, der 145
Kampagne, die, -n 134
Kampf, der, ⁼e 119
Kandidatin, die, -nen 110
Kapelle, die, -n (Musik-) 100
kaputtgehen, geht kaputt 104
kariert 96
Karotte, die, -n 29
Karussell, das, -s / -e 94
Katalog, der, -e 49
kaufmännisch 155
• Kern, der, -e 144
Killer, der, - 119
Kinderpflegerin, die, -nen 155
Kiwi, die, -s 29
• klagen über + A 154
klar 123
klatschen 95
Kleinstadt, die, ⁼e 144
Klinik, die, -en 51
Klinikleitung, die, -en 58
• Kloß, der, ⁼e 27
• knapp 103
knarren 121
• Kneipe, die, -n 31
Kochbuch, das, ⁼er 122
Kombination, die, -en 98
Kommission, die, -en 51
Kommunalwahl, die, -en 78
Kompetenz, die, -en 98
• Konferenz, die, -en 51

- König, der, -e 100
- Königin, die, -nen 100
- Konjunktur, die, -en 59
- konkret 135
- konstruktiv 138
- Konsum, der (nur Sg.) 131
- Kontinuität, die (nur Sg.) 80
- Kontoinhaber, der, - 49
- Kontonummer, die, -n 49
- Kontrolleur, der, -e 64
- konventionell 110
- konzentrieren, sich 14
- koordinieren 83
- Kopftuch, das, ¨er 134
- Korb, der, ¨e 27
- Korkenzieher, der, - 27
- Körperverletzung, die, -en 162
- Kostüm, das, -e 96
- Krabbelalter, das (nur Sg.) 132
- Kräuter, die (nur Pl.) 32
- Krebs, der (nur Sg.) 43
- Krebs, der, -e (Tier) 168
- Kreis, der, -e 95
- Krise, die, -n 80
- Kritikfähigkeit, die (nur Sg.) 137
- kritisieren 138
- Kuh, die, ¨e 29
- Kulisse, die, -n 119
- Kultur, die, -en 66
- kulturell 68
- Kundendienst, der, -e 60
- Kundgebung, die, -en 77
- küren 150
- Kurtaxe, die (nur Sg.) 34
- Kurzgeschichte, die, -n 119
- Küste, die, -n 100
- Kutsche, die, -n 100

L Laborassistentin, die, -nen 84
   Lage, die (hier nur Sg.)
      in der Lage sein 98
   Laie, der, -n 68
   Landgericht, das, -e 117
   Lappen, der, - 53
- Lärm, der (nur Sg.) 13
   Lärmbelastung, die, -en 58
- lassen, lässt
      in Ruhe lassen 57
   Laterne, die, -n 164
   Latte, die, -n 116
   Laubbaum, der, ¨e 115
   Lauf, der, ¨e 100
   Laufbahn, die, -en 119
   launisch 136
   lauschen 13
   laut + G (Präposition) 131
   lebendig 69
- Leder, das (nur Sg.) 97
   Lederhose, die, -n 97
   legen, sich 168
   Lehrgang, der, ¨e 84

Lehrwerk, das, -e 51
Leiche, die, -n 120
- leiden unter + D 30
Leidenschaft, die, -en 75
leidenschaftlich 84
Leinen, das (nur Sg.) 96
Leiter, der, - 83
Lektüre, die, -n 119
Lenker, der, - 165
lesbisch 134
Leseratte, die, -n 119
Lesung, die, -en 40
- liberal 80
- Liebe, die (nur Sg.) 112
liebevoll 11
liegen
   am Herzen liegen jmdm. etw. 72
Literatur, die, -en 16
lodern 100
Logistik, die (nur Sg.) 51
- Lohn, der, ¨e 77
- lohnen, sich 113
Los, das, -e 94
Lotto, das, -s 12
Löwe, der, -n 168

M Macke, die, -n 138
   Magazin, das, -e 110
   Magnet, der, -e 35
- Malen, das (nur Sg.) 74
   Mangel, der, ¨ 154
   mangelnd 106
   manipulieren 117
- Märchen, das, - 164
   Marketing, das (nur Sg.) 61
- Maschine, die, -n 49
   Maschinenbau, der (nur Sg.) 155
   massieren 33
   Maßnahme, die, -n 113
- Material, das, -ien 97
   Mediengestalter, der, - 83
   Mediengestalterin, die, -nen 83
   meditieren 143
   Medium, das, Medien 118
   melden, sich 21
   Meldung, die, -en 118
   Menschenrechte, die (nur Pl.) 72
   mental 143
   Menü, das, -s 26
   Merkmal, das, -e 99
   Messe, die, -n (in der Kirche) 165
   Militär, das (nur Sg.) 164
   Millionär, der, -e 129
   Minirock, der, ¨e 96
   Mischung, die, -en 51
   mitgestalten, gestaltet mit 72
   mitmachen, macht mit 72
   mitreden, redet mit 72
   Mittelschicht, die, -en 99
   mobben 134
- Mode, die, -n 41

Modenschau, die, -en 40
modisch 99
Molke, die (nur Sg.) 30
- Mord, der, -e 121
Motiv, das, -e 120
motiviert 84
Mountainbike, das, -s 112
Müdigkeit, die (nur Sg.) 163
- Mühe, die, -n
   sich Mühe geben 138
Müllofen, der, ¨ 77
Muschel, die, -n 29
mutmaßlich 117
Muttersprachler, der, - 72
Mythos, der, Mythen 119

N nachdem (Konnektor) 147
   Nachforschung, die, -en 119
   Nachname, der, -n AB 18
- Nadel, die, -n 116
   Nadelbaum, der, ¨e 115
- Nahrungsmittel, das, - 30
   Nationalpark, der, -s 112
   Nationalsozialismus, der (nur Sg.) 111
   Naturschutz, der (nur Sg.) 113
   Naturwissenschaft, die, -en 154
   Navigationsgerät, das, -e 62
   Neugier, die (nur Sg.) AB 4
- neugierig 10
   nicht nur …, sondern auch … 19
   niedlich 18
   niemals 13
   niemand 53
   Niveau, das, -s 17
   Nordsee, die 100
- Not, die, ¨e 137
- Note, die, -n 17
- notieren 21
- Notiz, die, -en 17
- Nudel, die, -n 27
   Nuss, die, ¨e 30
   Nutzer, der, - 118
   Nutzung, die, -en 131

O • obwohl 68
   Odyssee, die (nur Sg.) 19
   offenbar 117
   offen halten, hält offen 168
- Öffentlichkeit, die (nur Sg.) 119
   Öffentlichkeitsarbeit, die (nur Sg.) 113
   Ohrfeige, die, -n 63
   ökologisch 32
- Opfer, das, - 111
   optimieren 15
   optimistisch 155
   optisch 147
   Organigramm, das, -e 61
   Orkan, der, -e 168
   Ostern, das, - 34
   Ostsee, die 145

schon (Partikel) 128
schonen 53
Schönheit, die, -en 97
Schrei, der, -e 164
• schreien 116
Schreiner, der, - (süddt., westdt.) 105
Schreinerei, die, -en 113
• Schrift, die, -en 139
schrill 97
Schrubber, der, - 53
schüchtern 62
• schuld sein an + D 102
• Schulden, die (hier nur Pl.) 118
schuldlos 102
Schulter, die, -n 96
schunkeln 94
Schürze, die, -n 96
schütteln 165
Schütze, der, -n 168
• schwach 150
Schwachsinn, der (nur Sg.) 132
schwerfallen, fällt schwer jmdm. etw. 12
• Schwierigkeit, die, -en 106
• schwul 134
See, der, -n 24
Seerose, die, -n 114
Seide, die (nur Sg.) 96
seit (Konnektor) 147
seitdem (Konnektor) 147
• selbst 48
Selbstbeteiligung, die, -en AB 97
selbstbewusst 82
Selbstbewusstsein, das (nur Sg.) 113
Sellerie, der, - 20
Semmel, die, -n 105
Senat, der, -e 42
Senator, der, -en 42
• Sendung, die, -en 129
Serie, die, -n AB 128
servieren 32
Serviette, die, -n 27
setzen auf + A 112
sexuell 134
Show, die, -s 100
Sieger, der, - 150
Signal, das, -e 98
signalisieren 28
Single, der, -s 168
Sinn, der (hier nur Sg.) 77
sinnlos 81
Sitte, die, -n 28
Skandal, der, -e 78
skeptisch 112
Skizze, die, -n 114
Skorpion, der, -e 168
Slalom, der, -s 132
Smalltalk, der, -s 16
Soap, die, -s 129
Software, die, -s 60

Sohle, die, -n 53
Soja, die (nur Sg.) 29
• Soldat, der, -en 147
• Sonderangebot, das, -e 31
Song, der, -s 68
Sonnenbrand, der, -̈e 29
Sorgfalt, die (nur Sg.) 137
sorgfältig 48
Sorry! 66
sowie 44
• sowohl ... als auch ... 19
• Sozial- 42
Soziologie, die (nur Sg.) 44
spätestens 36
SPD, die (Abkürzung für Sozialdemokratische Partei Deutschlands) 42
Spekulation, die, -en 117
spenden 12
Spezialeinheit, die, -en 117
spezialisiert 85
Spielplatz, der, -̈e 114
spinnen 116
Spinner, der, - 110
Spitze, die, -n 119
Sprachkenntnisse, die (nur Pl.) 72
Sprachmittler, der, - 150
Sprecher, der, - 117
sprengen 147
Spur, die, -en 146
spüren 165
• Staat, der, -en 117
• Staatsangehörigkeit, die, -en 80
Staatsbürgerschaft, die, -en 142
Stäbchen, das, - 28
stahlblau 67
Stammtisch, der, -e 72
• Standesamt, das, -̈er 20
stapfen 112
stark machen, sich für + A 72
Statistik, die, -en 82
• statt 128
Status, der (nur Sg.) 96
Staub, der (nur Sg.) 30
Steckbrief, der, -e 17
stehen
    zur Verfügung stehen 19
• stehlen, stiehlt 67
Steilhang, der, -̈e 165
• Stein, der, -e 110
Steinbock, der, -̈e 168
Stelle, die, -n (Ort) 131
Stellengesuch, das, -e 82
• Stellung, die, -en
    Stellung nehmen 133
• Stempel, der, - 48
• sterben, stirbt 43
Stereotypisierung, die, -en 99
Sternzeichen, das, - 168
stets 152

Stiefmutter, die, -̈ 164
Stier, der, -e 168
• still 56
Stille, die (nur Sg.) 13
stillstehen, steht still 145
stimmen (jmdn. irgendwie) 100
• stimmen für + A 81
• stinken 77
Stock, der, -̈e 165
Stoff, der, -e (Lernstoff) 15
• Stoff, der, -e (Textil) 67
stolpern 104
• stolz 10
Stolz, der (nur Sg.) 142
Stoppelfeld, das, -er 100
stoßen, stößt auf + A 118
Strafzettel, der, - 62
strategisch 144
• Strecke, die, -n 164
streifen 50
stricken 76
Stroh, das (nur Sg.) 100
strukturieren 137
Studentenparlament, das, -e 72
Studie, die, -n 99
• Stufe, die, -n 121
stürmen 162
Sünde, die, -n 145
Surfer, der, - 97
symbolhaft 147
Synagoge, die, -n 146
Systematik, die, -en 152
T   Tagebuch, das, -̈er 17
Tagesmutter, die, -̈ 18
Tagesordnungspunkt, der, -e 60
Tagesschau, die (nur Sg.) 129
Tageszeitung, die, -en 131
• Tal, das, -̈er 145
Talkrunde, die, -n 132
Talkshow, die, -s 129
Tanne, die, -n 114
• Tat, die, -en 120
• Täter, der, - 63
tätig sein 51
• Tätigkeit, die, -en 44
Tatort, der, -e 120
• Tatsache, die, -n 132
• tatsächlich 161
Teenager, der, - 162
Teich, der, -e 114
teilweise 118
Telefonanlage, die, -n 61
• Terrasse, die, -n 32
Terror, der (nur Sg.) 118
Test, der, -s 20
Theorie, die, -n 17
Tischler, der, - 105
• Titel, der, - 82
• Tod, der, -e 8
todlangweilig (ugs.) 18

- tolerant 135
Ton, der *(Material, nur Sg.)* 168
Tor, das, -e *(am Gebäude)* 147
Torwandschießen, das *(nur Sg.)* 102
Tote, der / die, -n 111
töten 120
Tour, die, -en 146
Tracht, die, -en 94
Tram, das, -s *(schweiz.)* 105
- Transport, der, -e 104
- transportieren 104
Tratsch, der *(nur Sg.)* 139
Traum, der, ⸚e 10
traumatisieren 111
traumhaft 158
Trauring, der, -e 168
treffen, trifft (Entscheidung) 61
Treppenhaus, das, ⸚er 121
Trottel, der, - 62
- trotz *(Präposition)* 104
trüb 158
Trubel, der *(nur Sg.)* 162
Tschechien 145
- Turm, der, ⸚e 165
U überholen 164
Überlastung, die *(nur Sg.)* 120
- übernachten AB 28
- Übernachtung, die, -en 35
Überprüfung, die, -en 154
überraschen jmdn. etw. 103
überrascht 10
- überreden 37
überreichen 106
übersehen, übersieht 106
übertragen, überträgt 150
übertreiben 132
übertrieben 65
- überweisen 49
überwiegend 118
überwinden 142
- überzeugen jmdn. 51
überzeugen, sich 40
- üblich 26
übrig sein 164
übrigens 162
- Ufer, das, - 144
um … herum 114
- um … zu … *(Konnektor)* 51
- umarmen, sich 126
umfassend 68
- Umgebung, die, -en 112
umgehen, geht um mit + D 85
umgehend 49
umschalten, schaltet um 128
umschauen, sich, schaut sich um
   nach + D 168
umschlagen, schlägt um in + A 118
umstoßen, stößt um 102
umstrukturieren, strukturiert um 59
- Umwelt, die *(nur Sg.)* 72

umziehen, zieht um 46
unabhängig 45
unangenehm 37
unauffällig 99
unbedingt 36
unbeschädigt 145
undurchschaubar 80
unerlässlich 51
unerträglich 58
ungerecht 64
ungewiss 159
ungewöhnlich 112
Uniform, die, -en 63
unmittelbar 144
unpassend 47
Unrecht, das *(nur Sg.)* 136
unterbrechen, unterbricht 56
unterdrücken 121
unterhaltsam 68
- Unterhaltung, die, -en 56
- Unterkunft, die, ⸚e 168
Unterlagen, die *(hier nur Pl.)* 20
- unternehmen, unternimmt 43
Unternehmensversammlung,
   die, -en 59
- unterscheiden, sich 42
- Unterschied, der, -e 106
unterschiedlich 28
Unterschlupf, der *(nur Sg.)* 42
untersuchen 32
Unterweisung, die, -en 60
unterzeichnen 147
unübersichtlich 137
unzulässig 134
urig 146
Urkunde, die, -n 154
- Urteil, das, -e 99
V Variante, die, -n 97
variieren 96
Veilchen, das, - 50
Veränderung, die, -en 12
- Veranstaltung, die, -en 83
Verantwortliche, der / die, -n 60
- Verantwortung, die *(nur Sg.)* 42
verantwortungsbewusst 132
Verantwortungsbewusstsein, das
   (nur Sg.) 152
verärgert 10
Verband, der, ⸚e
   (Arbeitgeberverband) 154
verbergen, verbirgt 96
- verbessern 72
verbiegen 104
- Verbindung, die, -en 144
- Verbrechen, das, - 117
verbreiten, sich 118
Verbreitung, die *(nur Sg.)* 118
verbrennen 63
verdichten 147
verdoppeln (sich) 131
vereinen 81

- Verfahren, das, - 63
verfolgen 146
Verfolgte, der / die, -n 111
verfügbar 131
verfügen über + A 32
- Vergangenheit, die *(nur Sg.)* 146
vergehen 137
- verhalten, sich, verhält sich 106
- Verhältnisse, die *(hier nur Pl.)* 81
verhängen 112
verheimlichen 106
Verkauf, der *(hier nur Sg.)* 61
Verlag, der, -e 51
verlaufen, verläuft 144
verlegen sein 165
- verletzen etw. 72
verliebt 13
verlobt 96
Verlust, der, -e 8
vermitteln 81
- Vermittlung, die, -en 82
vernehmen, vernimmt 50
Vernichtung, die *(nur Sg.)* 111
- veröffentlichen 118
verprügeln 134
- verraten, verrät 165
- verreisen 162
verrichten 164
- verrückt 78
Verschluss, der, ⸚e 96
Versehen, das, -
   aus Versehen 49
verseucht 117
- versichern 104
- versprechen, verspricht 150
Verstand, der *(nur Sg.)* 115
verständlich 59
- Verständnis, das *(nur Sg.)* 59
verständnisvoll 139
- verstecken 152
vertragen, verträgt 30
Vertragsbedingung, die, -en 48
vertrauen jmdm. 98
Vertrauen, das *(nur Sg.)* 59
vertrauensvoll 59
vertrauenswürdig 98
vertreiben 100
Vertreibung, die, -en 111
- Vertreter, der, - 47
Vertrieb, der, -e 51
- verursachen 102
- verurteilen 117
Verurteilte, der / die, -n 63
Verwarngeld, das, -er 112
verwirklichen 110
verwöhnen 31
verzeichnen 131
Vielfalt, die *(nur Sg.)* 105
Vielzahl, die *(nur Sg.)* 99
Villa, die, Villen 12

Vision, die, -en 68
Visitenkarte, die, -n 106
vollkommen 168
Vollpension, die *(nur Sg.)* 35
von ... aus 114
vorangehen, geht voran 147
Voraussage, die, -n 168
vorbei sein 165
• vorbereiten, bereitet vor (etw.) 50
Vorbereitung, die, -en 113
Vordergrund, der *(nur Sg.)* 66
Vorfall, der, ⸚e 119
vorgeben, gibt vor 150
vorgehen, geht vor 120
Vorlesung, die, -en 17
vornehmen, sich, nimmt sich vor 17
Vorsicht, die *(nur Sg.)* AB 4
Vorsitzende, der / die, -n 44
Vorstadt, die, ⸚e 162
Vorstand, der, ⸚e 44
vorübergehend 162
Vorwurf, der, ⸚e 117
vorzeigen, zeigt vor 62

W Waage, die, -n 168
wachhalten, hält wach 110
• wachsen, wächst 113
Wachstum, das *(nur Sg.)* 131
wackeln 102
• Waffe, die, -n 120
wagen 168
• während *(Konnektor)* 44
• während *(Präposition)* 44
wahrnehmen, nimmt wahr 98
Wahrung, die *(nur Sg.)* 49
Wal, der, -e 100
Wange, die, -n 164
• Wäsche, die *(nur Sg.)* AB 26
Wasserfall, der, ⸚e 114
Wassermann, der, ⸚er 168
• wecken 33
• weder ... noch ... 19
wehren, sich 79
Weise, die, -n
   auf diese Weise 99
weiterführend *(Schule)* 51
weiterhin 131
Weizen, der *(nur Sg.)* 29
Weltanschauung, die, -en 134
Weltmeisterschaft, die, -en 97
Wendepunkt, der, -e 8
Werbespot, der, -s 133
• Werk, das, -e 68
• Wert, der, -e 131
Wertpapier, das, -e 117
Wesentliche, das
   im Wesentlichen 152
Wette, die, -n
   um die Wette 95
Wickeltisch, der, -e 78
Widder, der, - 168
Widerruf, der, -e 49

widerrufen 49
widmen, sich jmdm. / etw. 131
Wiederaufbau, der *(nur Sg.)* 147
Wiedererrichtung, die *(nur Sg.)* 147
wiedergutmachen 66
Windel, die, -n 78
wirken 69
Wirksamkeit, die *(nur Sg.)* 51
• Wirkung, die, -en 49
wirtschaftlich 99
Wissen, das *(nur Sg.)* 51
• Wissenschaft, die, -en 44
Wissenschaftler, der, - 99
witzig 65
woanders 56
• wohl *(Partikel)* 78
wohl fühlen, sich 25
Wohlwollen, das *(nur Sg.)* 152
Wohnanlage, die, -n 46
• Wolle, die *(nur Sg.)* 76
wundern jmdn. etw. 103
• Wurst, die *(hier nur Sg.)* 30
Z • zählen 81
zählen zu + D 61
Zahlung, die, -en 49
Zaun, der, ⸚e 114
ZDF, das *(Abk. für Zweites Deutsches Fernsehen)* 130
• Zeichen, das, - 28
• Zeile, die, -n 144
zeitlos 97
Zeitpunkt, der, -e 47
• Zelt, das, -e 94
Zensur, die, -en *(in der Schule)* 165
zerbrechen, zerbricht 104
zerkratzen 104
• zerstören 144
• Zertifikat, das, -e 142
• Zeuge, der, -n 104
Zielgruppe, die, -n 131
Zigeuner, der, - 111
zögern 165
zubereiten, bereitet zu 32
Zuckerwatte, die *(nur Sg.)* 94
• zufällig 137
zufolge 154
Zufriedenheit, die *(nur Sg.)* 152
zugeben, gibt zu 136
Zugehörigkeit, die *(nur Sg.)* 99
• Zukunft, die *(nur Sg.)* 12
zuletzt 85
• Zum Wohl! 26
zurückblicken, blickt zurück 164
zurückerstatten, erstattet zurück 49
zurückhalten, sich, hält sich zurück 137
zurückkommen, kommt zurück auf + A 52
zurücklegen, legt zurück 112
• zurückschicken, schickt zurück 49
zurückweisen, weist zurück 134

zurückziehen, sich, zieht sich zurück 44
• zusammenarbeiten, arbeitet zusammen 61
zusammenbinden, bindet zusammen 165
zusammenbrechen, bricht zusammen 119
Zusammenfassung, die, -en 52
zusammenreißen, sich, reißt sich zusammen 138
Zusammenschluss, der, ⸚e 144
zusammenwachsen, wächst zusammen 144
• zuschauen, schaut zu 97
Zuschauer, der, - 130
Zuständigkeit, die, -en 114
zutrauen, sich, traut sich zu 85
zuvorkommend 152
Zuwachs, der, ⸚e 131
• zwar ..., aber ... 132
Zwilling, der, -e 168
zwischendurch 15
Zwischenfrage, die, -n 52

Bildquellennachweis

Cover Fotolia LLC (Benicce), New York; **8.1** Thinkstock (Hemera), München; **8.2** Klett-Archiv (Bernd Gallandi), Stuttgart; **8.3** shutterstock (StockLite), New York, NY; **8.4** VISUM Foto GmbH (Robert Kluba), Hamburg; **9.1** Getty Images RF (PhotoAlto/Laurence Mouton), München; **9.2; 9.3** Klett-Archiv (Bernd Gallandi), Stuttgart; **12.1** Avenue Images GmbH (Banana Stock), Hamburg; **12.2** iStockphoto (RF/Matt Ramos), Calgary, Alberta; **17** Fotolia LLC (Picture-Factory), New York; **22.1** Mauritius Images (Alamy), Mittenwald; **22.2** VISUM Foto GmbH (Wolfram Steinberg), Hamburg; **22.3** shutterstock (Vaclav Mach), New York, NY; **22.4** Fotolia LLC (charlottelake), New York; **22.5** Thinkstock (Hemera), München; **24.1** Avenue Images GmbH (Imgram Publishing), Hamburg; **24.2; 24.3** Imago, Berlin; **24.4** iStockphoto (Bryan Myhr), Calgary, Alberta; **24.5** Thinkstock (Comstock), München; **25.1** shutterstock (RF), New York, NY; **25.2** Klett-Archiv (Bernd Gallandi), Stuttgart; **25.3** shutterstock (Craig Hanson), New York, NY; **25.4** iStockphoto (mediaphotos), Calgary, Alberta; **26** Thinkstock (Comstock), München; **27** Klett-Archiv (Bernd Gallandi), Stuttgart; **32.1** Logo, Stuttgart; **32.2; 32.3; 32.4** Walfischhaus, Born a. Darß; **34.1** Logo, Stuttgart; **34.2** Walfischhaus, Born a. Darß; **36** Fotolia LLC (Daniel Rieder), New York; **38.1** Logo, Stuttgart; **38.2; 38.3; 38.4** Radio Bremen, Bremen; **39** Mauritius Images (Alamy), Mittenwald; **40.1** shutterstock (BEEE), New York, NY; **40.2** Imago, Berlin; **40.3** shutterstock (Yuri Arcurs), New York, NY; **40.4** Okapia (CMSP/OKAPIA), Frankfurt; **41.1** Imago, Berlin; **41.2** Klett-Archiv (H. Wittmann), Stuttgart; **41.3** Picture-Alliance (Arne Dedert), Frankfurt; **41.4** Picture-Alliance (photoshot), Frankfurt; **42** Verlag HERDER GmbH & Co. KG, Freiburg; **45.1; 45.2; 45.3** Avenue Images GmbH (Image Source/RF), Hamburg; **51.1** Klett-Archiv (Volker Blüher), Stuttgart; **51.2** Koch, Dr. Kristian, Hamburg; **51.3** Kolbenschmidt Pierburg AG, Neckarsulm; **52.1; 52.2; 52.3; 52.4; 52.5** Klett-Archiv (Bernd Gallandi), Stuttgart; **53.1** WENKO-WENSELAAR GmbH & Co. KG, Hilden; **53.2; 53.3; 53.4** Versandhaus Walz GmbH, Bad Waldsee; **56.1; 56.2; 56.3** Klett-Archiv (Bernd Gallandi), Stuttgart; **57.1; 57.2; 57.3** Klett-Archiv (Bernd Gallandi), Stuttgart; **59** shutterstock (Mauro), New York, NY; **64.1** ddp images GmbH (Joerg Koch), Hamburg; **64.2** Klett-Archiv (Stephan Klonk), Stuttgart; **69.1; 69.2** Staatsgalerie Stuttgart, Sammlung Fischer © Foto: Staatsgalerie Stuttgart; **70** www.die-kartenwerkstatt.de, Versmold; **71.1** Museumsberg Flensburg, Flensburg; **71.2** Museum für Kunst und Gewerbe, Hamburg; **72.1** © gruene-service.de/Bundesverband BÜNDNIS 90/DIE GRÜNEN; **72.2** Amnesty International, Berlin; **72.3** Logo, Stuttgart; **73.1** DGB, Berlin; **73.2; 73.3; 73.4** Logo, Stuttgart; **74.1** Fotolia LLC (.shock), New York; **74.2** Thinkstock (Stockbyte), München; **74.3** Klett-Archiv (Studio Leupold), Stuttgart; **74.4** Fotosearch Stock Photography (Stock Disc), Waukesha, WI; **74.5** Thinkstock (iStockphoto), München; **74.6** JupiterImages photos.com (photos.com), Tucson, AZ; **75.1** Thinkstock (istockphoto), München; **75.2** Thinkstock (Digital Vision), München; **75.3** Getty Images RF (Digital Vision), München; **75.4** Fotolia LLC (fotos4people), New York; **75.5** Thinkstock (Creatas), München; **75.6** iStockphoto (craftvision), Calgary, Alberta; **77.1** DGB, Berlin; **77.2** Bürgerinitiative gegen den Solvay-Abfallofen (BiSA, Bernburg); **77.4** Schule mit Zukunft e.V., Stuttgart; **77.5** Arbeitsgemeinschaft Schacht Konrad e.V. (© Marunde), Salzgitter; **80.1** Thinkstock (Creatas), München; **80.2** Thinkstock (Stockbyte), München; **81.1** Avenue Images GmbH (image 100), Hamburg; **81.2** Fotosearch Stock Photography (PhotoDisc), Waukesha, WI; **81.3** Thinkstock (Valueline), München; **87** Detlev Hoegen Bear Family Records GmbH, Hambergen; **94.1** Fotolia LLC (VRD), New York; **94.2** Masterfile Deutschland GmbH, Düsseldorf; **94.3** shutterstock (Mirenska Olga), New York, NY; **95.1** Dreamstime LLC (Rodiks), Brentwood, TN; **95.2** Ullstein Bild GmbH (imagebroker), Berlin; **95.3** iStockphoto (Sandra O'Claire), Calgary, Alberta; **95.4** Imago (Karo), Berlin; **97.1** Picture-Alliance (Eventpress/Sc), Frankfurt; **97.2** Reuters (Alexandra Beier), Frankfurt; **97.3** Imago, Berlin; **97.4** ddp images GmbH (Joerg Koch), Hamburg; **97.5** Getty Images (AFP PHOTO/CHRISTOF STACHE), München; **98.1; 98.2; 98.3; 98.4; 98.5; 98.6** Klett-Archiv (Bernd Gallandi), Stuttgart; **100.1** Ullstein Bild GmbH (ddp), Berlin; **100.2** Ullstein Bild GmbH (Bodig), Berlin; **100.3** Ullstein Bild GmbH (Gurlt), Berlin; **104.1** Thinkstock, München; **104.2** Fotolia LLC (Luftbildfotograf), New York; **104.3** Thinkstock (istockphoto), München; **108.1** shutterstock (4780322454), New York, NY; **108.2** Thinkstock (iStockphoto), München; **108.3** iStockphoto (ClausAlwinVogel), Calgary, Alberta; **109.1** Interfoto (MNG Collection), München; **109.2; 109.4** Interfoto (NG Collection), München; **109.3** Interfoto (NG Collection), München; **110.1** Ullstein Bild GmbH (ddp), Berlin; **110.2** Ullstein Bild GmbH (Peters), Berlin; **110.3** Reuters (Herwig Prammer), Frankfurt; **111.1** laif (Bettina Flitner), Köln; **111.2** nordlicht, Glashagen; **111.3** ddp images GmbH (Bettina Bartzen), Hamburg; **112** Selz, Christian, Port Elizabeth; **113.1** Avenue Images GmbH (Brand X Pictures), Hamburg; **113.2** shutterstock (Warren Goldswain), New York, NY; **113.3** iStockphoto (RF/Bobbie Osborne), Calgary, Alberta; **113.4** Thinkstock (iStockphoto), München; **124.1** Fotolia LLC (dina), New York; **124.2** Fotolia LLC (thomas.andri), New York; **124.3** Fotolia LLC, New York; **124.4** laif (Gerhard Westrich/Stern), Köln; **124.5; 124.6** Wikimedia Foundation Inc. (PD), St. Petersburg FL; **125.1** Klett-Archiv (ARD), Stuttgart; **125.2; 125.3; 125.4** Klett-Archiv, Stuttgart; **126.1** Imago, Berlin; **126.2** Fotosearch Stock Photography (Design Pics), Waukesha, WI; **126.3; 126.4** Klett-Archiv (Bernd Gallandi), Stuttgart; **127.1** VISUM Foto GmbH (Sebastian Laraia), Hamburg; **127.2** shutterstock (Diego Cervo), New York, NY; **127.3** shutterstock (Jaggat), New York, NY; **127.4** Klett-Archiv (Bernd Gallandi), Stuttgart; **129.1; 129.2; 129.3; 129.4; 129.5; 129.6; 129.7; 129.9; 129.10** Logo, Stuttgart; **129.8** RTL Television GmbH, Köln; **134.1; 134.2; 134.3** © Landesstelle für Gleichbehandlung - gegen Diskriminierung, Berlin. Erstellt im Auftrag der Senatsverwaltung für Integration, Arbeit und Soziales von Birgitt Wählisch, ERGOLOG – Agentur für Kommunikationsdesign, www.ergolog.de, Anke Treichel – treicheldesign, Visuelle Kommunikation, www.treichel-design.de, Fotos: Sharon Adler, www.pixelmeer.de; **135.1; 135.2; 135.3; 135.4** © Landesstelle für Gleichbehandlung - gegen Diskriminierung, Berlin. Erstellt im Auftrag der Senatsverwaltung für Integration, Arbeit und Soziales von Birgitt Wählisch, ERGOLOG – Agentur für Kommunikationsdesign, www.ergolog.de, Anke Treichel – treicheldesign, Visuelle Kommunikation, www.treichel-design.de, Fotos: Sharon Adler, www.pixelmeer.de; **140.1** toonpool.com GmbH (Winfried Besslich), Berlin; **140.2** toonpool.com GmbH (Winfried Besslich), Berlin; **141.1; 141.2; 141.3** Studienkreis GmbH/www.studienkreis.de Karikaturenwettbewerb "Anders? - Na und!"; **142.1** Alamy Images (RIA Novosti), Abingdon, Oxon; **142.2** Thinkstock (Hemera), München; **142.3** ddp images GmbH (dapd/Henning Kaiser), Hamburg; **143.1** Getty Images RF (PhotoDisc), München; **143.2; 143.3** ddp images GmbH, Hamburg; **143.4** Getty Images, München; **144.1** iStockphoto (Jaap2), Calgary, Alberta; **144.2** Ullstein Bild GmbH (Becker & Bredel), Berlin; **144.3** Wikimedia Foundation Inc. (CC-BY 3.0/Uwe Barghaan), St. Petersburg FL; **144.4** Fotolia LLC (VRD), New York; **144.5** Fotosearch Stock Photography (Digital Wisdom), Waukesha, WI; **145.1** shutterstock (Irina Korshunova), New York, NY; **145.2** Fotolia LLC (Carlo Süßmilch), New York; **145.3** Picture-Alliance (Arco Images), Frankfurt; **145.4** Fotolia LLC (cpauschert), New York; **146.1** Fotolia LLC (Carlo Süßmilch), New York; **146.2** akg-images (Bildarchiv Monheim), Berlin; **146.3** Picture-Alliance (ZB), Frankfurt; **146.4** PantherMedia GmbH (Lars H.), München; **150** Klett-Archiv (Bernd Gallandi), Stuttgart; **154.1; 154.2; 154.5** Klett-Archiv, Stuttgart; **154.3** Handwerkskammer Region Stuttgart, Stuttgart; **154.4** Klett-Archiv (Julia Eden), Stuttgart; **155.1** Thinkstock (Hemera), München; **155.2** iStockphoto (Joel Carillet), Calgary, Alberta; **155.3** Thinkstock (iStockphoto), München; **156.1** shutterstock (CWB), New York, NY; **156.2** shutterstock (blinow61), New York, NY; **158.1** Fotolia LLC (Chr. Offenberg), New York; **158.2** Klett-Archiv (Friedemann Bröckel), Stuttgart; **158.3** Klett-Archiv (Renate Weber), Stuttgart; **158.4** Thinkstock (Photodisc), München; **159.1** shutterstock (Anna Kucherova), New York, NY; **159.2** Klett-Archiv (Friedemann Bröckel), Stuttgart; **159.3; 159.4** Klett-Archiv (Renate Weber), Stuttgart; **162** ddp images GmbH (Stefan Simonsen), Hamburg; **164** Aufbau-Verlag GmbH, Berlin; **165.1** Suhrkamp Verlag, Berlin; **165.2** Luchterhand Literaturverlag, München; **166.1; 166.2** MEV Verlag GmbH, Augsburg; **166.3** Thinkstock (Hemera), München; **167** JupiterImages photos.com, Tucson, AZ; **178** Thinkstock (Digital Vision/Bärbel Schmidt), München; **179.1** Goethe Institut e.V., MÜNCHEN; **179.2** Fotolia LLC (Kai Krueger), New York; **179.3** shutterstock (Karkas), New York, NY

Textquellen

KB 21/12, S. 17: „Lerntagebücher", Lernen im Förderunterricht aus Martiny, Kai & Plautz, Kathrin (2007): Mein Lerntagebuch; **KB 21/15, S. 19:** „Willkommen in der Wirklichkeit" © kidsgo Verlag GmbH, Göttingen, www.kidsgo.de; **KB 21/Ausklang, S. 23:** „Die Sehnsucht nach dem Neuanfang" © Markus Brauer, Stuttgarter Nachrichten, Stuttgart; **KB 22/9, S. 30:** „Genuss oder Qual?" © NetDoktor.de; **KB 22/11, S. 31:** „Wo darf man noch rauchen?" © www.wo-darf-man-noch-rauchen.de; **KB 22/12, S. 32:** „Eine kleine, aber feine Pension" © Pension Walfischhaus, Born a. Darß; **KB 22/14, S. 34:** „Preisliste" © Pension Walfischhaus, Born a. Darß; **KB 23/2, S. 42:** „Grau ist bunt - Was im Alter möglich ist" aus: Der Privatier von Verena Mayer, Der Tagesspiegel, Berlin; **KB 23/3, S. 44:** „Ein Politikerleben" © whoswho.de; **KB 23/12, S. 50:** „Ein Frühlingsgedicht" aus: Eduard Mörike, Sämtliche Werke in vier Bänden, Carl Hanser Verlag, München; **KB 23/13, S. 51:** „Produkte präsentieren, Kunden beraten" aus: Keine Branche ohne Außendienst: fünf Beispiele, von Franziska Roscher, F.A.Z-Hochschulanzeiger, Erstveröffentlichung 22.6.2009 © Alle Rechte vorbehalten. Frankfurter Allgemeine Zeitung GmbH, Frankfurt. Zur Verfügung gestellt vom Frankfurter Allgemeine Archiv; **KB 23/16, S. 53:** „Praktisch!?" © Wenko-Wenselaar GmbH & Co. KG; **KB 23/Ausklang, S. 54:** „sentimental journey" Ernst Jandl, poetische Werke, hrsg. von Klaus Siblewski © 1997 Luchterhand Literaturverlag, München, in der Verlagsgruppe Random House GmbH; **KB 23/Ausklang, S. 55:** „Erster Frühlingstag", aus: Hans-Ulrich Treichel, Der einzige Gast. © Suhrkamp Verlag Frankfurt am Main 1994; **KB 23/Ausklang, S. 55:** „Sommerlich" © Marian Nakitsch, Berlin; **KB 23/Ausklang, S. 55:** „Herbst" aus: Inge Müller, Wenn ich schon sterben muß, Gedichte. Aufbau Verlag, Berlin und Weimar 1985; **KB 23/Ausklang, S. 55:** „heimwärts in Bern", aus: José F.A. Oliver, finnischer Wintervorrat. © Suhrkamp Verlag Frankfurt am Main 1995; **KB 24/9, S. 63:** „Beamtenbeleidigung" © www.rechte-gehabt.de; **KB 24/Ausklang, S. 70:** „Deutsch für Anfänger" aus: Wladimir Kaminer, Ich mache mir Sorgen, Mama © 2004 Manhattan Verlag, München, in der Verlagsgruppe Random House GmbH; **KB 25/10, S. 80/81:** „Wenn ich wählen dürfte" © Süddeutsche Zeitung, München, www.sueddeutsche.de; **KB 25/Ausklang, S. 86:** Eine absurde Stellenanzeige, Copyright by www.pickup-edition.de; **KB 25/Ausklang, S. 87:** „Wenn ich mir was wünschen dürfte", Friedrich Holländer, Frederick Holländer Music, Rolf Budde Musikverlag GmbH, Berlin; **KB 26/6, S. 98/99:** „Kleider machen Leute" © Sigrid Lauff, Köln; **KB 26/8, S. 100:** „Biikebrennen" © Wolfgang Dahl, Karby/Ostsee; **KB 26/8, S. 100:** „Schäferfest" © Rolf Lohberg, www.reiserat.de; **KB 26/8, S. 100:** „Baumblütenfest" © www.mamilade.de; **KB 26/17, S. 106/107:** Interview Professor Alois Moosmüller © Siemens AG, Zeitschrift Pictures of the Future, Frühjahr 2011, www.siemens.de/pof; **KB 27/2, S. 112:** „Rangerin im Nationalpark" © Christian Selz, Port Elizabeth; **KB 27/3, S. 113:** „Freiwilliges ökologisches Jahr im Nationalpark Eifel" © Landesbetrieb Wald und Holz NRW, Nationalparkforstamt Eifel, Schleiden-Gemünd; **KB 27/11, S. 117:** „Giftmüllskandal" © www.sachsen-online.de; **KB 27/11, S. 117:** „Betrugsskandal Schweizer Großbank" © www.tagesthemen.de; **KB 27/11, S. 117:** Meldungen zu „Fußballspiele", „Tierfutter" © www.tagesschau.de; **KB 27/11, S. 117:** „Kunstfälscherskandal" © dpa, Hamburg; **KB 27/12, S. 118:** Schlagzeilen © www.ndr.de; **KB 27/13, S. 118:** „Forscher lüften das Twitter-Geheimnis" © Handelsblatt GmbH, Düsseldorf; **KB 27/15–18, S. 119–121:** aus: "Fremde Wasser. Denglers dritter Fall" von Wolfgang Schorlau © 2006, 2011 by Verlag Kiepenheuer & Witsch GmbH & Co. KG, Köln; **KB 27/20, S. 122:** Philipp Lahm: „Der feine Unterschied" © Verlag Antje Kunstmann GmbH, München; **KB 27/20, S. 122:** Sarah Wiener: „Herdhelden: Mein ganz persönliches Österreich-Kochbuch" © 2011 GRÄFE UND UNZER VERLAG GmbH, München; **KB 27/20, S. 122:** Alex Rühle: „Ohne Netz" – Mein halbes Jahr offline © Klett-Cotta Verlag, Stuttgart 2010; **KB 27/20, S. 122:** Maja Haderlap: „Engel des Vergessens", Roman © Wallstein Verlag, Göttingen 2011; **KB 27/Ausklang, S. 124:** Bad Muskau © Stadtverwaltung Bad Muskau; **KB 28/8, S. 131:** „Genug ist genug" © www.tagesspiegel.de; **KB 28/17, S. 137:** „Selbsttest Kritikfähigkeit" © Haufe-Lexware GmbH & Co. KG, Planegg; **KB 28/Ausklang, S. 140:** „Anonymisierte Bewerbungen" © DER FREITAG Mediengesellschaft mbH & Co. KG, Berlin; **KB 29/5, S. 147:** „Zusammenwachsen ist eine schwierige Angelegenheit" aus: „Vielleicht ist es am besten, wenn beide die Rolle lernen" © Frankfurter Allgemeine Zeitung, Frankfurt; **KB 29/12, S. 151:** „Übersetzungs-programme im Test" © Axel Springer AG, COMPUTERBILD, Hamburg; **KB 29/15, S. 153:** „Zwischen den Zeugniszeilen lesen" aus: Hesse/Schrader: Training Arbeitszeugnis, Eichborn Verlag, Frankfurt; **KB 29/Ausklang, S. 157:** „Arbeitszeugnis-Quiz" © SPIEGEL ONLINE GmbH, Hamburg; **KB 30/4, S. 162:** „Im Vorgarten von Thessa" © Katharina Miklis, Hamburg; **KB 30/7, S. 164:** Selim Özdogan: „Heimstraße 52", Roman © Aufbau Verlag GmbH & Co. KG, Berlin 2010 (die Originalausgabe erschien 2010 im Aufbau-Verlag; Aufbau ist eine Marke der Aufbau Verlag GmbH & Co. KG); **KB 30/7, S. 165:** Christoph Hein: „Von allem Anfang an.", Roman. © Suhrkamp Verlag Frankfurt am Main 2004. Alle Rechte bei und vorbehalten durch Suhrkamp Verlag Berlin; **KB 30/7, S. 165:** Angelika Overath: „Alle Farben des Schnees" © 2010 Luchterhand Literaturverlag, München in der Verlagsgruppe Random House

Audio-CD Impressum

Sprecherinnen und Sprecher: Hede Beck, Marit Beyer, Julie Chauvet, Heike Denkinger, Irene Fechau, Karoline Fritz, Cesare Ghilardelli, Lukas Holtmann, Odine Johne, Stela Katic, Benjamin-Lew Klon, Yavuz Köroglu, Andreas Kunz, Guido Lang, Regina Lebherz, Stephan Moos, Francesca Pisu, Mario Pitz, Ingrid Promnitz, Yvonne Racine, Felix Rick, Marcelo José Rodriguez Bohorquez, Benno Schulz, Michaela Schulz, Kais Setti, Helge Sidow, Michael Speer, Barbara Stoll, Natia Verulidze, Johannes Wördemann

Regie: Hede Beck
Tontechnik: Michael Vermathen
Produktion: Bauer Studios GmbH, Ludwigsburg
Presswerk: optimal media production GmbH, Röbel/Müritz

© Ernst Klett Sprachen GmbH, Stuttgart 2012

Trackliste Audio-CD 1

Track	Lektion / Aufgabe	Titel
1	21 / 3 d	Ach, ist die süß!
2	21 / 3 e	
3	21 / 4 a	Ein Brief und viele Gefühle
4	21 / 4 b	
5	21 / 7	Liebeserklärung an meine Stadt
6	21 / 8	Ich halte es nicht mehr aus!
7	21 / 9 b	Mit Salamitechnik lernen
8	21 / 9 c	
9	21 / 14	Entweder gehen wir jetzt oder …
10	21 / 17	Ich habe noch ein paar Fragen.
11	21 / 18	Ein Gespräch mit Missverständnissen
12	21 / Ausklang	Was kann ich? Was will ich?
13	22 / 11	Entspannungsmomente
14	22 / 3 a	Die Nachbarn haben Besuch.
15	22 / 3 b	
16	22 / 7	Du siehst ja aus wie eine Pizza!
17	22 / 10	Die Belohnung
18	22 / 15	Ein Anruf im Hotel
19	22 / 16	Fragen an der Rezeption
20	22 / 18	Wie sieht's denn hier aus?
21	22 / 9	Heute kommt nichts dazwischen!
22	23 / 1	Was wird hier präsentiert?
23	23 / 4	Mehrere Generationen unter einem Dach
24	23 / 6	Wollt ihr wirklich umziehen?
25	23 / 7	Das ist die Zukunft!
26	23 / 11	Ich bereite eine Präsentation vor.
27	23 / 12	Ein Frühlingsgedicht
28	23 / 15	Vielen Dank für Ihre Aufmerksamkeit!
29	23 / 16	Praktisch!?
30	23 / Ausklang	Damals als ich …
31	24 / 2	In der Teamsitzung
32	24 / 3 b	Eine Unternehmensversammlung
33	24 / 3 c	
34	24 / 5	TOPs und To do's
35	24 / 7	Fragen zum Unternehmen
36	24 / 8	Führerschein und Fahrzeugpapiere bitte!
37	24 / 10	Das wäre wirklich sehr freundlich von Ihnen!
38	24 / 11 a	Höflichkeit auf Reisen – sehr witzig!
39	24 / 11 b	
40	24 / 14	Alles übertrieben!
41	24 / 15	Voll schön!
42	25 / 3	Schluss mit der Langeweile!
43	25 / 4	Schon wieder in Facebook?!
44	25 / 6 a	Das geht doch nicht!
45	25 / 6 b	
46	25 / 7	Was denken Sie sich eigentlich?
47	25 / 11	Nichts als Ausreden?!
48	25 / 15	Über ein persönliches Gespräch freue ich mich!

Gesamtlänge: 76:36 Min.

Trackliste Audio-CD 2

Track	Lektion / Aufgabe	Titel
1	26 / 2	Das ist total hip!
2	26 / 8	Drei Volksfeste
3	26 / 9	Des war schee!
4	26 / 10	Pass doch auf!
5	26 / 11 a	Ohne Haftpflicht geht es nicht!
6	26 / 11 b	
7	26 / 11 c	
8	26 / 13	Wegen der Katze …
9	26 / 15	Kalter Kaffee
10	26 / Ausklang	Lehm … auf Sächsisch
11	27 / 4	Das war die richtige Entscheidung!
12	27 / 5	Viele Fragen im Bewerbungsgespräch
13	27 / 8	Immer an der frischen Luft
14	27 / 9	Das ist jetzt nicht wahr!
15	27 / 10 a	Nicht alle Tassen im Schrank?
16	27 / 10 b	
17	27 / 10 c	
18	27 / 12	Die Meldungen des Tages
19	27 / 14	Gib mal her!
20	27 / 17	Wer ist der Täter?
21	27 / 18	Das klingt spannend!
22	28 / 2	Mama, umschalten!
23	28 / 3 a	Sag mal, hast du das gesehen?
24	28 / 3 c	
25	28 / 9 a	„Das heiße Eisen" – aus einer Talkshow
26	28 / 9 b	
27	28 / 10	Sie ist im Fernsehen!
28	28 / 11	Hmmm, lecker! – der fremde Akzent in der Werbung
29	28 / 15	Wie ist die neue Chefin denn so?
30	28 / 16	Kritik äußern
31	29 / 3	Cola zum Frühstück
32	29 / 4	Stadtrundgänge
33	29 / 6	Zwischen Dialekt und Hochsprache
34	29 / 8	Können Sie Russisch?
35	29 / 10	Was hat er gesagt?
36	29 / 13	Zu unserer vollsten Zufriedenheit
37	30 / 3	Einladung mit Überraschung
38	30 / 6 a	Viele Fragen – nur eine Antwort?
39	30 / 6 b	
40	Strategietraining 26–30, 6	
41	Strategietraining 26–30, 6	
42	Strategietraining 26–30, 6	

Gesamtlänge: 73:35 Min.